DU MÊME AUTEUR

Au Mercure de France

ENGLAND, ENGLAND, 2000 (Folio nº 3604)

DIX ANS APRÈS, 2002 (Folio nº 3898)

QUELQUE CHOSE À DÉCLARER, 2004 (Folio nº 4242)

UN HOMME DANS SA CUISINE, 2005 (Folio nº 4625)

LA TABLE CITRON, 2006 (Folio nº 4539)

ARTHUR & GEORGE, 2007 (Folio nº 4793)

RIEN À CRAINDRE, 2009 (Folio nº 5070)

PULSATIONS, 2011 (Folio nº 5510)

UNE HISTOIRE DU MONDE EN 10 CHAPITRES 1/2, 2011 (Folio nº 5612) (première édition Stock, 1990)

UNE FILLE, QUI DANSE, 2013 (Folio nº 5778)

QUAND TOUT EST DÉJÀ ARRIVÉ, 2014

Aux Éditions Gallimard

LETTRES DE LONDRES (choix)/Letters from London (Selected letters), 2005 (Folio Bilingue nº 133)

Aux Éditions Denoël

AVANT MOI, 1991 (Folio nº 2505)

LOVE, ETC., 1992, prix Femina étranger (Folio nº 2632)

LE PORC-ÉPIC, 1993 (Folio nº 2716)

METROLAND, 1995 (Folio nº 2987)

LETTRES DE LONDRES, 1996 (Folio nº 3027)

OUTRE-MANCHE, 1998 (Folio nº 3285)

Aux Éditions Stock

LE PERROQUET DE FLAUBERT, 1986, prix Médicis essai

LE SOLEIL EN FACE, 1987

PAR LA FENÊTRE

Julian Barnes

PAR LA FENÊTRE

DIX-HUIT CHRONIQUES
(ET UNE NOUVELLE)

Traduit de l'anglais
par Jean-Pierre Aoustin

MERCVRE DE FRANCE

BIBLIOTHÈQUE ÉTRANGÈRE
Collection dirigée par
Marie-Pierre Bay

Titres originaux :

THROUGH THE WINDOW

(Vintage Books, Londres)

A LIFE WITH BOOKS

(Jonathan Cape, Londres)

pour Pat

Avant-propos

Un dessin de Sempé représentant les rayonnages surchargés de livres, du sol au plafond, d'une pièce à l'étage d'une librairie ; plancher nu, pas de clients, une lampe à abat-jour en haut. À droite, tous les volumes d'HISTOIRE. À gauche, les rangées symétriques de nombreux ouvrages de PHILOSOPHIE. Au fond et face à nous, il y a une section semblable, mais percée d'une fenêtre, par laquelle on voit un coin de rue en bas. Un petit homme coiffé d'un chapeau arrive de la gauche sur le trottoir. Une petite femme, également coiffée d'un chapeau, arrive de la droite. Ils ne peuvent pas se voir, mais nous sommes bien placés pour être sûrs qu'ils sont sur le point de se rencontrer, peut-être de se heurter l'un à l'autre. Quelque chose est sur le point de se produire, sous nos yeux. Cette section de la librairie est marquée : ROMANS.

Cela, exposé simplement, sous forme graphique, est ce qui a toujours été ma conviction, en tant que lecteur et en tant que romancier : l'œuvre de fiction, plus que tout autre mode d'expression écrite, explique et amplifie la vie. La biologie, bien sûr, explique aussi la vie ; tout comme la biographie et la biochimie, la biophysique, la biomécanique et la biopsychologie. Mais toutes les biosciences le cèdent sur ce point à la biofiction. Ce sont les romans qui nous disent le plus de vérité sur la vie : ce qu'elle est, comment nous la vivons, quel sens elle pourrait avoir, comment nous la goûtons et l'apprécions, comment elle tourne mal et comment nous la perdons. Les romans parlent à, et émanent de, tout ce que nous sommes — esprit, cœur, œil, sexe, peau ; conscient et subconscient. Ils disent ce que c'est que d'être un individu, ce que signifie faire partie d'une société. Ce que signifie être seul. Seul, et pourtant en compagnie : telle est la position paradoxale du lecteur. Seul en compagnie d'un écrivain qui parle dans le silence de notre esprit. Et — autre paradoxe — cela ne fait aucune différence que cet écrivain soit vivant ou mort. Le roman rend des personnages qui n'ont jamais existé aussi réels que nos amis et des écrivains morts aussi vivants qu'un présentateur de télévision.

La plupart des chroniques de ce livre parlent de fiction et des formes qui lui sont associées : le poème narratif, l'essai, la traduction. Comment la forme romanesque fonctionne et pourquoi elle fonctionne, ou non. Nous sommes, au plus profond de nous-mêmes, des animaux férus d'histoires ; et aussi des chercheurs de réponses. La meilleure fiction fournit rarement des réponses ; mais elle formule exceptionnellement bien les questions.

J. B.

Mars 2012

UNE VIE AVEC LES LIVRES

J'ai vécu dans les livres, pour les livres, par et avec les livres ; depuis un certain nombre d'années, j'ai la bonne fortune de pouvoir vivre grâce aux livres. Et ce fut à travers les livres que je pris pour la première fois conscience qu'il y avait d'autres mondes au-delà du mien, que je tentai d'imaginer comment ce serait d'être quelqu'un d'autre, que je découvris ce lien profondément intime qui s'établit quand la voix d'un écrivain entre dans la tête d'un lecteur. J'ai sans doute eu la chance que, pendant les dix premières années de ma vie, la télévision n'ait pas fait concurrence à la lecture ; et, quand elle arriva finalement chez nous, elle resta sous le strict contrôle de mes parents. Ils étaient tous deux enseignants, aussi le respect du livre et de son contenu était-il implicite. Nous n'allions pas à l'église, mais nous allions à la bibliothèque.

Mes grands-parents maternels étaient aussi enseignants. Grand-père avait les œuvres complètes de Dickens achetées par correspondance, et la *Nelson's Encyclopaedia* en une trentaine de petits volumes rouges. Mes parents avaient des livres plus chics et plus variés, et devinrent, plus tard, membres de la Folio Society. J'ai grandi en supposant que tous les foyers contenaient des livres ; que c'était normal. Il était normal, aussi, qu'ils fussent prisés pour leur utilité : pour s'instruire à l'école, pour dispenser et vérifier des informations, et pour divertir pendant les heures et les jours de loisir. Mon père avait des recueils de ces opuscules pleins d'esprit, les « Fourth Leaders » du *Times* ; ma mère pouvait prendre plaisir à lire un roman de Nancy Mitford. Sur leurs étagères se trouvaient aussi les prix scolaires, des volumes reliés cuir, reçus par mon père au collège d'Ilkeston entre 1921 et 1925, le plus souvent pour « Aptitude générale » ou « Excellence générale » : le *Florilège de la prose anglaise*, les *Œuvres poétiques* de Goldsmith, le *Dante* de Cary, *Le Dernier des barons* d'Edward Bulwer-Lytton, *Le Cloître et le foyer* de Charles Reade.

Aucun de ces ouvrages ne passionnait le jeune garçon que j'étais. J'ai commencé à explorer les étagères à livres de mes parents (et celles de mes grands-parents, et de mon frère aîné) lorsqu'une conscience des choses du sexe est apparue. La bibliothèque de grand-papa contenait peu de lubricité hormis une scène ou deux dans *Bhowani Junction* de John Masters ; mes parents avaient *The Outline of Art* (*Histoire de l'art*) de William Orpen, qui comportait quelques illustrations intéressantes en noir et blanc ; mais mon frère possédait un exemplaire du *Satyricon* de Pétrone, qui était, de loin, le livre le plus « chaud » sur les rayonnages de la maison. Les Romains menaient assurément une vie plus dissipée et plus dissolue que celle dont j'étais témoin chez moi, à Northwood, Middlesex... Banquets, jolies esclaves, orgies, toutes sortes de choses. Je me demande si mon frère a remarqué, au bout de quelque temps, que certaines pages de son *Satyricon* se détachaient presque. Sottement, j'ai supposé que tous ses classiques de l'Antiquité avaient un semblable contenu érotique. J'ai passé plus d'une morne journée avec son Hésiode avant de conclure que ce n'était pas le cas.

Il y avait dans la rue principale du quartier un établissement que nous appelions « la librairie ». En fait, c'était un magasin de nouveautés et une papeterie avec une pièce au sous-sol dont la moitié environ était consacrée aux livres. Certains d'entre eux étaient tout à fait respectables — classiques Penguin, romans et nouvelles Penguin et Pan. Une partie de moi-même supposait que c'étaient là tous les livres qui existaient. Je veux dire, je savais qu'il y en avait d'autres dans la bibliothèque municipale, et il y avait aussi les manuels scolaires, qui étaient encore autre chose ; mais je supposais que, dans un plus vaste monde des livres, ce minuscule échantillon était d'une certaine façon représentatif. De temps en temps, dans une autre banlieue ou localité, nous entrions dans une « vraie » librairie, qui se révélait généralement être une enseigne de W. H. Smith.

La seule autre source différente de livres, c'étaient les remises de prix (j'étais au collège City of London, alors situé sur le quai Victoria, près du pont Blackfriars). Ceux qui allaient en recevoir étaient autorisés à choisir leurs livres, en général sous la supervision de leurs parents. Mais l'exercice était, en fin de compte, plus de nature à limiter qu'à élargir votre expérience. Vous ne pouviez les choisir que dans une sélection d'ouvrages disposés sur des tables dans une salle d'exposition privée qui se trouvait dans un immeuble de bureaux de la rive sud ; un lieu à la fois légèrement mystérieux et totalement fonctionnel. C'était, je le découvris plus tard, encore une autre annexe de W. H. Smith. Il y avait là le genre de nobles et dignes ouvrages destinés à être admirés plutôt, peut-être, que lus un jour. Votre prix scolaire avait une valeur financière maximale, vous choisissiez un livre pour cette somme, sur quoi il disparaissait de votre vue, pour réapparaître le jour où le maire de Londres, en grande tenue d'apparat, vous le remettrait personnellement ; il contiendrait alors un feuillet collé sur la page de garde, décrivant votre prouesse, et la couverture toilée porterait les armoiries dorées et en relief du collège. Je me souviens peu de ce que je choisissais docilement quand j'étais guidé par mes parents. Mais, en 1963, j'ai reçu le prix Mortimer de composition anglaise ; et, ayant maintenant dix-sept ans, j'ai dû aller seul dans ce temple du sérieux, où j'ai trouvé (qui pouvait bien être l'auteur de cette bévue ?) un exemplaire de l'*Ulysse* de Joyce. Je vois encore l'air réprobateur du Lord Mayor quand sa main précautionneusement gantée me passa ce roman notoirement obscène.

Je commençais alors à voir dans les livres plus que des objets simplement utilitaires, des sources d'information, d'instruction, de plaisir ou de titillation. D'abord, il y avait l'excitation et le sens de la possession : posséder un certain livre — qu'on avait choisi soi-même — était se définir. Et cette définition tangible de soi devait être protégée, physiquement. Aussi recouvrais-je mes livres préférés (livres de poche, inévitablement, par contrainte financière) de Fablon transparent. Mais, au préalable, j'écrivais mon nom — d'une écriture penchée récemment acquise, à l'encre bleue, soulignée de rouge — en haut de la troisième de couverture. Le Fablon était alors coupé et ajusté de façon à couvrir aussi le nom du propriétaire. Certains de ces livres — par exemple, les traductions des classiques russes par David Magarshak chez Penguin — sont encore sur les rayons de ma bibliothèque.

Cette définition tangible de soi était une sorte de magie. Et puis je fus lentement initié à une autre sorte de magie : celle du livre ancien, d'occasion, vétuste. Je me souviens d'une rangée de premières éditions d'Auden dans la vitrine d'un voisin : un homme qui, de surcroît, avait réellement connu Auden quelques dizaines d'années auparavant, et même joué au cricket avec lui. Ces faits me semblaient stupéfiants. Je n'avais jamais posé les yeux sur un écrivain, ni connu quelqu'un qui en avait connu un.

J'en avais peut-être entendu un ou deux à la radio, vu deux ou trois à la télévision dans l'émission de John Freeman *Face to Face*. Mais le lien le plus proche de notre famille avec la littérature était le fait que mon père avait étudié les langues vivantes à l'université de Nottingham, où son professeur était Ernest Weekley, dont la femme était partie avec D. H. Lawrence. Oh, et ma mère avait vu un jour R. D. Smith, le mari d'Olivia Manning, sur un quai de gare à Birmingham. Mais, là, je voyais les exemplaires de quelqu'un qui avait personnellement connu un des plus célèbres poètes du pays ; de plus, ces livres contenaient les mots (dont l'écho se répercutait toujours) d'Auden sous la forme où ils étaient d'abord apparus dans le monde. Je ressentais vivement cette magie, et en voulais une partie. Aussi suis-je devenu, une fois étudiant, un collectionneur autant qu'un lecteur de livres, et j'ai découvert que toutes les librairies n'appartenaient pas à W. H. Smith.

Au cours de la décennie suivante — de la fin des années 60 à la fin des années 70 —, je suis devenu un infatigable chasseur de livres, allant dans les villes épiscopales et les vieux bourgs d'Angleterre au volant de ma Morris Traveller et la chargeant de bouquins achetés à un rythme qui excédait de loin toute vitesse de lecture possible. C'était une époque où la plupart des localités assez importantes avaient au moins une grande et ancienne librairie d'occasion, souvent située à l'ombre de la cathédrale ou de l'église ; dans mon souvenir, on pouvait généralement se garer devant aussi longtemps qu'on voulait. C'étaient sans exception des magasins indépendants — avec parfois une sélection de nouveautés en devanture — et je m'y sentais tout de suite à mon aise. L'atmosphère, pour commencer, y était si différente : ici les livres semblaient être estimés à leur juste valeur, et faire partie d'une culture durable. Je préférais probablement à présent les livres d'occasion aux nouveaux. En Amérique, ils disaient plutôt, péjorativement, « de seconde main » ; mais cette continuité même d'appartenance faisait partie de leur charme. Un livre dispensait son explication du monde à une personne, puis à une autre, et ainsi de suite d'une génération à la suivante ; différentes mains tenaient le même livre et tous ces gens en retiraient parfois la même sagesse, parfois une sagesse différente. Les vieux livres montraient leur âge : ils avaient, à l'instar des personnes âgées, des taches de vieillesse. Ils sentaient bon aussi — même quand il en émanait une odeur de cigarette ou (à l'occasion) de cigare. Et beaucoup pouvaient dégurgiter des bouts de papier ou de carton à l'odeur encore plus soutenue : anciennes annonces d'éditeurs, vieux marque-pages — souvent des réclames pour des compagnies d'assurances ou pour le savon Sunlight.

J'allais donc à Salisbury, Petersfield, Aylesbury, Southport, Cheltenham, Guildford et j'entrais dans des arrière-boutiques et des réserves chaque fois que je le pouvais. J'étais bien moins à l'aise dans les endroits qui sentaient la belle reliure, et où l'on ne connaissait que trop bien le prix de chaque volume. Je préférais le fouillis démocratique d'une boutique où les livres étaient approximativement rangés et où les bonnes affaires étaient possibles. En ce temps-là, même dans les librairies où l'on vendait des livres neufs, on était loin de la rotation des stocks férocement rapide qu'imposent la production et la gestion modernes. De nos jours, la durée de vie moyenne d'un nouveau roman en librairie — à supposer qu'il y arrive en premier lieu — est d'à peine quatre mois. À l'époque, les livres restaient sur les tables et les étagères jusqu'à ce que quelqu'un les achète, ou bien ils pouvaient être soldés à contrecœur, ou mis dans la section des livres d'occasion, où ils pouvaient encore rester des années ; ce volume au-delà de vos moyens, ou que vous n'étiez pas sûr de vouloir vraiment, était souvent encore là quand vous reveniez l'année suivante. La librairie d'occasion inculquait aussi la leçon de l'écrivain qui est passé de mode. Charles Morgan, Hugh Walpole, Dornford Yates, Lord Lytton, Mrs Henry Wood — il y en avait là des rayons entiers, attendant que la mode revienne. Elle revenait rarement.

J'achetais avec une faim de livres qui, je m'en rends compte en y repensant, était une sorte d'addiction : après tout, la bibliomanie est une pathologie connue. Cela consumait certainement plus de la moitié de l'argent dont je disposais. J'achetais des premières éditions de livres écrits par les auteurs que j'admirais le plus : Waugh, Greene, Huxley, Durrell, Betjeman ; et des premières éditions d'œuvres de poètes victoriens comme Tennyson et Browning (dont je n'avais rien lu), parce qu'elles semblaient étonnamment bon marché. La ligne de partage entre les livres que j'aimais, ceux dont je pensais ou espérais qu'ils me plairaient, et ceux que je n'aimais pas maintenant mais dont il me semblait que je pourrais les aimer plus tard, était rarement distincte. J'acquérais des King Penguin, des livres sur la campagne édités par Batsford, et la série des *Grande-Bretagne en images* produite par Collins dans les années 40 et 50. J'achetais des plaquettes de vers et des encyclopédies françaises reliées en cuir publiées par Larousse ; des livres de dessins humoristiques et des albums-souvenirs victoriens ; des dictionnaires obsolètes et des compilations brochées de magazines — du *Cornhill* au *Strand*. J'ai acheté un exemplaire de *Sensation !*, la première édition belge de *Scoop* d'Evelyn Waugh. J'ai même créé une catégorie appelée « Divers et insolites », afin de justifier des achats tels que le livre de sir Robert Baden-Powell, *Pig-Sticking or Hog-Hunting*, sur le sport qui consiste à chasser le sanglier à la lance, *L'Énergie physique* de B. B. Wells, *Guide de la main* de Cheiro, et *Les*

Claquettes faciles d'« Isolde ». Tous sont encore sur mes étagères, quoique rarement consultés. J'achetais aussi des livres qu'il était absurde d'acheter, aussi bien à l'époque que rétrospectivement — comme les trois tomes (en première édition, avec jaquettes et, de toute évidence, non lus par le propriétaire précédent) des *Mémoires* de sir Anthony Eden. À quoi cela rimait-il ? Mon cas était aggravé par le fait que j'étais, dans le jargon du métier, un « compléteur ». Ainsi, par exemple, parce que j'avais admiré les quelques pièces de Shaw que j'avais vues, j'ai fini par avoir tout un rayon de ses œuvres, jusqu'à d'obscurs opuscules sur le végétarisme. Comme Shaw était très populaire, et les tirages de ses livres d'une ampleur correspondante, je n'ai jamais déboursé beaucoup pour les volumes de cette collection. Ce qui signifie aussi que lorsque, trente ans plus tard, étant devenu moins sensible au côté didactique et trop consciemment spirituel de Shaw, j'ai décidé de tout revendre, je suis rentré en grande partie dans mes frais.

De temps en temps il y avait une découverte excitante. Dans l'arrière-boutique de F. Weatherhead & Son à Aylesbury, j'ai trouvé un exemplaire des deux premiers chants du *Don Juan* de Byron, publiés sans nom d'auteur en 1819. Cette rare première édition, reliée en toile bleue, ne m'a coûté que 12 shillings et 6 pence. J'aimerais prétendre (comme je le faisais parfois) que ce fut grâce à mon flair de fin connaisseur de la bibliographie byronienne que je le repérai. Mais ce serait ne tenir aucun compte de la note au crayon du libraire sur la deuxième de couverture : « *Les chants I et II ont paru à Londres en juillet 1819 sans nom d'auteur ni d'éditeur, en un mince in-quarto.* » Le prix de 12 shillings et 6 pence ne pouvait donc pas être dû à une méprise ; c'était plus probablement une indication que le livre était là depuis des décennies.

Tout aussi souvent, cependant, je commettais de graves erreurs. Pourquoi, par exemple, ai-je acheté, chez D. M. Beach à Salisbury, *Oliver Twist* dans ses livraisons mensuelles originales, d'abord publiées par la revue littéraire *Bentley's Miscellany* ? C'était une bonne idée parce qu'elles étaient en très bon état, avec de belles gravures, couvertures et annonces publicitaires. C'était une mauvaise idée parce qu'une des parties (la première ou la dernière) manquait — d'où le prix presque abordable. C'était une idée optimiste parce que j'étais sûr de pouvoir dénicher la partie manquante à un moment ou un autre dans ma vie de bibliophile. Il va sans dire que rien de tel n'est arrivé, et cette idiotie tangible m'a longtemps fait l'effet d'un reproche sur son rayon de bibliothèque.

Et il y avait des moments où je me rendais compte que le monde des livres et des bibliophiles n'était pas exactement ce que j'avais imaginé. Tout en ayant connaissance de certains cas célèbres de falsification, j'avais toujours supposé que les collectionneurs de livres étaient des gens honnêtes et loyaux (je pensais la même chose des jardiniers). Et puis, un jour, je me suis trouvé dans la vieille librairie The Lilies à Weedon, Buckinghamshire (« uniquement sur rendez-vous »), une bâtisse victorienne de trente-cinq pièces si pleine de livres qu'une visite prenait presque toute la journée. Dans sa section de premières éditions, j'ai trouvé un volume que je cherchais depuis des années : *Vile Bodies* (*Ces corps vils*) d'Evelyn Waugh. Il n'avait pas de jaquette (ce qui était normal — les premiers acquéreurs de ses livres s'abstenaient rarement de s'en débarrasser), mais il était en parfait état. Le prix était… étonnamment bas. Puis j'ai lu une petite note au crayon qui expliquait pourquoi. Elle était de la main, et avec la signature, de Roger Senhouse, l'éditeur (associé au groupe de Bloomsbury) qui fut le dernier amant de Lytton Strachey ; elle disait — et je cite de mémoire : « Cette seconde édition a été laissée dans ma bibliothèque à la place de ma propre première édition. » J'en ai été profondément choqué. Manifestement, cela n'avait pas été un acte commis sous l'impulsion du moment. Le coupable avait dû arriver chez Senhouse avec son exemplaire dissimulé sur lui — je présumais que c'était un homme — et effectuer l'échange alors qu'il était seul dans la pièce. Qui cela avait-il pu être ? Et pourrais-je être tenté de commettre un tel acte ? (Oui, je l'ai été ensuite — tenté, je veux dire.) Et quelqu'un pourrait-il en faire autant un jour à moi-même et à ma collection ? (Pas que je sache.)

Plus récemment, j'ai entendu une autre version de cette histoire, racontée d'un point de vue différent. Un lecteur envoya à un auteur vivant assez célèbre un exemplaire d'un de ses premiers romans (qui avait été tiré à moins de mille exemplaires), en demandant une dédicace et en joignant les frais de port. Au bout d'un moment, un paquet arriva, qui contenait le livre dûment dédicacé par l'auteur — sauf qu'il avait gardé la précieuse première édition et envoyé une réimpression à la place.

À l'époque, la chasse aux livres impliquait la nécessité de parcourir de nombreux kilomètres, une lente accumulation et une fréquente frustration ; l'effet secondaire était une tendance, quand vous ne trouviez pas ce que vous cherchiez, à acheter divers autres bouquins pour prouver que vous n'aviez pas fait le voyage pour rien. Cette méthode d'acquisition n'est plus possible, ou n'a plus de sens. Toutes ces vieilles librairies pleines de coins et de recoins et joliment situées ont disparu. Voici ce que disait Roy Harley Lewis dans *The Book-Browser's Guide to Secondhand and Antiquarian Bookshops* (seconde édition, 1982) à propos de D. M. Beach à Salisbury : « Il reste un certain nombre de librairies sur des sites d'une si grande valeur que les propriétaires pourraient réaliser une petite fortune en les vendant et en travaillant de chez eux. [...] Si les prix de l'immobilier dans le Wiltshire ne peuvent soutenir la comparaison avec ceux de la capitale, ce site merveilleux au coin de la rue centrale constitue tout de même une menace énorme pour toute librairie. » D. M. Beach a fermé en 1999, Weatherhead (qui avait ses propres sacs en papier imprimé à son nom) en 1998 ; The Lilies — qui était pleine d'objets bizarres comme le masque mortuaire de John Cowper Powys et « l'horloge ayant appartenu aux gens qui mirent le moteur dans le bateau où Shelley se noya » — n'existe plus. « Plus elles sont grandes, et générales, plus elles sont vulnérables » semble avoir été la règle.

La bibliophilie a aussi été complètement transformée par l'Internet. Il m'a fallu peut-être une dizaine d'années pour trouver une première édition de *Ces corps vils* et l'acheter environ 25 livres. Aujourd'hui, trente secondes sur abebooks.com et voilà une bonne vingtaine de premières éditions, dans des états et à des prix divers (les plus onéreuses, avec ces très rares jaquettes waughiennes, coûtent entre 15 000 et 28 000 dollars). Quand la grande romancière anglaise Penelope Fitzgerald est morte, j'ai décidé d'acheter, en hommage, les premières éditions (avec jaquettes) de ses quatre derniers romans — les quatre qui ont établi sa grandeur. Cela a pris moins de temps qu'il n'en faudrait maintenant pour trouver où se garer près de l'endroit où n'existe plus la librairie Beach. Et s'il est vrai que je pourrais m'étendre sur les Charmes et les Bonheurs de la Découverte — et oui, il y avait du charme —, l'ancien système n'était efficace ni en termes de temps passé, ni de coût global.

Je suis devenu un peu moins collectionneur (ou, peut-être, fétichiste) après avoir publié mon premier roman. Peut-être, à quelque niveau subconscient, ai-je décidé que, puisque je produisais désormais mes propres premières éditions, j'avais moins besoin de celles des autres. J'ai même commencé à revendre des livres, ce qui m'aurait paru inconcevable auparavant. Non que cela ait ralenti mon rythme d'acquisition : j'achetais encore des livres plus vite que je ne pouvais en lire. Mais cela semble tout à fait normal : comme il serait étrange de n'avoir autour de soi que le nombre de livres qu'on aura le temps de lire pendant le reste de sa vie... Et je demeure profondément attaché au livre imprimé et à la librairie bien réelle. Les pressions actuelles sur l'un et sur l'autre sont énormes. Mon dernier roman vous aurait coûté 12,99 livres dans une librairie, la moitié environ (plus éventuellement les frais de port) pour un achat en ligne, et seulement 4,79 livres via Kindle. La logique économique semble irréfutable. Mais, heureusement, l'économie n'a jamais entièrement contrôlé la lecture et l'achat de livres. John Updike, vers la fin de sa vie, est devenu pessimiste au sujet de l'avenir du livre imprimé :

> *Car qui, dans cet inconcevable avenir*
> *où je ne serai plus, lira ? La page imprimée*
> *ne fut que le bref prodige d'un demi-millénaire...*

Je suis plus optimiste, quant à la lecture et quant aux livres. Il y aura toujours des non-lecteurs, de mauvais lecteurs, des lecteurs paresseux — il y en a toujours eu. La lecture est une aptitude majoritaire mais un art minoritaire. Rien toutefois ne peut remplacer la communion précise, complexe, subtile entre auteur absent et lecteur présent, captivé. Et je ne pense pas non plus que la liseuse électronique supplantera un jour complètement le livre imprimé, même si elle le surpasse en nombre. Chaque livre est différent, par la sensation et l'apparence, dans nos mains ; tous les téléchargements Kindle se ressemblent (mais peut-être la liseuse aura-t-elle un jour une fonction « odeur », que vous activerez pour que votre roman numérique de Dickens sente soudain le vieux papier humide et la nicotine). Les livres devront gagner leur survie — et les librairies aussi. Le livre devra devenir plus désirable : pas un objet de luxe, mais bien conçu, attrayant, donnant l'envie de le prendre, de l'acheter, l'offrir en cadeau ou le garder et songer à le relire, et de nous rappeler plus tard que c'était l'édition dans laquelle on avait découvert ce qui s'y trouvait. Je n'ai pas de préjugé contre l'innovation technologique — c'est seulement que les livres ont l'air de contenir du savoir, alors que les liseuses ont l'air de contenir de l'information… Les prix scolaires de mon père sont sur les rayons de ma bibliothèque, quatre-vingt-dix ans après qu'il les a reçus. J'aimerais mieux lire les poèmes de Goldsmith sous cette forme qu'en ligne.

L'auteur et dilettante américain Logan Pearsall Smith a dit : « Certains pensent que la vie est l'essentiel, mais je préfère la lecture. » La première fois que j'ai lu cette phrase, je l'ai trouvée spirituelle ; maintenant cela — comme beaucoup d'aphorismes — me fait l'effet d'une suave contre-vérité. La vie et la lecture ne sont pas des activités séparées. La distinction est fausse (comme lorsque Yeats imagine un choix entre « perfection de la vie, ou du travail »). Quand on lit un grand livre, on n'échappe pas à la vie, on y plonge plus profondément. Il peut y avoir une évasion superficielle — dans d'autres contrées, coutumes et mœurs, modes d'expression —, mais ce qu'on fait essentiellement, c'est approfondir sa compréhension des subtilités, paradoxes, joies, peines et vérités de l'existence. La lecture et la vie ne sont pas séparées, mais symbiotiques. Et pour cette tâche sérieuse, de découverte imaginative et découverte de soi, il y a et il reste un symbole parfait : le livre imprimé.

LA FRANCE DE KIPLING

En 1878, Lockwood Kipling, principal du Mayo College of Art de Lahore, emmena son fils, alors âgé de douze ans, voir l'Exposition de Paris. Lockwood avait un rôle de premier plan dans la section indienne d'« arts et manufactures » ; il donna au jeune Rudyard deux francs par jour pour se nourrir, un coupe-file pour l'exposition, et le laissa se débrouiller. Le garçon, qui allait toute sa vie aimer voir comment les choses étaient assemblées, fut fasciné par « toutes les merveilles de tous les pays du monde sortant de leurs boîtes et de leurs caisses ».

Un de ses endroits préférés était la tête de la statue de la Liberté de Bartholdi, qui allait bientôt être expédiée à New York, cadeau tardif pour le centenaire de la République américaine. Pour cinq centimes — ou muni d'un coupe-file —, on pouvait gravir un escalier intérieur et regarder le monde par les yeux évidés de la statue. Rudyard fit souvent l'ascension et, une fois, un vieux Français sentencieux lui dit : « Maintenant, jeune Anglais, tu peux dire que tu as regardé par les yeux de la Liberté elle-même. » Cinquante-cinq ans plus tard, le vieux Kipling se souvint de cet oracle opportunément situé, et choisit de corriger ses paroles : « Il disait moins que la vérité. C'était par les yeux de la France que je commençais à voir. »

Kipling et la France ? Kipling et l'Inde, évidemment. Kipling et l'Angleterre, Kipling et l'Empire, Kipling et l'Afrique du Sud, Kipling et les États-Unis, Kipling et l'Allemagne détestée (le vrai foyer, selon l'analyse d'Orwell, de ces « *races inférieures en dehors de la Loi*[1] » souvent mal localisées). Mais Kipling et la France ? Ce n'est pas si évident. La France et les Français sont peu présents dans son œuvre publiée ; et on n'aurait guère pu s'attendre à ce que ce chantre plébéien, pragmatique et autodidacte de l'Empire britannique, aimât beaucoup les esprits altiers et théoriques de la plus proche rivale impériale de la Grande-Bretagne. Et pourtant cette première visite, en 1878, amorça quelque chose qui continua jusqu'à la mort de Kipling en 1936. Comme sa fille Elsie le nota simplement après cette mort : « Il a toujours été heureux en France. »

Heureux en France, certainement ; satisfait d'elle, pas toujours. Vers la fin de sa vie, Kipling était enclin à présenter sa relation avec le pays comme une histoire de félicité sans faille. Mais, dans les années 1880 et 1890, quand les rivalités impériales étaient à leur comble, il était aussi résolument anti-Français que tout bon patriote ; depuis l'Inde, il envoya des plaidoyers journalistiques en faveur de la Grande-Bretagne écrits « dans ce qu'[il concevait] alors comme des parodies de la prose la plus extravagante de Victor Hugo ». La guerre des Boers — dans laquelle les Français n'étaient visiblement pas du côté des Britanniques — aggrava les choses. Kipling écrivit une nouvelle moqueuse, *Les Chaînes de la discipline*, où l'équipage d'un croiseur britannique se montre plus rusé qu'un espion français embarqué clandestinement.

1. Mots du poème de Kipling *Recessional*. (*Les notes sont du traducteur, sauf indication contraire.*)

Cet épisode de *froideur** géopolitique prit fin avec l'*Entente cordiale**[1] en 1904. Après cela, il n'y avait plus de raison d'en vouloir à la France. Il y avait aussi maintenant un moyen pour le romancier de renouveler sa passion et d'approfondir sa connaissance du pays : l'automobile. Comme Edith Wharton, Conrad et Ford Madox Ford, Kipling était captivé par la première grande invention du nouveau siècle. Au cours de l'automne de 1899, il avait loué une Embryo au nom approprié ; l'été suivant, il acheta une Locomobile à vapeur américaine ; vint ensuite une Lanchester, livrée au célèbre auteur par Mr Lanchester en personne.

En mars 1910, Kipling séjournait à Vernet-les-Bains, dans les Pyrénées, où sa femme Carrie prenait chaque année les eaux sulfureuses. Claude Johnson, codirecteur de Rolls & Co, et aussi premier secrétaire du Royal Automobile Club, fit astucieusement à l'écrivain une proposition qu'il ne pouvait guère refuser : « Je renvoie mon auto à Paris, vide. Si cela vous dit de la ramener, elle est à votre disposition. » Puisque la voiture avait « toute la puissance des Chevaux du Soleil » et, au volant, un chauffeur qui avait appartenu au régiment royal de fusiliers marins et qui connaissait le monde « en général et en particulier », Kipling était ravi. La Silver Phantom les emmena, de Banyuls-sur-Mer, où ils « cueillirent des narcisses dans un champ et où la glycine était en fleur », via Perpignan, Narbonne, Montpellier, Nîmes, Arles, Avignon, Tournon, Saint-Étienne, Moulins, Nevers et Montargis, jusqu'à Fontainebleau et Paris. Ce fut au cours de ce voyage que Kipling fut pour la première fois fasciné par la cité morte des Baux-de-Provence — « un vaste Golgotha de pierre, inconcevablement fou et grotesque et pathétique » ; il découvrit

1. Les mots en italique suivis d'un astérisque sont en français dans le texte.

les routes de France — « droites, larges, lisses, parfaites », un jugement qu'il allait falloir nuancer plus tard ; et il s'entícha de la Rolls-Royce. L'année suivante il acheta la sienne, et ne changea plus jamais de marque. (Dans sa propriété du Sussex, nommée Bateman's, on peut examiner sa dernière Rolls, d'un bleu foncé miroitant.) Il prit aussi l'habitude de voyager chaque année en voiture en France, ce qui dura — avec l'interruption de la Grande Guerre — jusqu'à la fin des années 1920.

En 2000, le directeur des Éditions Macmillan vida son bureau après quarante ans dans la maison. Ce bureau avait été celui de Thomas Mark, l'éditeur de Kipling. Dans un de ses plus profonds recoins il y avait six petits carnets reliés de cuir, qui se révélèrent être des journaux tenus par Kipling pendant ces voyages en auto entre 1911 et 1926 — les seuls journaux de lui qui subsistent, à part un extrait d'un journal indien de 1884. Ils n'ont pas encore été publiés ; mais les transcriptions — près de cent pages — font clairement apparaître la tournure d'esprit et l'obsessionnelle minutie de cet écrivain-voyageur.

Pour certains de ces premiers automobilistes littéraires, comme Edith Wharton, la voiture était surtout un moyen pour atteindre un but : ce but étant des êtres lointains et des monuments culturels tout aussi éloignés. Elle savourait l'ivresse du voyage en auto, mais ignorait délibérément les détails techniques ; le véhicule était un ingénieux serviteur mécanique et, s'il devenait capricieux, son mari Teddy et le chauffeur étaient là pour s'en occuper. Kipling, qui roulait à travers la France à la même époque, trouvait le moyen aussi captivant que le but.

Comme les autres touristes aisés, il visitait naturellement les sites importants — Carcassonne, Chartres, église de Brou, tapisserie de Bayeux, cathédrale d'Albi, Fontaine-de-Vaucluse. Il aimait explorer chaque endroit, que ce fût la cathédrale de

Chartres pour examiner l'envers d'un vitrail ou une grotte de Dordogne pour voir « ces dessins de bisons, chevaux, loups et rhinocéros laissés par l'homme de Cro-Magnon ». Mais Kipling était le plus démocratique des génies anglais, aussi à l'aise avec des paysans qu'avec des généraux, et aussi intéressé par les chambres à air que par les plus hautes formes de l'art. Celui qui voyage ainsi est le grand homme dans sa Rolls-Royce, l'auteur qui écrit les discours de George V et l'ami de Clemenceau (qui lui rendit plus d'une fois visite dans le Sussex) ; mais c'est aussi celui qui se donne des airs d'automobiliste chevronné. Il aimait calculer les distances parcourues ; il notait chaque crevaison que sa Rolls — « une terreur pour les pneus » — avait subie et essayait toutes les marques de pneus disponibles, jusqu'aux Provodnik russes. « Nouveaux pneus Goodyear, note-t-il, elle roulait sur de la soie. » « Les ressorts anglais ne sont pas assez solides pour les routes françaises, c'est un fait. » « T. avait réglé le carburateur et elle tirait comme un dragon. » « Les jours suivants ont été consacrés au soin de la Duchesse, et non seulement son ressort cassé a été changé, mais tous ses bruits de transmission ont été éliminés par Parsons. » « Une journée très contrariante pour ce qui est des pneus, mais un paysage et un climat au-delà des mots » — ceci venant d'un écrivain auquel les mots faisaient rarement défaut.

Un de ses modes littéraires les moins connus était la rédaction de rapports sur les routes et sur l'hébergement pour l'Automobile Association et le Royal Automobile Club. Après son premier voyage dans son propre véhicule, en 1911, il emplit les formulaires confidentiels du R.A.C. : « Hôtel Métropole, Montpellier. Mauvais, cher et cupide. Ils essayent le vieux truc de faire payer un franc supplémentaire sur le vin qu'on fait monter du restaurant, en espérant que le client ne le remarquera pas en réglant la note. Il faudrait leur parler sévèrement. » « Angoulême, hôtel de France. Déjeuné seulement — très bon repas et sanitaires propres. » « Bergerac, hôtel de Londres et des Voyageurs. Pas trop propre ; nourriture seulement correcte, prix et service raisonnables. Sanitaires démodés et sales, usage impossible pour les dames avant nettoyage. Pas de salles de bains. » Kipling inspectant les hôtels français évoque un adjudant-chef passant en revue des recrues peu soignées. Même si votre aspect général est satisfaisant, le vieux Kip remarquera toujours cette tache minuscule sur votre guêtre… Son rapport sur l'hôtel Bernard à Carcassonne s'achève ainsi : « Note. Boîte aux lettres dans le hall insatisfaisante, trop petite et rudimentaire. »

Cet inspecteur pour le R.A.C. de toilettes et de boîtes aux lettres, ne l'oublions pas, s'était vu décerner le prix Nobel de littérature quatre ans seulement plus tôt. Mais cela ne modérait pas son incessante et quotidienne curiosité. 24 mars 1914 : « Le Grand Hôtel de Grenoble n'est pas très bon, et ils ont ajouté 5 fr pour le lavage de l'auto, ce que je dois signaler à l'A.A. » Cinq jours plus tard, à Chartres : « Comme d'habitude, dans la salle de bains, *Chaud* signifiait froid… Causé avec un homme assis dans une Wolseley 1905. » 4 mai 1921 : « arr. Newhaven à 16 h 25, mais pas partis (sous forte averse) avant 17 h 20. Tout sans accroc mais lent. Dois écrire A.A. » Malgré la Rolls conduite par un chauffeur, et en dépit du fait qu'il était l'intime de capitaines et de rois, le Kipling qui apparaît à la lecture de ces notes est un automobiliste typique, parfois joyeux, mais le plus souvent irrité et contrarié. « De Cabourg à Caen : route encombrée. 76 voitures sur 31 miles ! » « Perdu notre chemin entre Dreux et Nonancourt — ne vous fiez jamais à d'aimables inconnus. » « Première fois que je me servais d'une carte Michelin, que j'ai trouvée très pratique. » « Déjeuné sous des pins humides au bord de la route, avec une boîte de foie gras impossible à ouvrir. »

Pourquoi Kipling aimait-il la France ? Comme bien d'autres francophiles, il était sensible à son « immense et stupéfiante beauté ». Il aimait sa cuisine — de préférence nourrissante plutôt que raffinée, et à un prix raisonnable. « Ils comprennent le "service du ventre" en Alsace », nota-t-il ; et sa fille se rappelait « un long détour, un jour, pour goûter des pieds de porc dans une petite ville dont c'était la spécialité, et qu'un général français avait recommandé de ne pas manquer ». Dans son poème *France* (1913), il évoqua un pays « *fervent dans le luxe, acharné dans le labeur* ». Kipling ne s'intéressait guère au luxe français, et si d'autres, ayant commencé par admirer les paysages et la cuisine, pouvaient ensuite savourer à loisir la culture, le sens du style, les milieux sociaux ou intellectuels et la *douceur de vivre**, il préférait admirer ce que beaucoup négligeaient : le labeur acharné.

C'était un pays qui travaillait, et travaillait dur et efficacement. En Inde, Kipling avait rencontré des forestiers excellemment formés par des Français à Nancy. Après la Grande Guerre, il fut témoin de l'extraordinaire résistance physique et morale avec laquelle les Français déblayaient les décombres et reconstruisaient. Pendant ses voyages en voiture, il découvrait des vertus pastorales et agricoles et admirait des villages et des fermes où les femmes, les enfants, et même les chiens travaillaient à plein rendement. En 1933 il publia *Souvenirs of France*, soixante pages (jamais réimprimées) de réminiscences, d'éloges, de nostalgie et de gratitude. Là il se souvient d'avoir visité une foire agricole dans une province et d'y avoir examiné divers instruments. « J'ai demandé à un participant combien de temps une certaine pompe à lisier pouvait durer — *marcher** étant le verbe que j'ai employé. La réponse fut éclairante. "Si vous la laissez dehors l'hiver, comme vous le faites, vous autres Anglais, elle ne va pas *marcher** plus de deux ans. Mettez-la à l'abri, et elle va *marcher** pendant dix ans." »

Dans un discours à la Royal Society of St George en 1922, Kipling déclara que, pour les Anglais, les Français étaient « le seul autre peuple dans le monde qui comptait » (probablement faux alors, à coup sûr maintenant). Dans *Souvenirs of France*, il dit des deux pays : « Chacun le mystère, la terreur, le besoin et l'amour de l'autre. » Ce qu'il admirait dans la France était peut-être ce qu'il estimait que son propre pays aurait gagné à avoir davantage : éthique du travail, économie, simplicité, « l'acceptation d'une vie rude qui fortifie l'être moral comme les petits cailloux aident à la digestion des volailles ». Autodiscipline ; mais aussi discipline extérieure. Un aspect de la vie sociale qui distinguait la France et une bonne partie de l'Europe continentale de la Grande-Bretagne avant la Grande Guerre était la conscription. Kipling pensait qu'une période de service militaire obligatoire favorisait non seulement la vertu civique, mais aussi un *sérieux* fondamental qui lui semblait faire défaut à ses compatriotes. Un Français lui dit un jour : « Comment vous autres Anglais pouvez-vous nous comprendre si vous ne faites pas ces années de service — ces années de service pour tous ? Quand nous parlons de la vie avec vous, c'est comme parler de la mort à des enfants. »

Si Kipling se prit d'affection pour la France, l'attachement devint réciproque. Il nous paraît, de ce côté de la Manche, un écrivain si anglais, un impérialiste si typiquement britannique, un si piquant pourvoyeur du savoir et de la langue de sa tribu, qu'on est surpris de découvrir à quel point il était connu et lu en France. Le 26 mars 1913, nous disent ses notes, il s'abrita de la pluie en entrant dans la cathédrale de Bourges, où il rencontra « un jeune prêtre français très intelligent qui connaissait parfaitement *Le Livre de la jungle* ; gratifiant de voir la propagation de la civilisation en Gaule ». Le général Nivelle lui montra la ligne de front en 1915 et, avec un geste en direction des troupes françaises sous son commandement, lui dit : « Tous ces hommes connaissent vos livres. » Kipling sourit, croyant à une simple amabilité, mais Nivelle l'emmena vers un autre secteur, où, nota-t-il ensuite : « Des sentinelles armées me dirent la même chose, et d'étranges sous-officiers dans des tranchées le répétèrent tant et si bien que je crus presque à un coup monté de la part du général. Mais ce n'en était pas un. C'était vrai. »

Et il n'avait pas des admirateurs que parmi les *poilus**. « Je n'ai que la nostalgie de la jungle, confia Jules Renard dans son *Journal.* Kipling y est allé. » Le critique et philosophe Hippolyte Taine, quelques mois avant sa mort en 1893, se fit lire *La lumière qui s'éteint* par son neveu André Chevrillon. « *C'est un homme de génie** », commenta Taine ; et Chevrillon attestait que son oncle n'avait encore jamais appliqué ce grand mot à un écrivain vivant. Ce roman (la seule œuvre où Kipling s'est risqué à la forme longue) fut généralement plus admiré en France qu'en Angleterre. Sarah Bernhardt proposa d'en produire une version théâtrale ; et Kipling conclut dans son autobiographie : « J'ai toujours eu l'impression qu'il marchait [*sic*] mieux en traduction que dans l'original. »

Une conséquence de cette célébrité française était que l'anonymat pendant ces voyages en auto était difficile à préserver. La famille de Kipling disait qu'ils ne pouvaient pas rester plus de trois jours dans un endroit sans que son identité fût découverte. Un militaire l'accostait dans la rue et l'emmenait au mess d'officiers le plus proche ; un prêtre faisait un événement de sa visite d'une église ; et bientôt, la menace d'une réception donnée par le maire en son honneur les obligeait à fuir.

Le français de Kipling, d'après son biographe Charles Carrington, « était bon, quoique imprécis, et puissamment aidé par des gestes ». En classe, on lui avait enseigné cette langue au moyen d'un astucieux stratagème :

> Je fus « invité » à étudier le français. « Vous ne pourrez jamais le parler, mais, à votre place, j'essaierais de le lire », tels furent les mots du maître. Je joins ici la méthode d'instruction : donnez à un garçon anglais la première moitié de *Vingt Mille Lieues sous les mers* dans sa langue maternelle. Lorsqu'il est bien captivé et grisé, reprenez-la et donnez-lui la seconde moitié dans le texte original. Ensuite — pas avant —, Dumas le prince des *amuseurs**, et le reste comme il plaît à Dieu.

Verne et Dumas menèrent à Balzac, Rabelais et Maupassant ; il trouvait Scarron « barbant » et Anatole France était « un imposteur ». Il lut aussi Colette, dont il jugea les histoires d'animaux « bien meilleures » que les siennes. Dans une lettre à André Chevrillon en 1919, il parle de ses premières lectures, ajoute une biographie de Dumas qui lui a « tourné la tête sous l'effet de l'excitation et l'afflux d'idées naissantes », mais conclut : « Par ailleurs, les influences françaises (hormis quelques jours à Paris en 78) semblent avoir été peu nombreuses. » Deux ans plus tard, recevant le titre de docteur *honoris causa* à la Sorbonne, et en rajoutant sûrement un peu pour l'occasion, il fit paraître sa dette plus grande : « Je ne vais point confesser (cela doit être évident à mes *confrères** littéraires ici présents) combien, dans mon art, j'ai appris et me suis inspiré, consciemment et inconsciemment, des maîtres de cet art dans votre pays. »

La vérité est quelque part entre les deux. L'influence littéraire directe est faible. Kipling a dit de *La lumière qui s'éteint* que c'était « une sorte de fantasmagorie inversée, matagrobolisée[1] » d'après *Manon Lescaut* de l'abbé Prévost. Il a aussi situé en

1. Mot emprunté à Rabelais.

France trois de ses dernières histoires — *Le Miracle de saint Jubanas, Le taureau qui pensait* et *Tim* ; étrangement, dans les deux dernières, il a pris des animaux français (un taureau de Camargue et un chien truffier périgourdin) comme métaphores soutenues de l'artiste et de son labeur. Mais, globalement, l'influence française sur Kipling est d'un genre plus diffus. Mettez Rabelais, Balzac et Maupassant ensemble — dans le contexte de la littérature anglaise de la fin du XIXe siècle —, ils forment un argument contre une certaine « distinction » et pour une spécificité plus réaliste. Kipling a été beaucoup accusé de « vulgarité » et de « cruauté » — autrement dit, d'être démocratique dans le choix de ses personnages et véridique dans les thèmes et les détails. Une exposition précoce à la littérature française avait pu conforter cette esthétique.

Angus Wilson était plutôt dédaigneux envers la francophilie de Kipling. « Cet amour est un peu trop conscient, peut-être, et pour un stéréotype de la France créé par de nombreux Anglais, surtout de la classe moyenne supérieure, dans les années 20, quand beaucoup d'entre eux ont décidé de s'y installer. » Mais l'attachement de Kipling pour la France était bien plus que celui d'un touriste motorisé qui trouvait le climat meilleur que chez lui et les paysans pittoresques. C'était un lien rendu permanent — et scellé dans le sang — par la Grande Guerre. Ce sceau du sang était à la fois général et personnel. Lors d'un banquet universitaire à Strasbourg en 1921, il évoqua les pertes britanniques avec une comparaison qui parlait directement à son public. De Calais à Reims, leur dit-il, « nous, Anglais, avons laissé plus de soldats que Napoléon n'en a laissé en Russie — quatre cent mille corps de nos propres fils, outre une multitude dont ne reste aucune trace ». Il ajouta : « Ils sont morts avec vos fils. Avons-nous oublié où ils périrent ? Demandez à n'importe qui, n'importe où en Angleterre. On vous donnera aussitôt le nom de quelque petit village français démoli, dont même vous, peut-être, n'avez jamais entendu parler ; ces gens vous diront à quel tournant de la route y menant, près de quelle haie de verger, leur homme est tombé. »

Certains de ceux qui l'écoutaient devaient savoir que, parmi la « multitude dont ne reste aucune trace », se trouvait le fils unique de Kipling, John ; et que le père pouvait en effet donner sa dernière adresse connue — près de ce que les soldats anglais appelaient Red House, à l'orée de Chalk-Pit Wood, parmi quelques terrils et maisons de mineurs. John Kipling s'était porté volontaire au tout début de la guerre, quelques jours avant son dix-septième anniversaire ; d'une façon assez humiliante, il ne fut pas accepté à cause de sa mauvaise vue. Son père (tout aussi myope) usa de son influence pour le faire admettre dans le régiment des Irish Guards ; il fut envoyé en France en août 1915 et, à la fin du mois suivant, fut l'un des vingt mille morts britanniques de la bataille de Loos. La réaction de Kipling fut : chagrin, fierté, silence — et, après la guerre, un travail incessant et minutieux pour la War Graves Commission. Ce fut lui qui proposa l'inscription sur la Pierre du Souvenir dans les cimetières militaires : « *Their name liveth for evermore* » (Leur nom vit à jamais). Il rédigea les textes de monuments aux morts britanniques dans des cathédrales françaises ; fut à l'origine de la cérémonie dite du *Last Post* (sonnerie aux morts dans les armées du Commonwealth) chaque soir à 20 heures, à la porte de Menin à Ypres ; et fut un de ceux qui conçurent le projet d'inhumer un soldat inconnu dans l'abbaye de Westminster.

Ce que révèlent ses carnets de voyageur en automobile, c'est qu'il était un inspecteur aussi assidu de cimetières que d'hôtels français. En l'espace de trois jours, en 1924, il en visita vingt-quatre. Maintenant, hantées par la mort de son fils, les notes sèches, méthodiques de Kipling deviennent terriblement poignantes. « Dury. Pas de pierres tombales. Pierres empilées depuis un an. » « *Ferme** Buterne : droit de passage non assuré — inaccessibilité. » « Registre du cimetière. Le dessus et les côtés ont besoin de peinture — intérieur du livre tout humide et le registre s'abîmera s'il n'est pas gardé au sec. » « 16 h 50. St Mary's A.D.S.[1]. Gâté par abri de jardinier. » « Route d'Arras. (Pas de registre), un tout petit cimetière (canadien) joliment fleuri, seul dans un champ labouré, et le fermier mordant avec sa charrue sur le chemin d'accès. À signaler. » « NOTE. Seules les plus petites plantes devraient être posées devant les pierres tombales, sinon elles cachent le texte de la famille. »

Le 13 mai 1922, à Meerut : « Cimetière austère et digne — malgré crématorium-fournil dans un coin où des hindous ont été incinérés. Toutes sortes de combattants enterrés dans cet enclos ceint d'un mur de pierre, planté çà et là de ce qui devrait être de nobles arbres toujours verts (comme les cyprès) dans les années à venir… Marché entre les tombes, parlé aux jardiniers, etc. Vu la tombe de Gunga Din, porteur de *dooly*[2]. » Kipling travailla pour la War Graves Commission pendant les dix-huit dernières années de sa vie, de 1918 à 1936. Il apporta tout son soutien à cet acte immense et sans précédent de souvenir national. Chaque soldat tombé devait être réinhumé, chacun avec sa propre stèle à son nom ; et il y avait une douleur particulière et inapaisable dans le fait que Rudyard Kipling pouvait se recueillir devant la tombe de Gunga Din et de quatre cent mille autres,

1. Cimetière sur l'emplacement d'un ancien poste de secours avancé.
2. Civière ou palanquin (mot hindi). *Gunga Din*, poème de Kipling.

mais pas devant celle de son fils John, dont le corps ne fut pas identifié avant les années 90.

Dans le cadre de son travail pour la Commission, Kipling visita le cimetière militaire de Rouen. « 13 mars 1925, nota-t-il dans son carnet, Arr. à Rouen (hôtel de la Poste) à 10 h 30. Mis petites affaires dans nos chambres, et allé aussitôt au cimetière (3 400 stèles debout sur 11 000), où j'ai vu le jardinier et entrepreneur. Tout l'endroit a été aplani, et a l'air négligé et sale. » Bien sûr, Kipling avait alors inspecté des dizaines de cimetières et rencontré de nombreux jardiniers, et rien n'indique, dans les autres notes de la journée, que ç'ait été différent. Il alla sur la place du marché « pour faire pénitence là où Jeanne fut brûlée » (il vouait un culte à la Pucelle, et était sincèrement navré de son immolation), puis « un mauvais dîner, mais champagne correct, et au lit ».

Mais, le lendemain, une note de son carnet fait une allusion sans précédent au travail littéraire en cours. « Ai écrit les premières lignes de l'histoire d'Helen Turrell et de son "neveu" et du jardinier du grand cimetière de 20 000 tombes. » De temps à autre au cours des dix jours suivants, il note l'avancée de son travail sur *Le Jardinier*, une de ses plus grandes nouvelles, une histoire — telle sa propre vie d'après-guerre — de chagrin rigidement contenu. Comme le suggèrent ses guillemets, Michael Turrell n'est pas le neveu d'Helen, mais son fils illégitime, et la honte sociale de la mère aggrave sa souffrance tandis qu'elle endure le cycle de douleur qu'avait connu Kipling dix ans plus tôt — depuis l'« inévitable série d'émotions peu profitables » quand Michael est porté disparu, jusqu'à la « détestation physique des jeunes revenus vivants », dont la présence souligne la perte subie. L'épiphanie d'Helen vient au Troisième Cimetière de Hagenzeele, en Belgique. Perdue parmi les morts innombrables et néanmoins comptés, elle demande à un jardinier où elle peut trouver son « neveu » et, avec une « infinie compassion », il répond, tel un Christ : « Venez avec moi et je vous montrerai où repose votre fils. » Puisque l'histoire s'achève sur ce reflet de transcendance, il vaut la peine de relever que Kipling et sa Rolls traversèrent Lourdes la veille du jour où il la termina — même si, d'une façon caractéristique, il nota dans son carnet que la ville était « vide et sans aucun miracle en cours ».

Dans son vieil âge, bien qu'ayant mis ses voitures « au rancart », Kipling continua de séjourner parfois en France. Il passait l'hiver à Monte-Carlo et à Cannes, tout en notant, dès 1926, que « l'automobile a fait de la Côte d'Azur un enfer — et un enfer bruyant et malodorant ». Les deux dernières décennies de sa vie, il souffrit de douleurs abdominales aiguës et récurrentes, héroïquement endurées (un jour, à Paris, plié en deux de douleur et serrant un coussin contre lui, il dit : « Je crois que cette fois je vais avoir des jumeaux »). Il craignait constamment d'avoir un cancer ; au cours de ces dix-sept années, neuf médecins britanniques remirent huit diagnostics différents ; en 1921, toutes ses dents furent arrachées, sans aucun effet bénéfique.

En 1933 il tomba gravement malade à Paris, et un médecin français arriva à la conclusion correcte qu'il souffrait d'ulcères duodénaux. Il était maintenant trop tard pour une opération, et il mourut — à Londres, sur le point de repartir pour Cannes — trois ans plus tard. Mais, si c'était « par les yeux de la France » qu'il avait « commencé à voir », il était approprié que la France lui eût aussi soufflé une ultime vérité clinique.

LE KIPLING DE LA FRANCE

Quand je parle de mon roman *Arthur & George*, on me demande parfois — la question pouvant venir d'une silhouette à casquette de Sherlock Holmes dans un coin sombre de la librairie — comment est née ma fascination pour sir Arthur Conan Doyle. Ma réponse déçoit souvent : ce qui m'a attiré, dans cette histoire, dois-je expliquer, c'est son autre personnage éponyme, George ; Arthur était inévitablement joint à lui. J'aurais été tout aussi satisfait — voire peut-être plus satisfait — si mon romancier-homme d'action avait été quelqu'un d'autre : Kipling, par exemple. Je choisis ce nom à dessein, parce que les deux écrivains étaient contemporains ; de plus ils étaient amis, tous deux impérialistes, des hommes exprimant volontiers publiquement et fortement leurs opinions, et des compagnons de golf qui jouèrent une fois ensemble dans la neige du Vermont avec des balles peintes en rouge.

Si un air de légère déception peut être perçu chez la personne qui m'a posé la question, j'ai aussi conscience — comme c'est souvent le cas lorsqu'on répond ainsi en public — d'un surtitre contradicteur qui me passe par la tête. Aurais-je été aussi satisfait ? Plus satisfait ? Certes, Kipling était de loin le plus grand écrivain, reconnu comme un génie même par ceux (tels Henry

James et Max Beerbohm) qui étaient à l'autre bout du spectre esthétique ; mais cela aurait-il fait de lui un sujet plus approprié, ou plus satisfaisant, qu'un bon conteur professionnel qui se trouvait avoir créé un archétype littéraire ? Et si, contraint d'accepter Kipling comme personnage, j'avais trouvé impossible de le recréer d'une façon imaginative ? Il était ombrageux et secret (mais ç'aurait pu être un avantage) ; il considérait toute forme d'entreprise biographique comme un « cannibalisme supérieur » ; il nous a même laissé une célèbre *Prière* qui a les accents d'une injonction : « *Et pendant le court laps de temps / Où les morts restent en nous présents / Ne cherchez point à interroger / Plus que les livres que j'ai laissés.* » Était-il, en fait, possible de mettre Kipling dans un roman ?

Jérôme et Jean Tharaud en étaient manifestement convaincus : leur roman à clef *Dingley, l'illustre écrivain* fut publié en 1902 sous la direction éditoriale de Charles Péguy, puis récrit et réédité en 1906. Ce fut un succès populaire, un prix Goncourt qui fut traduit dans l'année en espagnol et en allemand — mais jamais en anglais. Le biographe de Kipling, Charles Carrington, le jugeait sévèrement en n'y voyant qu'une « critique hostile de Rudyard Kipling présentée sous la forme d'un conte romanesque », mais d'autres y décelaient plus de vertu littéraire. André Gide nota dans son *Journal* le 9 janvier 1907 : « J'admire beaucoup le travail des frères Tharaud sur leur *Dingley* dont je relis l'excellente refonte ; mais combien ce travail de perfectionnement entrepris à quelques années de distance m'étonne et me reste étranger ! » L'éloge de Gide est, il est vrai, offert dans le contexte d'un plus grand éloge de soi (« Je ne puis, je n'ai jamais pu reprendre après coup une phrase ; tout le travail que j'y applique, c'est lorsqu'elle est encore en fusion ; et chacune ne m'apparaît parfaite que lorsque la retouche y devient impossible »), mais quand même. Gide lisait rarement quelque chose de peu sérieux.

Les frères Tharaud naquirent à Saint-Junien, dans la Haute-Vienne (Jérôme en 1874, Jean trois ans plus tard), et furent élevés à Angoulême, puis à Paris. Jérôme fut un condisciple de Péguy à l'École normale supérieure ; Jean devint le secrétaire du romancier et mystico-nationaliste Maurice Barrès. Les deux frères — suivant vraisemblablement l'exemple des Goncourt — écrivirent ensemble, en 1898, un premier roman intitulé *Le Coltineur débile* et poursuivirent leur collaboration créatrice pendant un demi-siècle. Le cadet rédigeait le premier jet, que l'aîné corrigeait et mettait au point. Férus d'exotisme à la manière de Pierre Loti (ils ont écrit sur la Palestine, la Perse, la Roumanie, et ils furent au Maroc en même temps qu'Edith Wharton), ils étaient aussi des « Limousins sagaces et solides », m'informe mon Larousse littéraire des années 20 : « Ils sont naturellement optimistes et la pitié qu'ils éprouvent devant le malheur naît moins de leur cœur souffrant que de leur faculté de tout comprendre. C'est une mélancolie de grands lettrés qui restent en toutes circonstances des témoins clairvoyants… » Oui, les Français ont toujours écrit sur la littérature d'une façon différente.

Les frères Tharaud ont commencé à écrire à une époque où les Empires français et britannique étaient à un niveau élevé de rivalité, et les réactions françaises au personnage de Kipling étaient un reflet microcosmique d'attitudes géopolitiques plus générales. À l'instar de leur plus célèbre romancier, les Britanniques étaient plus actifs, plus vulgaires, plus résolus. Leur empire était plus grand et plus hardi que celui des Français ; et la crise de Fachoda avait récemment amené les deux puissances au bord d'une guerre intercoloniale. Pour les Britanniques, Fachoda était, et reste, un nom de lieu exotique à la lisière de la mémoire ou au-delà ; pour les Français, un événement extraordinairement amplifié par la propagande et la fierté perdue. En juillet 1898, l'expédition Marchand, comprenant une dizaine de Français et plus de cent vingt tirailleurs sénégalais, atteignit un fort en ruine sur le Nil supérieur au Soudan, au terme d'une rude traversée du continent qui avait duré deux ans (d'une manière bien française, ils étaient partis avec treize cents litres de bordeaux, cinquante bouteilles de Pernod et un piano mécanique). Ils hissèrent le drapeau tricolore, et plantèrent un jardin. Leur but principal était d'embêter les Britanniques, ce qu'ils firent, un peu : Kitchener arriva avec un détachement de bonne taille et leur conseilla de partir. Il leur donna aussi des journaux français, où ils lurent des articles sur l'affaire Dreyfus, et pleurèrent. Les deux camps fraternisèrent et, deux mois plus tard, une fanfare britannique joua *La Marseillaise* tandis que les Français se retiraient. Personne ne fut blessé ; encore moins tué. Comment cela n'aurait-il pas pu n'être qu'une petite attraction comique ? Mais c'est là une réaction britannique — et aussi celle du camp qui imposa le retrait. Pour les Français, ce fut un moment crucial d'humiliation nationale et de déshonneur. Cela marqua aussi profondément un certain petit garçon français de six ans, qui s'en souvint plus tard comme d'une « tragédie d'enfance ». Comment Kitchener pouvait-il savoir, en buvant du champagne tiède avec une poignée de Français dans ce fort lointain, que cette rencontre jouerait un rôle, quatre bonnes décennies plus tard, dans le comportement rebelle et anglophobe de Charles de Gaulle exilé à Londres pendant la guerre et, soixante ans plus tard, dans son triple refus de permettre à la Grande-Bretagne de se joindre au Marché commun ?

Certes le nom *Dingley* n'a qu'une vague ressemblance sonore avec *Kipling*, mais tout semblant de déguisement artistique ou juridique disparaît dès les premières lignes du roman des frères Tharaud : « Partout où l'on parle anglais, personne n'ignore le nom de Dingley, l'illustre écrivain. Les enfants eux-mêmes le connaissent : ils apprennent à lire dans ses livres. En vérité, c'était un homme d'une fraîcheur d'imagination incomparable. Il semblait né à l'aurore du monde, dans un temps où les sens de nos lointains ancêtres rivalisaient avec ceux des bêtes. » Ce Dingley a sillonné le globe dans sa vie et dans son œuvre : « En lui s'accordaient les instincts positifs de la race anglaise et l'âme insatisfaite et passionnée pour le rêve d'un Hindou » ; il a « connu la gloire à l'âge où la force de l'homme est encore intacte pour l'aimer » ; et il a écrit un conte dont le titre français est *La Plus Belle Histoire du monde*. Maintenant âgé d'une quarantaine d'années, c'est « un petit homme aux traits anguleux et secs, la moustache raide en herse sur la bouche, les yeux gris embusqués derrière les vitres de ses lunettes d'acier ».

Donc : Kipling, avec une ou deux variations ou ignorances mineures (lui attribuer des études à Oxford, par exemple). Mais, comme le suggère la référence à son incomparable imagination, c'est un portait plus subtil que ne le laisse entendre Carrington. Le génie de Dingley, son énergie, son incessante curiosité, tout cela est reconnu ; ce qui est contesté, c'est l'usage qui est fait de la fameuse imagination et de l'immense renommée. Il y a aussi le grief — également formulé contre Kipling en Angleterre — que l'esthétique de l'écrivain en est venue à être compromise par son tempérament. Peut-être la phrase clef du roman est-elle : « C'est que la passion du pittoresque étouffait en lui la pitié. » Un reproche analogue à celui que fit la mère de Flaubert à son fils : « La rage des phrases t'a desséché le cœur. »

Dingley commence pendant les premières semaines de la guerre du Transvaal (lors de laquelle les Français prirent le parti des Boers). Les rues de Londres sont pleines de cris martiaux, et aussi de sergents recruteurs en quête de *cockneys* malingres et faméliques ; Dingley observe une scène de « prise au piège » dans une taverne, et conçoit l'idée d'un roman dans lequel un de ces « voyous » londoniens sera enrôlé et moralement transformé — en un vrai homme — par l'expérience de la discipline militaire et de la guerre. Mais comment Dingley peut-il écrire une telle histoire sans avoir examiné le cadre pittoresque dans lequel elle se déroulera ? Il décide donc de partir pour l'Afrique du Sud, comme Kipling l'avait fait — et aussi, d'ailleurs, Arthur Conan Doyle. Kipling y était allé en tant qu'observateur et propagandiste, Doyle en tant que médecin (mais il était revenu dans le rôle d'un propagandiste) ; leurs séjours là-bas avaient coïncidé pendant quelques semaines, au printemps 1900, mais ils ne semblent pas s'y être rencontrés.

Il est évident que les frères Tharaud savaient certaines choses sur la vie privée de Kipling. Ainsi, leur Dingley est marié avec une Américaine qui a du sang français (la femme de Kipling, Caroline Balestier, était une descendante de Huguenots). Mais, alors que Carrie Kipling soutenait son mari dans chaque parole et chaque acte (au point que ses expressions de zèle militaire et de vengeance triomphante pendant la Grande Guerre jettent encore un froid), le sang français de Mrs Dingley l'incite à être la voix du désaccord rationnel et de la contradiction d'épouse avisée, et lorsque Dingley évoque le thème de son futur roman, elle se révèle une robuste critique littéraire : à son avis, un « voyou » devient très rarement un héros. Pourquoi un tel homme serait-il moralement régénéré en massacrant des fermiers dans une contrée lointaine ? L'expérience ne ferait sûrement que développer ses instincts de brute ? L'écrivain rétorque : « Idée de clergyman ou de Français, ma chère ! » À quoi elle réplique à son tour : « Redoutez d'être l'apôtre d'un impérialisme égoïste et dur. »

Les frères Tharaud trouvent leur bonheur de romanciers dans un tel conflit anglo-français. Ils présentent Dingley comme un parangon d'impérialisme britannique, tout en mettant aussi dans sa bouche des critiques plus subtiles de la France et du projet impérial français. Pendant son voyage en bateau vers « Capetown » (accompagné de sa réprobatrice épouse et de leur jeune fils Archie), Dingley fait la connaissance d'un journaliste français dont la « facile émotion gasconne » pousse l'Anglais qu'il est à se lancer dans une défense traditionnelle de l'Empire : civilisation, chemin de fer, télégraphe, et non conquête, cupidité et or… Et puis il ajoute : « En somme, faisons-nous autre chose que continuer une tâche que vous avez entreprise, vous autres Français, il y a deux siècles, et que vous avez méprisée ? Mais je le comprends, par Jupiter ! Vous préférez rester chez vous. Qui voudrait, sans y être contraint, quitter la belle France ? Nous [Britanniques] sommes les Auvergnats du monde. » (Les Auvergnats étaient par tradition les ouvriers errants de la France, contraints par la misère, et par la pauvreté du sol, de quitter leur province natale.) Les Britanniques sont peut-être des besogneux, mais ce qu'ils construisent dure ; les Français, eux, ne font que dans le panache et l'éclat… Passant au large de Sainte-Hélène, Dingley se sent porté à songer à la carrière de Napoléon : malgré cette propension à ébranler le monde, les ambitions du Corse, à côté de ce qu'avait accompli Disraeli ou Cecil Rhodes, n'avaient été que celles d'un *condottiere* italien.

Quand les Dingley débarquent au Cap (où ils séjournent au Mount Nelson Hotel, comme l'avait fait Kipling), le roman devient à la fois plus aventureux et plus sérieux. Les certitudes de

Dingley vacillent. Pour commencer, la guerre se passe mal : si l'armée britannique peut être tenue en échec par une poignée de fermiers boers déterminés, qu'adviendra-t-il de l'Empire ? Et qu'adviendra-t-il de Dingley lui-même ? En présence de vrais soldats et de vraie action, il se sent bien peu à la hauteur en tant qu'homme ; il n'est qu'un écrivain, dont le « commandement », la Muse, est « une autorité obscure, un pouvoir lâche et féminin ». Cela annonce avec une justesse frappante ce qu'allait ressentir Kipling en 1915, correspondant de guerre sur le front de l'Ouest. Bien qu'ayant le droit de porter l'uniforme, il allait refuser au motif que, contrairement aux soldats, il n'avait pas mérité ce droit. Décrivant plus tard sa tournée d'observation dans *France at War*, il évoque spécifiquement ce sentiment de n'être qu'un civil, un non-combattant — pis encore, un écrivain — en présence de soldats qui risquaient chaque jour de mourir : « Ils regardaient avec, pensais-je, un mépris justifié le civil qui passait rapidement dans leur vie, pendant quelques instants d'émotion, pour écrire des mots avec leur sang. »

Une incursion dans l'arrière-pays, à travers le veld et vers la ligne de front, en compagnie d'un photographe nommé Melton Prior, aggrave le malaise artistique de Dingley. Les images instantanées, de paysages et de champs de bataille, de Prior sont d'une si consternante exactitude... Qu'adviendra-t-il de l'art de Dingley si la photographie le prive de sa force principale, l'expression du pittoresque ? Comme ses confrères, il en sera réduit à écrire « des romans psychologiques, des adultères français ou des moralités slaves ». C'est lors de cette incursion dans l'intérieur du pays que lui parvient la nouvelle que le jeune Archie, au Cap, a été saisi d'une forte fièvre. Se mettant en route, d'une façon assez invraisemblable, seul et de nuit, il tombe sur un campement de Boers commandés par ce qui se révèle être Lucas du Toit, vieille connaissance et condisciple d'Oxford (les romanciers français semblent souvent croire que tous les Anglais ont étudié à Oxford), passé dans le camp rebelle. Du Toit, apprenant la raison du retour précipité de Dingley, le laisse poursuivre son chemin. Cet acte de compassion met en évidence un des thèmes principaux du roman : la pitié, son mécanisme et son absence. Qu'importe d'édifier un empire si, en s'y employant, on perd son âme ?

Quand Dingley arrive au chevet de son fils, celui-ci est dans un état de faiblesse pitoyable, et demande à être diverti avec des histoires. Mais toutes les histoires que l'écrivain peut raconter sont impuissantes à sauver le garçon ; lorsqu'il expire, les derniers mots qu'il prononce dans son délire sont à la fois un écho et une moquerie du militarisme de son père : « Des victoires ! s'écrie-t-il, je veux des victoires ! » Après l'enterrement d'Archie sur un tertre pierreux près de Dossieclipp, Dingley a l'impression « d'y abandonner aussi, avec la tombe de son fils, son plus beau secret : le bonheur ». Les frères Tharaud savaient-ils, lorsqu'ils écrivirent cette phrase, que Kipling avait lui-même perdu un enfant peu de temps auparavant — sa fille Josephine, emportée par une pneumonie en 1899 ? Peut-être. Mais ils ne pouvaient pas savoir que Kipling avait réagi exactement de la même façon : d'après sa cousine, la romancière Angela Thirkell, une bonne partie de Rudyard était morte avec sa fille, et elle ne l'avait jamais vu « comme une personne vraiment réelle depuis cette année-là ». Les frères Tharaud pouvaient encore moins savoir qu'en racontant la mort d'un garçon rendu militariste par son père, ils présageaient le sort du fils unique de Kipling, John — et le moment où les derniers vestiges du bonheur de l'illustre père disparaîtraient aussi.

Dingley est plongé dans une crise par la mort de son fils : de même que l'Empire peut être soudain ébranlé par une poignée de paysans boers, la croyance durement construite d'un homme en lui-même peut être brisée par la mort d'un enfant. L'art de l'écrivain lui paraît maintenant vain, et aussi déficient : malgré toute sa puissance descriptive et son âpre intelligence, il n'y a pas grand-chose en lui pour revigorer l'âme… C'est une crise romanesque nécessaire et, peut-être, assez française aussi : car, si le vrai Kipling a terriblement souffert de la mort de ses deux enfants, il n'a jamais douté ni désespéré de son art — en fait, ce furent les austères exigences de cet art qui l'aidèrent à tenir le coup. Mais c'est à ce moment que le lecteur pourrait commencer à se féliciter de deviner où va *Dingley, l'illustre écrivain* : le chagrin va ouvrir son protagoniste à la pitié, et son œuvre sera rendue plus vraie et plus riche par cette nouvelle compassion pour l'humanité. Qui sait, peut-être sa souffrance le fera-t-elle douter des sonneries de clairons et des gloires hypocrites de l'Empire ?

Mais les frères Tharaud étaient meilleurs écrivains que ça. Ils comprenaient le monde — et, avec lui, l'impérialisme britannique. Car, à ce moment précis, est donnée à la pitié une chance d'entrer dans l'âme de Dingley, et l'accès lui est refusé. Lucas du Toit a été fait prisonnier, et Dingley est supplié d'intercéder en sa faveur. Il met en balance les exigences de l'amitié et de la gratitude d'un côté, et de l'autre les plus hautes exigences de l'Empire et les impitoyables impératifs de la guerre. Tandis que Mrs Dingley envoie des lettres implorantes aux autorités, son mari ne fait rien d'autre que promettre des vers à la mémoire de Lucas ; le Boer est fusillé. Dingley retourne en Angleterre, et les Tharaud tournent habilement l'intrigue dans un sens, puis dans l'autre. L'orgueilleux Dingley écrit un article de journal critiquant l'effort de guerre en Afrique du Sud, réclamant la conscription (comme Kipling le fit plus d'une fois) et une armée de type continental. Le directeur du *Times* essaie de le dissuader, en arguant que « le public n'est pas mûr pour entendre ces vérités », mais Dingley insiste avec arrogance. La réprobation est immédiate et unanime : lecteurs et critiques l'abandonnent. En deux mille mots, il semble avoir compromis tout le travail de ses vingt précédents livres. Ce rejet lui donne le sentiment d'être un « monarque dépossédé de l'Orient », ou un peintre qui perd la vue (une allusion évidente au roman de Kipling *La lumière qui s'éteint*).

Alors est-ce la morale de l'histoire ? Un conte d'orgueil châtié ? Mais les frères Tharaud nous surprennent encore. Dans un music-hall londonien, Dingley regarde des actualités cinématographiques sur la guerre des Boers. Il y a de nombreuses scènes familières — dont l'exécution filmée de Lucas du Toit. Et la réaction enthousiaste des spectateurs lui fait comprendre que, lorsqu'il a refusé compassion et assistance au Boer prisonnier, il était profondément en accord avec l'humeur du public britannique. Il sort donc de là en sachant ce qu'il doit faire — écrire ce roman sur le thème banal mais loyal d'un misérable *cockney* transformé par la guerre en un vrai homme. Publié au moment où la paix est annoncée — et où « les filles de l'East End improvisent des gigues d'une patriotique indécence » —, il se révèle un « succès colossal ». Nulle part ailleurs, dans tous ses autres livres, l'illustre écrivain n'avait « exalté avec un plus haut sentiment d'orgueil l'égoïsme de sa patrie ».

Ainsi le roman des frères Tharaud est à la fois une critique de l'impérialisme britannique — de ses effets déshumanisants, ses brutalités et ses illusions — et une mise en garde contre le populisme littéraire. Mais c'est aussi un roman pertinent sur l'échec humain, sur le prix payé (et les gains publics engrangés) quand une partie du cœur humain est étouffée. Il semble impossible que Kipling n'ait pas entendu parler de *Dingley*, mais peu probable qu'il l'ait lu (notamment à cause de la mort d'Archie). Rien n'indique qu'il en ait jamais fait mention, en public ou en privé. Si je faisais de lui un personnage de roman, j'imaginerais qu'un mépris silencieux fut sa réaction à une telle impertinence française.

Dingley, l'illustre écrivain fut le premier et probablement le plus grand succès des frères Tharaud, et ils poursuivirent leur fraternelle collaboration sur une échelle industrielle pendant un demi-siècle — la liste de leurs titres en compte plus de soixante-dix. Jérôme fut reçu à l'Académie française en 1938, après un long débat sur la question bien française de savoir si un demi-auteur pouvait décemment occuper un fauteuil entier... Le problème fut définitivement résolu — ou, peut-être, doublement compliqué — quand Jean le rejoignit sous la Coupole en 1946. Ils étaient, à en juger par leur *Dingley*, de vifs et efficaces conteurs qui, en dehors de tout le reste, montrèrent que Kipling, ou une version de lui, ou une partie de lui, pouvait bel et bien se voir attribuer une dimension romanesque. André Gide revint sur le sujet des frères Tharaud dans son *Journal*, le 12 juillet 1921, pour suggérer que le fait d'écrire à deux était à la fois leur force et leur faiblesse : « Tout ce que j'ai lu des frères Tharaud m'a paru de la qualité la meilleure ; le seul reproche que je crois que l'on puisse faire à leurs livres, c'est de n'être dictés jamais par aucune nécessité intérieure ; ils n'ont pas avec l'auteur de ces rapports profonds et nécessaires où s'engage une destinée. »

Jean mourut en 1952, Jérôme l'année suivante. Au fauteuil de Jérôme à l'Académie fut élu l'*ultrachic* Jean Cocteau, qui ignora délibérément les civilités d'usage en disant « aussi peu que possible » sur son prédécesseur, préférant rendre un « onctueux hommage » à l'Académie. Il incomba à André Maurois de prononcer dans son discours de bienvenue « l'hommage à Tharaud que Cocteau avait omis de faire ». Un autre demi-siècle plus tard, la propre gloire irisée de Cocteau a perdu beaucoup de son lustre. S'il est peu probable que l'œuvre des frères Tharaud connaisse un jour une renaissance, leur *Dingley* demeurera un peu plus qu'une simple curiosité — un roman empreint à la fois de sérieux et de verve — pendant une partie au moins du « court laps de temps » où Kipling restera « en nous présent ».

L'HOMME QUI SAUVA LA VIEILLE FRANCE

J'ai commencé à aller en France il y a presque cinquante ans, pour y passer des vacances en voiture avec mes parents et mon frère. Les bourgs et les villages que nous visitions alors — d'une façon pittoresque et désuète, ils n'étaient encore peuplés que de Français — avaient un aspect immuable et une morphologie reconnaissable : depuis les pimpants bâtiments de la *mairie** et des *PTT** jusqu'au *lavoir** délabré et au fétide *pissoir**, du monument aux morts gravé de noms inoubliés aux murs sur lesquels ne figurait que l'énorme inscription DÉFENSE D'AFFICHER — LOI DU 29 JUILLET 1881 (une proclamation bien plus criarde que les affiches qu'elle était censée interdire). Derrière cette France ordinaire, quotidienne, et lui donnant une plus large et profonde signification, il y avait la France architecturale que mes parents enseignants me faisaient découvrir (et, parfois, m'infligeaient) : les châteaux et cathédrales, musées et édifices publics, monuments et ruines — une France historique évoquant le pouvoir et l'argent, une France de beauté officielle, nationale. Il semblait y avoir une quantité extraordinaire de ces lieux dont les symboles vous sautaient aux yeux de chaque pli de la carte Michelin jaune. Dans le rôle de navigateur sur la banquette arrière, je préparais mes parents à ce qui se trouvait au-delà du prochain virage. Un petit rectangle noir signifiait : château qui vaut le coup d'œil ; un même rectangle avec des petits traits à chaque coin : château qui mérite un arrêt ; trois points noirs en triangle indiquaient la présence de ruines, et un drôle de signe, qui ressemblait à une version bancale du symbole π, indiquait celle de quelque vestige préhistorique. Tout cela paraissait aussi solide et éternel que la vie quotidienne, sinon plus.

Quand nous visitions les châteaux de la Loire, je ne pouvais pas ne pas remarquer que beaucoup de ces imposants édifices semblaient étrangement vides de meubles, et on m'expliquait que tout avait disparu pendant la Révolution. Dans mon esprit passaient alors de vagues images — réminiscences, peut-être, du film inspiré d'*Un conte de deux villes* de Dickens — de sans-culottes pillards, à l'air féroce et mal rasés. Les Guides Verts Michelin auxquels nous nous référions pour nos faits étaient, je m'en rends maintenant compte, écrits et édités par des gens diplomatiquement soucieux de ménager les opinions divergentes des lecteurs français ; aussi y avait-il force élision et une réticence tactique à se ranger dans quelque camp sujet à controverse (ou même discernable) que ce fût dans la longue histoire troublée du pays. Ces guides ne disaient pas non plus combien avait été précaire l'existence antérieure de ce robuste ensemble de monuments que nous visitions consciencieusement. Ils mentionnaient encore moins — et saluaient moins encore — l'homme sans l'influence et l'action décisives duquel ce que les Français appellent maintenant leur patrimoine aurait été considérablement amoindri : Prosper Mérimée.

De ce côté de la Manche, Mérimée (1803-1870) est surtout connu pour avoir écrit la longue nouvelle dont Bizet s'est inspiré pour son opéra *Carmen* ; même si celui-ci, selon le meilleur biographe britannique de Mérimée, Alan Raitt, « n'est qu'une version émasculée et enjolivée du conte de Mérimée ». Il a écrit des œuvres romanesques — se spécialisant dans les thèmes de la cruauté, de la vengeance et de la Femme implacable —, des pièces de théâtre et de la poésie. C'était un sincère anglophile, qui demanda même la main de Mary Shelley, et qui était si connu au British Museum que les gardiens le saluaient quand il arrivait ; il était aussi passionné par l'Espagne, et le russophile qu'il devint dans son âge mûr traduisit Pouchkine, Tourgueniev et Gogol. Il fut un voyageur, un courtisan, un Académicien, ami de Stendhal, amant de George Sand, lubrique trousseur de filles du peuple, et sénateur sous Napoléon III. Mais son droit véritable, quoique largement oublié, à une gloire durable, c'est en tant que second inspecteur général des Monuments historiques, un poste qu'il occupa de 1834 à 1860, qu'il l'a acquis.

Il y avait déjà eu des efforts pour inventorier et protéger ce fonds architectural historique, la plupart d'entre eux soit contestés, soit peu enthousiastes. Si la Révolution française avait parfois été vindicativement destructrice, elle avait aussi avancé pour la première fois l'idée de préserver officiellement les œuvres d'art et l'architecture. De sorte que chaque décret de confiscation incluait aussi une exigence de protection : ces édifices, ces tableaux, ces tapisseries étaient maintenant sous la garde du peuple. Entre 1790 et 1795, il y avait eu une Commission temporaire des arts, instituée pour établir un inventaire, avec l'aide de correspondants régionaux, de tout ce qui valait d'être préservé. Mais ce qui valait surtout d'être préservé, c'était la Révolution elle-même, et lorsqu'elle fut attaquée par les contre-révolutionnaires et les armées étrangères, il y eut un patriotique afflux d'or et d'argent, de riches étoffes, de vases et ainsi de suite. On fit fondre les statues en bronze, et la toiture en plomb de la cathédrale de Chartres fut arrachée au cours de l'an III au motif que « notre priorité est d'écraser nos ennemis ». La Commission espérait protéger les tombes royales de la basilique Saint-Denis — « non pour elles-mêmes, mais pour l'histoire et l'idée philosophique ». Mais la Convention, résolue à bannir la notion même de monarchie, autorisa la destruction de « ces monuments à l'orgueil et à la flatterie ». Puisque ce qui devient plus tard le patrimoine d'une nation (et sa liste d'attractions touristiques) commence habituellement par un tel déploiement de faste ostentatoire, il est heureux que ce principe n'ait pas été plus largement appliqué.

La royauté revint néanmoins au pouvoir en France, et ce fut avec la monarchie bourgeoise de Louis-Philippe, à laquelle ouvrirent la voie les « Trois Glorieuses » de juillet 1830, que la protection du patrimoine national devint une priorité, soutenue au plus haut niveau. Ludovic Vitet, nommé premier inspecteur général des Monuments historiques, définit sa tâche comme étant celle de dresser un inventaire de tous les édifices qui « en raison de leur âge, de leur architecture ou des événements dont ils furent témoins, méritent l'attention de l'archéologue, de l'artiste et de l'historien ». C'était de toute évidence une tâche immense : Mérimée fit ironiquement remarquer que cela pourrait bien prendre deux cent cinquante ans et qu'il faudrait neuf cents volumes d'illustrations pour compléter le texte. Mais c'était aussi une idée passionnante et généreuse — un expert a joliment parlé de « romantisme administratif » —, caractéristique de la génération qui accéda au pouvoir en 1830. Sainte-Beuve écrivit plus tard que ç'avait été « une sorte de pèlerinage » : les experts couraient les provinces, vers toute ville où une flèche d'église « montrait comme du doigt le ciel ; c'était une vraie course au clocher et à l'ogive » ; « on cherchait tout exprès les plus vieux quartiers, les plus étroites ruelles ; on s'arrêtait à chaque vieille pierre ornée et ciselée ».

Cet élan d'enthousiasme jaillissait de plusieurs sources. Tout d'abord, une prise de conscience affolée que des morceaux de France étaient démolis, emportés, brisés. L'hostilité de principe (ou vindicative) des révolutionnaires envers les biens de l'aristocratie et de l'Église avait fait place à un recyclage pragmatique par des constructeurs qui se servaient de monuments anciens comme de carrières de pierre, et des marchands d'antiquités qui amassaient leur butin pour le vendre jusqu'à l'étranger. En avril 1819, le ministre de l'Intérieur avait demandé aux préfets de signaler les édifices les plus importants de leur département afin d'empêcher qu'ils ne soient « démontés et emportés par les Anglais ». Victor Hugo déclara : « *Guerre aux démolisseurs !** », et écrivit en 1825 : « Il y a deux choses dans un monument, son usage et sa beauté. Son usage appartient à son propriétaire. Sa beauté appartient à tout le monde. C'est donc dépasser son droit que de le détruire. » C'était une version moins politisée — quoique toujours militante — de la déclaration révolutionnaire de propriété publique. Hugo allait donner une impulsion romanesque à sa campagne avec son *Notre-Dame de Paris* (1831), dans lequel la cathédrale devient un personnage aussi vivant que Quasimodo lui-même.

Ce que les Anglais chapardeurs voulaient, c'était du gothique, étant eux-mêmes en pleine « renaissance gothique ». Les Français en vinrent plus tard à le redécouvrir aussi, mais avec une plus profonde motivation nationale. Le gothique était considéré comme l'architecture authentique de la France, alors que le classicisme était un apport étranger. Viollet-le-Duc, qui fut d'abord le protégé de Mérimée, et qui devint plus tard le plus célèbre architecte et restaurateur de monuments français du XIXe siècle, a écrit que son pays se rapprochait plus de la France médiévale que de la Rome antique : « La religion n'a pas changé, le climat non plus. Les matériaux sont les mêmes, et nous serions mieux logés dans un hôtel français du XIIIe siècle que dans un palais de Lucullus. » Le gothique était patriotique ; il exprimait aussi mieux le catholicisme qui était de nouveau en vogue.

Mais il y avait un aspect politique à l'enthousiasme du nouveau régime pour les monuments anciens. La monarchie de Juillet, n'ayant pas de vraie légitimité, avait besoin de s'en concocter une. En s'engageant dans cette voie, elle voulait donc représenter à la fois le nouveau et l'ancien : s'inspirer du récent héritage révolutionnaire, mais aussi annexer la notion de Vieille France, à présent redécouverte à sa juste valeur. Mais il y avait là un problème potentiel : si l'on associe son nouveau régime à un ensemble d'édifices délabrés ou en ruine, quelle sorte de message envoie-t-on ? Aussi le concept de « pas seulement protéger, mais restaurer » était-il à la fois vital et symbolique. Le patrimoine redécouvert devait être présenté comme le restaurateur savait — ou devinait, ou espérait — qu'il avait été à l'origine. Autrefois, si une église avait un chapiteau du XIIe siècle brisé, on le réparait dans le style contemporain — XIIIe, XIVe, XVe siècle, selon le cas. Maintenant, dans ce deuxième quart du XIXe siècle, l'idée de réimaginer puis de tenter de rétablir un édifice dans son état originel était pour la première fois introduite sur une large échelle. Cela n'allait pas se révéler une affaire simple.

Mérimée n'avait encore que trente ans lorsqu'il fut désigné pour succéder à Vitet le 17 mai 1834. Il avait une bonne base de connaissances dans les arts (son père était secrétaire perpétuel de l'École des beaux-arts, sa mère une portraitiste accomplie), mais il était inexpérimenté en archéologie. Alexandre Dumas commenta sarcastiquement : « Mérimée va commencer par apprendre ce qu'il sera censé nous enseigner. » Mais il apprit bel et bien, et vite. Une fois nommé, il dit à son ami anglais Sutton Sharpe : « La place convient fort à mes goûts, à ma paresse et à mes idées de voyage. » Mais il y eut bien peu d'oisiveté pour le nouvel inspecteur général. Six semaines seulement après sa nomination, il prit le chemin du sud de la France, pour ce qui allait être la première tournée d'inspection d'une longue série : chaque été, les dix-huit années suivantes, il allait parcourir en tous sens le pays pendant des semaines et des mois, examinant et signalant, harcelant et condamnant... Les routes étaient mauvaises, les diligences inconfortables, les auberges infestées de punaises, les plats servis souvent immangeables, les femmes (et Mérimée avait la passion des femmes) implacablement vertueuses, et l'expert local avait parfois tout du cancre. La correspondance privée de Mérimée est pleine d'ironique exaspération :

> La vie que je mène est abrutissante. Quand je ne vais pas en voiture, je me lève à neuf heures, je donne audience aux bibliothécaires, archivistes et autres espèces. Ils me mènent voir leurs masures. Si je dis qu'elles ne sont pas carolingiennes, on me regarde comme un scélérat, et on ira cabaler auprès du député pour qu'il me rogne mes appointements. Pressé entre ma conscience et mon intérêt, je leur dis que leur monument est admirable et que rien dans le Nord ne peut y être comparé. Alors, on m'invite à dîner, et on dit dans le journal du département que j'ai bougrement d'esprit. On me prie de déposer une pensée sublime sur un album. J'obéis en frémissant. Le soir on me reconduit à mon hôtel en cérémonie, ce qui m'empêche d'aller au vice. Je rentre excédé et je broche des notes, des dessins, des lettres officielles, etc. Je voudrais que mes envieux me vissent alors.

Mérimée trouvait assurément certains des experts en antiquités locaux comiquement effrontés — dans le doute, ils qualifiaient n'importe quoi de « phénicien » — et certains des architectes profondément ignorants : celui de Béziers était « le plus grand âne qui ait jamais manié un tire-ligne », celui de Saint-Savin « un homme tout à fait sans éducation et remarquablement bête ». L'administration provinciale était parfois contrariante ; le clergé, parfois possessif : le curé de Chauvigny, nota avec stupéfaction Mérimée, lui avait dit « que l'église était à lui ». Mais l'inspecteur général n'aurait guère avancé dans sa tâche si l'on avait vu en lui un Parisien gauchement autoritaire. Ce n'était pas seulement quelqu'un d'extraordinairement industrieux, avisé et incorruptible ; il était aussi charmeur et persuasif. Viollet-le-Duc, qui l'accompagna dans plusieurs de ses tournées d'inspection, a écrit que, sans même s'en rendre compte, la personne avec qui il parlait était amenée à lui donner toutes les informations qu'il voulait, et à tout confesser : il aurait fait le plus aimable juge d'instruction qu'on pût imaginer ; en même temps, il était bon diplomate et habile politique.

Il le fallait bien, notamment parce que sa Commission et lui n'avaient guère plus qu'une autorité morale. Le fait de classer un monument (mille soixante-seize furent inscrits sur la liste en 1840, près de quatre mille en 1849) ne lui donnait aucune protection juridique. Si un propriétaire voulait démolir un bâtiment ou si une municipalité décidait d'élargir une rue au détriment de quelque vestige médiéval, Paris n'y pouvait rien : les nécessaires lois protectrices ne furent pas votées avant 1887-1889, soit presque vingt ans après la mort de Mérimée. Son rôle était donc d'être à la fois un expert en matière d'art, une présence morale et un « meneur » patriotique. Lorsque Guizot, le ministre de l'Intérieur, décrivit la tâche de l'inspecteur général en 1830, il n'en dessina pas seulement les contours très largement (les musées, les collections privées et les manuscrits étaient inclus, avec les édifices et les œuvres d'art), mais il énonça le principe qui devait l'inspirer : ladite tâche était de « stimuler le zèle de tous les conseils de département et de municipalité, de manière à ce qu'aucun monument d'un mérite incontestable ne périsse par cause d'ignorance et de précipitation ». Cette collaboration avec les autorités départementales et municipales était désirable pour des raisons démocratiques, et nécessaire pour des raisons économiques. Un classement seulement sur trois menait à un financement d'État ; l'intention était donc aussi de susciter une fierté locale envers le monument, et un déblocage de fonds locaux.

Ce que découvrit Mérimée, lors de ses tournées annuelles, c'est qu'une grande partie du patrimoine architectural national était dans un état de quasi-délabrement. Le toit de la cathédrale de Chartres était sur le point de s'effondrer ; les peintures murales de Saint-Savin — le plus grand ensemble de fresques médiévales en France, et peut-être en Europe — avaient été grossièrement badigeonnées de blanc de chaux ; quelques jours après que Mérimée eut inspecté « la tour carrée, autrefois le palais de la vice-régence, et l'un des plus anciens édifices d'Avignon », elle s'écroula. L'état de la basilique de Vézelay était emblématique d'une bonne partie du reste : « La tour de gauche a été renversée par les protestants en 1569 ; pendant la Révolution, les bas-reliefs des tympans ont été détruits ; et pour que le XIXe siècle ne le cédât pas en vandalisme, on vient d'élever, au-dessus de la tour qui reste, une espèce d'observatoire octogone, en forme de tente, de l'aspect le plus ridicule… » Des murs s'effondrent ou pourrissent à cause de l'humidité ; des arbres poussent entre les pierres ; la voûte tient à peine encore… « Lorsque je dessinais dans l'église, j'entendais à chaque instant des petites pierres se détacher et tomber autour de moi… Si l'on tarde encore à donner des secours à la Madeleine, il faudra bientôt prendre le parti de l'abattre pour éviter des accidents. »

Et ce n'étaient pas seulement le Temps et l'Histoire qui érodaient le patrimoine. Les vols, le vandalisme et un développement urbain centré sur ses propres intérêts étaient monnaie courante. Le célèbre mausolée gallo-romain près de Saint-Rémy-de-Provence avait beau être haut de dix-huit mètres, peu avant la visite de Mérimée, en octobre 1834, « un Anglais » (dans le doute, blâmez *les Rosbifs**) parvint à l'escalader en pleine nuit et à s'enfuir avec les têtes des deux statues d'hommes en toge au sommet. À Avignon, des soldats corses, cantonnés dans le palais des Papes, étoffaient leur solde en vendant les fresques médiévales qu'ils détachaient ; tandis qu'un horticulteur avait pris possession du fameux pont, y plantant des amandiers et des choux. À La Charité-sur-Loire, deux serruriers avaient construit leurs échoppes contre les murs des tours du prieuré, si bien que leurs chambres étaient ornées de spectaculaires sculptures des XIe et XIIe siècles. Un mois avant l'arrivée de Mérimée, un soldat avait été logé chez un des serruriers, et avait dormi à côté d'un bas-relief « représentant le Père Éternel assis sur les nuages ». Il avait passé une nuit peu agréable. Au matin, avisant le bas-relief et s'adressant en ces termes au Père Éternel : « C'est toi qui as inventé les punaises ; voilà pour te remercier ! », il avait pris son bâton et cassé la tête de la statue.

Il fallait aussi compter avec le vandalisme institutionnel. Des bâtiments historiques étaient maintenant utilisés comme entrepôts, boutiques, écuries ou brasseries. Le palais des Papes était une caserne, l'abbaye de Noirlac, une fabrique de porcelaine… Depuis la Révolution, l'église strasbourgeoise de Saint-Étienne avait servi d'abord de salle de spectacle, puis d'entrepôt à tabac. L'église Saint-Savinien de Poitiers était une prison et son chœur une cellule capitonnée : l'inspecteur général dut faire face à une demande de destruction des quelques sculptures de valeur qui restaient à l'intérieur pour empêcher les détenus d'en user comme de perchoirs afin de s'évader. La tâche de Mérimée était rarement facilitée par les autres corps de gouvernement : il trouvait le ministère des Affaires ecclésiastiques enclin à lui mettre des bâtons dans les roues, le ministère des Travaux publics destructeur, et le ministère de la Guerre était à ses yeux « le plus vandale de France ». Près de Carnac, des constructeurs de route qui rechignaient à faire un détour de quelques mètres pulvérisaient « les beaux menhirs d'Erdeven ». La ville d'Orléans démolissait son vieil Hôtel-Dieu. À Bourges, la superbe Maison de Jacques Cœur, de style gothique tardif, avait été transformée en tribunal, un changement d'usage qui ruinait l'agencement et la décoration intérieurs. Mérimée jugeait impossible de rétablir la décoration dans son état primitif, parce que alors, dit-il, « on serait obligé d'*inventer* ». Il se trouvait constamment confronté à de telles décisions à prendre, et exprimait ses principes par la maxime : « Il vaut mieux consolider que réparer, mieux réparer que restaurer, mieux restaurer qu'embellir, en aucun cas il ne faut supprimer. »

Mais pis encore que le vandalisme individuel ou institutionnel, il y avait quelque chose de moins immédiatement évident, et même de paradoxal : les dégâts infligés par des restaurateurs malavisés. De tous les ennemis qu'avait à affronter Mérimée, le spectre de la mauvaise restauration était celui qui l'obsédait et l'enrageait le plus : « Je n'hésite pas à dire que ni les fureurs iconoclastes du protestantisme, ni le vandalisme stupide de la Révolution n'ont imprimé sur nos monuments des traces aussi déplorables que le mauvais goût du XVIIIe et du XIXe siècle. Les barbares laissaient au moins des ruines : les prétendus réparateurs n'ont laissé que leurs tristes ouvrages. » On badigeonnait de blanc de chaux des fresques médiévales ; la nouvelle et grossière peinture à l'huile donnait aux églises l'air de tavernes ; la vieille pierre était brutalement grattée jusqu'à ce qu'elle ait la couleur de la nouvelle pierre avec laquelle on l'avait retapée. À Bayeux, la nouvelle verrerie fièrement installée « est un pastiche prétentieux et criard des vitraux du XIIIe siècle ». À Saint-Savin, un des édifices les plus chers à son cœur, l'inspecteur général est furieux en découvrant que l'on est en train de décorer l'église de nouvelles peintures qui sont, dit-il, « la chose au monde la plus révoltante ». Les couleurs sont affreusement modernes ; il y a un portrait grotesque d'un « Père Éternel, barbe grise, louchant horriblement », et un aigle de saint Jean qui ressemble plutôt à « un coq avec une belle queue ». Mérimée fait effacer sur-le-champ le résultat de cette funeste restauration.

Il est étonnant que, avec tous ces ennemis, il ait conservé sa santé mentale et son énergie. Il écrit dans les années 1840 qu'il est déjà en guerre contre tant de localités qu'une de plus ou de moins ne l'émeut guère. Étant donné que la Commission n'avait qu'une autorité morale et persuasive, il y avait d'inévitables défaites et pertes — dont certaines survenaient après qu'un édifice eut été « sauvé ». L'État pouvait faire restaurer une église à grands frais, mais ne la rendre à la communauté que pour voir celle-ci finir désastreusement le travail. Comme l'a écrit l'historien de l'architecture Paul Léon dans sa magistrale *Vie des monuments français* : « Leur ignorance barbare avait bientôt enlevé au monument son caractère d'art. » Quand Mérimée fit son rapport sur Carpentras en septembre 1834, il décrivit une petite ville délicieusement fortifiée, avec ses vieilles murailles, telle une version réduite d'Avignon. Malgré ses éloges, lorsqu'il revint onze ans plus tard, on avait abattu les meilleurs remparts, au sud, et on s'affairait à détruire le reste. « Vous ne reconnaîtriez plus la ville, écrivit-il à Vitet, c'est aujourd'hui la plus sale et la plus vilaine bicoque que l'on puisse imaginer. » Avignon voulait sacrifier de la même façon ses remparts pour faciliter la construction de la voie ferrée, qui aurait aussi porté un coup fatal au célèbre vieux pont — un acte de vandalisme qui fut combattu avec succès.

Il est vrai que l'école d'architectes-restaurateurs que firent éclore Mérimée et sa Commission ne se conforma pas toujours à ses préceptes prudents et d'une pertinente austérité. À Blois, l'architecte Félix Duban, « voulant séduire l'opinion », passa commande d'une statue équestre de Louis XII, plus toutes sortes de balustrades, ornements sculptés et encadrements de fenêtres — purs enjolivements et inventions. Viollet-le-Duc — surtout après 1860, quand l'influence directe de Mérimée diminua — s'orienta de plus en plus vers une reconstitution médiévale qui tenait de la re-création et de la réinvention : l'ancien flambant neuf. Les touristes cultivés d'une génération ultérieure, tels que Henry James (en 1882) et Edith Wharton (en 1908), détestèrent une bonne partie de ce qu'il avait fait. Ils aimaient bien mieux les vieux édifices délabrés, si évocateurs... Ainsi Edith Wharton allait écrire : « Comme ces pierres chancelantes racontent plus éloquemment leur histoire, comme elles nous plongent plus loin dans le passé, que les châteaux pimpants à l'épreuve des intempéries — Pierrefonds, Langeais, et les autres — sur lesquels le grand restaurateur a exercé sa volonté, les réduisant à de simples spécimens de musée, des jouets archéologiques, d'où toutes les excroissances du temps ont été impitoyablement arrachées ! »

Mérimée avait bien conscience des dangers de réinventer le passé, mais il préférait garder parfois un silence diplomatique. Viollet-le-Duc s'était fait un nom en sauvant Vézelay et en restaurant la cité de Carcassonne d'une façon qui plaisait même à

Edith Wharton ; mais il avait de plus en plus tendance à s'en remettre à sa propre imagination. Ce fut lui qui soumit le château de Pierrefonds à un « traitement de choc », à l'instigation de l'impératrice Eugénie, qui demanda plus tard à Mérimée ce qu'il en pensait. « C'est une œuvre, répondit-il, devant laquelle je reste comme anéanti. » L'impératrice, ne percevant pas l'ambiguïté, lui dit : « Merci ! vous êtes un bon ami. »

Dans les années 1840, Mérimée écrivit : « Le métier d'un inspecteur des Monuments historiques, c'est d'être *vox clamans in deserto* » ; mais sa voix résonna pendant ce siècle et au-delà. Un critique français des années 1920 souligna le cours paradoxal de cette vie : « D'un jeune homme qui avait mis tous ses soins à écrire comme Voltaire, à se cravater comme Brummell, [la Providence] fit le plus zélé des fonctionnaires et le plus ardent des archéologues. » Un autre paradoxe était que cet athée convaincu, qui n'avait même pas été baptisé, fut chargé de sauver un grand nombre d'édifices religieux — d'abord de la ruine, puis du vandalisme ornemental de restaurateurs ignorants et d'ecclésiastiques possessifs. Paul Léon, résumant ce qu'avait accompli Prosper Mérimée, a écrit : « Si la cathédrale de Laon, l'église de Vézelay, l'abbaye de Saint-Savin sont encore debout, c'est grâce à lui. Caen, Avignon, Cunault, Saulieu, Narbonne lui doivent la survivance de leur parure monumentale. » Les touristes modernes, apercevant ce clocher lointain qui « montre comme du doigt le ciel », voyant miroiter des tours à poivrière à demi perdues dans les bois, ou levant les yeux vers la voûte à nervures d'une gracieuse abbaye, devraient penser à remercier l'homme sans qui bien des localités françaises auraient pu finir par ressembler à Carpentras.

Et oui, je suis allé à Carpentras. Et tout ce dont je peux me souvenir, c'est la pizza que j'y ai mangée.

GEORGE ORWELL ET LE FOUTU ÉLÉPHANT

On ne peut que plaindre un peu Mr et Mrs Vaughan Wilkes, ou « Sambo » et « Flip », comme les surnommaient les élèves de leur école. Pendant les premières décennies du XXe siècle, ils dirigèrent une *prep school*[1] sur la côte sud de l'Angleterre, qui n'était pas pire que bien d'autres établissements du même genre : la nourriture était mauvaise, le bâtiment mal chauffé, et les châtiments corporels étaient la norme. Les élèves apprenaient « aussi vite que la peur pouvait [les] y inciter », comme l'écrivit plus tard l'un d'eux. La journée commençait par un bain glacé et fétide ; les garçons se dénonçaient les uns les autres pour des pratiques homosexuelles ; et chaque jour le moral dépendait de la question de savoir si l'on était ou non dans les bonnes grâces de Flip. À certains égards, l'école était meilleure que beaucoup d'autres : elle obtenait de bons résultats ; Sambo entretenait des relations avec les *public schools* les plus réputées, celle d'Eton en particulier ; et les garçons intelligents de familles convenables étaient acceptés à des conditions financières avantageuses. C'était un acte de générosité calculé : en échange, les garçons étaient censés faire

1. École privée préparant à l'entrée dans une *public school* (collège privé).

honneur à l'école en s'illustrant dans le domaine scolaire et universitaire.

Souvent cela marchait, et les Wilkes purent avoir quelque raison de se féliciter, pendant la Première Guerre mondiale, d'avoir admis dans ces conditions les fils du major Matthew Connolly, un officier à la retraite, et de Richard Blair, un ancien fonctionnaire de l'*Opium Department* du gouvernement indien. Les deux garçons, Cyril et Éric, remportèrent le Harrow Prize (un concours national d'histoire) et furent boursiers à Eton presque la même année. Les Wilkes durent penser que leurs investissements avaient payé, que le bilan était correct et clos.

Mais les Anglais d'une certaine classe — surtout ceux envoyés dans des pensionnats — ont une propension à la mémoire obsessionnelle, à se souvenir de ces années d'enfermement, soit comme d'une expulsion de l'Éden familial et une introduction traumatisante au concept de pouvoir étranger, soit comme du contraire, une période heureuse et protégée avant que les réalités de la vie ne s'imposent. Et donc, au moment où la Seconde Guerre mondiale allait commencer, les Wilkes, à leur grand déplaisir, devinrent un sujet de débat public. Le fils du major Connolly, le jeune Cyril — rebaptisé « Tim » à St Cyprian's et présenté comme un élève au tempérament irlandais (modérément) rebelle —, publia *Enemies of Promise*. Tout en décrivant assez précisément la dureté et la cruauté du (légèrement déguisé) « St Wulfric's », Connolly reconnaissait que, cette sorte d'école étant ce qu'elle était, ç'avait été « une institution bien dirigée et vigoureuse qui [lui avait été] salutaire ». Flip était « compétente, ambitieuse, capricieuse et énergique ». Connolly, qui était enclin à un moralisme édénique (surtout à propos d'Eton), se rappelait les vifs plaisirs de l'étude, de l'histoire naturelle et des amitiés homoérotiques ; il consacra plusieurs pages nostalgiques à ce dernier sujet. *Enemies of Promise*[1], publié en 1938, dut paraître aux Wilkes aussi dévastateur que l'incendie qui détruisit St Cyprian's l'année suivante. Flip écrivit à Connolly (« Cher Tim ») une lettre au sujet du mal qu'il avait fait à « deux personnes qui ont beaucoup fait pour vous », ajoutant que le livre avait « blessé [son] mari à un moment où il était malade et aisément bouleversé ».

Pendant les trente années suivantes, le débat continua quant à la vraie nature des Wilkes — dévoués pédagogues ou sadiques manipulateurs — et quant aux conséquences plus générales d'envoyer des petits garçons dans des pensionnats à l'âge de huit ans : est-ce propre à former, ou déformer, le caractère ? Le photographe Cecil Beaton avait été dans cette école en même temps que Connolly et Blair, tenant le coup grâce à son charme et au don d'amadouer en chantant : « *Si tu étais la seule fille au monde, et moi le seul garçon...* » Il a applaudi Connolly d'avoir « bien vu toutes les futilités et le snobisme de Flip et de son entourage ». D'autres ont témoigné, comme le naturaliste Gavin Maxwell et le correspondant sportif Henry Longhurst, un vaillant défenseur de Flip dont il dit : « La femme la plus formidable, distinguée et inoubliable que j'aurai probablement rencontrée dans toute ma vie. » Connolly en vint à regretter plus tard d'avoir écrit ce qu'il avait écrit. Lorsque Flip mourut en août 1967 à l'âge de quatre-vingt-onze ans, il alla à son enterrement, s'attendant sans doute à la réunion sentimentale de circonstance — œil humide et indulgente poignée de main. Rien de tel. Le fils du major s'était révélé être un mouton noir et un malotru, comme tant d'hommes de lettres. Connolly nota plaintivement : « Personne ne m'a parlé. »

1. Publié en France sous le titre *Ce qu'il ne faut plus faire pour être écrivain.*

Mais la mort de Flip allait susciter la plus virulente et litigieuse contribution au débat. Dix ans après *Enemies of Promise*, Eric Blair, devenu George Orwell, avait écrit son texte autobiographique *Such, Such Were the Joys*[1], en contrepoint au récit de Connolly. Il ne fut jamais publié en Grande-Bretagne de son vivant, ni du vivant de Flip, par peur d'un procès en diffamation ; mais il le fut aux États-Unis, dans la *Partisan Review*, en 1952. Longhurst trouva un exemplaire de la revue à Honolulu, et fut « si choqué » qu'il ne le relut « plus jamais ». Plus de quarante ans après sa première publication en Grande-Bretagne, plus de soixante ans après qu'il fut écrit, et un siècle après les événements qu'il relate, *Such, Such* conserve une force immense, sa clarté d'expression égalant la rage qui l'anime. Orwell n'essaie pas de transposer sa compréhension dans le passé ; il décrit les réactions émotionnelles du jeune Eric Blair au système dans lequel il a été jeté. Mais l'écrivain qu'il est maintenant est en mesure de disséquer l'infrastructure économique et sociale de St Cyprian's, et ces hiérarchies de pouvoir que l'élève allait plus tard rencontrer sous une forme adulte, publique, politique : à cet égard, le nom anglais de ces écoles — « préparatoires » — était approprié.

Orwell écrit aussi avec la souffrance non guérie d'un enfant maltraité, une souffrance qui transparaît parfois dans sa prose. Il décrit ainsi un élève plus jeune, aristocratique et pouvant donc avoir des privilèges refusés à un pauvre Blair : « Une misérable petite créature baveuse, presque un albinos, levant vers vous des yeux troubles, avec un long nez au bout duquel une goutte semblait toujours trembler. » Quand ce garçon s'étrangle pendant un repas : « Un flot de morve coulait de son nez dans son assiette,

1. *Tels, tels étaient nos plaisirs.*

d'une manière horrible à voir. Tout autre élève de moindre rang aurait été traité de sale petit rat et aurait reçu l'ordre de quitter immédiatement la pièce. » L'ardeur dénonciatrice d'Orwell est contre-productrice ; le lecteur pourrait bien plaindre le petit gars dont la couleur de cheveux, les cataractes nasales et l'accident de naissance n'étaient nullement de son fait.

Si Connolly fut, de son propre aveu, un rebelle modéré à St Cyprian's, Orwell en fut un vrai : le premier a écrit que « seul Blair parmi tous ces garçons était un intellectuel, et non un perroquet ». Et, si l'enfant est le père de l'homme, le récit que fait un écrivain de son enfance est souvent un guide sûr pour comprendre sa mentalité adulte. (À St Cyprian's, Blair dénonça des garçons pour des actes homosexuels — « un des contextes où il était justifié de cafarder ». Bien des années plus tard, pendant la guerre froide, Orwell cafarda au Foreign Office des gens politiquement douteux.) *Such, Such Were the Joys* parle de la vie dans une école privée anglaise ; mais il s'agit aussi de politique, de classes sociales, de l'Empire et de psychologie adulte. Et les opinions de l'écrivain mûr sur ces sujets alimentent sa véhémence correctrice :

> La vie était hiérarchique et tout ce qui arrivait était juste. Il y avait les forts, qui méritaient de gagner et gagnaient toujours, et il y avait les faibles, qui méritaient de perdre et perdaient toujours, éternellement.

La dactylo qui tapa la version finale de *Such, Such* tapa aussi une ébauche de *1984* ; les cadences, aussi bien que le message, de ces deux phrases durent lui faire sentir la ressemblance.

La reine d'Angleterre, conseillée par son gouvernement, nomme chevaliers et pairs du royaume ; la nation dans son ensemble, par des moyens plus informels, désigne des *trésors nationaux*. Pour acquérir ce statut, il ne suffit pas d'être éminent dans sa profession ; il faut aussi refléter quelque aspect de la façon dont le pays s'imagine lui-même. (Et il ne faut pas avoir l'air de rechercher trop fort le titre.) Les trésors nationaux sont généralement des acteurs ou des sportifs, ou, de plus en plus, des gens que la télévision a rendus célèbres. Il est difficile pour un écrivain vivant d'en devenir un, mais pas impossible. Le charme est important, ainsi que l'aptitude à ne pas menacer, à ne pas être trop manifestement brillant ; il faut être perspicace, mais pas trop intellectuel. Un bon exemple de trésor national au siècle dernier fut John Betjeman, dont les joviales et cafouilleuses apparitions télévisées lui firent surmonter le handicap d'être un poète. Quelqu'un comme le contemporain de John Betjeman, Evelyn Waugh, n'aurait jamais pu devenir un T.N. — trop insolent, trop ouvertement dédaigneux envers ceux dont il méprisait les idées. Les postulants à ce titre peuvent avoir des opinions politiques, mais ne doivent jamais paraître en colère, ou présomptueux, ou supérieurs. Plus récemment, les deux écrivains qui ont acquis un incontestable statut de T.N. ont été John Mortimer et Alan Bennett : des libéraux à l'ancienne mode tous les deux, mais parvenant à donner le sentiment que, s'ils avaient devant eux un nationaliste anglais crypto-fasciste enragé, ils lui offriraient un verre de champagne (dans le cas de Mortimer) ou une grande tasse de cacao fumant (dans celui de Bennett), et chercheraient un terrain d'entente sur des sujets non litigieux.

Pour les auteurs morts, il est difficile de conserver, ou d'acquérir à titre posthume, ledit statut. Être un Grand Écrivain n'a en soi que peu à voir avec la question. Les facteurs importants sont : 1) Une qualité d'ambassadeur, une aptitude à présenter la nation à elle-même, et à la représenter à l'étranger, comme elle souhaite être présentée et représentée. 2) Une certaine malléabilité et *interprétabilité*. La malléabilité permet que soit donnée de l'écrivain une image plus séduisante, quoique pas entièrement non véridique ; l'interprétabilité signifie que nous pouvons tous trouver en lui, ou elle, à peu près tout ce que nous voulons. 3) L'écrivain, même s'il critique volontiers son pays, doit avoir un fond patriotique, ou ce qui paraît en être un.

Ainsi Dickens, comme l'a observé Orwell, est « un de ces écrivains assez riches pour être pillés » (par « les marxistes, les catholiques et, surtout, les conservateurs »). Il répond aussi au troisième critère : « Dickens a attaqué les institutions anglaises avec une férocité qui n'a jamais été égalée depuis ; mais il est parvenu à le faire sans se faire détester et, qui plus est, ceux-là mêmes qu'il attaquait l'ont si complètement gobé qu'il est lui-même devenu une institution nationale. » Quelque chose d'analogue s'est passé avec Trollope, qui — en partie grâce à d'incessantes adaptations télévisées, mais aussi parce qu'il a inventé la *pillar box*, la fameuse boîte aux lettres rouge — n'est pas loin d'être un trésor national. Ce quasi-statut a été bien conforté par le soutien public de deux Premiers ministres conservateurs lecteurs de Trollope, Harold Macmillan et John Major — en dépit du fait que Trollope détestait les *Tories*.

Et George Orwell ? Il serait surpris, et sans doute irrité, de découvrir que, depuis sa mort en 1950, il s'est implacablement rapproché du statut de trésor national. Il est interprétable, malléable, ambassadorial et patriotique. Il a dénoncé l'Empire, ce qui plaît à la gauche ; il a dénoncé le communisme, ce qui plaît à la droite. Il nous a mis en garde contre l'effet corrupteur, sur la politique et la vie publique, d'un mauvais usage du langage, ce qui plaît à presque tout le monde. Il a dit : « La bonne prose est comme une vitre », ce qui plaît à ceux qui, bien que vivant dans le pays de Shakespeare et de Dickens, se méfient d'une écriture « élaborée »[1]. Il se défiait lui-même de quiconque était trop « malin ». (C'est une défiance typiquement anglaise, mémorablement formulée en 1961 quand lord Salisbury, un pilier de la droite impérialiste, accusa Iain Macleod, secrétaire d'État aux Colonies et membre du nouveau parti conservateur réformateur, d'être « un peu trop malin ».) Orwell employait « raffiné », « intellectuel » et « intelligentsia » comme des termes peu élogieux, détestait le groupe de Bloomsbury, et non seulement pensait, mais espérait que *La Case de l'oncle Tom* se vendrait plus longtemps que les livres de Virginia Woolf. Il était cinglant envers les élites sociales, trouvant la classe dirigeante « stupide ». En 1941 il déclara que la Grande-Bretagne était la pire nation à cet égard sur terre, gouvernée par « les vieux et les sots », « une famille conduite par ses membres les moins capables » ; cependant il reconnaissait que cette classe dirigeante était « *moralement* saine » et, en temps de guerre, « prête à se faire tuer ». Il décrivait la condition de la classe ouvrière avec sympathie et colère, la jugeait plus sage que les intellectuels, mais ne l'idéalisait pas ; dans sa lutte, elle était aussi « aveugle et stupide » qu'une plante qui s'efforce de pousser vers la lumière.

Orwell est profondément anglais de plus de manières encore que cela. Il n'a rien d'un esprit théorique et se méfie de conclusions générales non issues d'expériences spécifiques. C'est un moraliste et un puritain qui, malgré tout son populisme et ses sympathies pour la classe ouvrière, est aisément dégoûté par la

1. Les romanciers de gare et d'aéroport irrités par leur manque de statut (un spectacle aussi comique que les romanciers littéraires se lamentant sur leurs ventes) invoquent généralement l'un ou l'autre de ces deux exemples pour prouver leur propre valeur : Dickens, qui aurait applaudi leur grand succès public, et Orwell, qui aurait approuvé leur style « simple » (c'est-à-dire banal). *(Note de l'auteur.)*

saleté et les odeurs corporelles ou fécales. Sa tendance à caricaturer les Juifs frise l'antisémitisme, et il est couramment homophobe, disant « la gauche chochotte » ou « les poètes lopettes » comme si c'étaient des expressions sociologiques acceptées. Il n'aime pas la cuisine étrangère, et pense que les Français n'y connaissent rien ; la vue d'une gazelle au Maroc le fait rêver de sauce à la menthe. Il prescrit des règles strictes sur la façon de préparer et de boire le thé et, en une rare envolée sentimentale, imagine le pub parfait. Il ne s'intéresse pas au confort matériel, à l'habillement, à la mode, au sport, à la frivolité de toute sorte, à moins que cette frivolité — par exemple, les cartes postales ou les magazines destinés aux garçons — ne mène à quelque rumination sociale plus générale. Il aime les arbres et les roses, et fait à peine allusion au sexe. Sa forme littéraire préférée, le texte court sur un sujet donné, est foncièrement anglaise. C'est une sorte d'ours-diseur-de-vérité — et, se plaisent à croire les Anglais, qu'est-ce qui pourrait être plus anglais que ça ? Finalement, lorsqu'il choisit un nom de plume, il prend le prénom du saint patron de l'Angleterre. Il n'y a pas beaucoup d'Éric parmi les saints ou les trésors nationaux. Le seul saint Éric est suédois, et ce n'était même pas un vrai saint canonisé par le pape.

Se leurrer sur son histoire, a dit Ernest Renan, est le propre d'une nation. À dessein, il n'a pas écrit « est de règle pour devenir... » : l'illusion est une nécessité constante, pas seulement un élément du mythe initial de création d'un État. De même, se leurrer sur ses figures iconiques — et les requalifier de temps à autre — est le propre d'une nation. L'Orwell que les Anglais ont sanctifié est un descendant du Dr Johnson (une autre figure iconique malléable) plein de bon sens qui donne un coup de pied dans un caillou pour réfuter une théorie. C'est l'Orwell qui écrit à l'éditeur Frederic Warburg, en octobre 1948 : « Je pense que Sartre est une baudruche, rien que du vent, et je vais lui flanquer un bon coup de pied ! » C'est l'Orwell qui pense droit, écrit simplement, fait preuve de clarté morale et dit la vérité. Pourtant les choses ne sont jamais tout à fait aussi simples, même pour ce qui est de dire la vérité, et ce qu'a dit Orwell lui-même — « Tout art est, dans une certaine mesure, de la propagande » — doit nous rendre prudents (et nous faire songer que la maxime s'applique *a fortiori* au journalisme). Prenez sa dénonciation de St Cyprian's. Bien qu'elle ait été écrite trente ans après les pénibles expériences du jeune Eric Blair, elle est bien plus dure que celle de quiconque a aussi écrit sur cette école. Si Orwell avait vécu assez longtemps pour assister aux obsèques de Flip, la vengeance des correspondants sportifs aurait pu être digne du pensionnat lui-même. Mais le récit d'Orwell était-il si implacable parce qu'il voyait plus de vérité que tous les autres, parce que le temps ne l'avait pas rendu plus sentimental, parce que, avec le recul, il pouvait voir exactement comment ce genre de système éducatif pervertissait les jeunes esprits en les pliant aux desseins plus généraux de l'*establishment* et de l'Empire britanniques ? Ou avait-il son pouce, à la manière d'un propagandiste, sur un plateau de la balance ?

Un petit moment d'histoire littéraire auquel de nombreux Orwelliens aimeraient avoir assisté fut une rencontre dans le restaurant Bertorelli entre le biographe d'Orwell, Bernard Crick, et la veuve de l'écrivain, Sonia. Crick osa douter de l'absolue véridicité d'un des plus célèbres récits d'Orwell, *Comment j'ai tué un éléphant*. Sonia, « à la grande joie des autres clients », selon Crick, lui « hurla » par-dessus la table : « Bien sûr qu'il a tué un foutu éléphant ! C'est ce qu'il a dit. Pourquoi doutez-vous toujours de sa foutue parole ! » On sent que la veuve hurlait pour l'Angleterre. Car ce que l'Angleterre veut croire au sujet d'Orwell, c'est que, ayant percé à jour le dogme et les mots trompeurs des idéologies politiques, il réfutait l'idée que les faits sont relatifs, flexibles, ou au service d'une fin ; en outre, il nous a appris que, même si on ne peut jamais atteindre 100 % de vérité, 67 % sont et seront toujours mieux que 66 %, et qu'un petit point de pourcentage est un élément non négociable.

Mais le peu patriote sceptique doit persister, et Crick a persisté. Dans la postface de l'édition de poche de sa biographie, il cite un enregistrement des souvenirs qu'avait un vieux colonial de l'événement en question raconté par Orwell. Selon ce vieux témoin, Orwell a bien abattu un « foutu éléphant ». Cependant, cet éléphant n'avait pas, comme le prétendait Orwell, sauvagement tué un homme (dont il décrivit en détail le cadavre) ; de plus, puisque l'animal avait été un bien précieux de société commerciale, à ne pas détruire à la légère, ses propriétaires se plaignirent au gouvernement, sur quoi Blair fut expédié dans une lointaine province, et un certain colonel Welbourne le traita de « honte de l'Eton College ». De tels doutes extérieurs pourraient corroborer les doutes liés au genre littéraire : comme l'explique Crick, douze des quatorze textes dans le numéro de *Penguin New Writing* où *Comment j'ai tué un éléphant* fut pour la première fois publié étaient « eux aussi d'un genre à la mode qui brouillait la frontière entre réalité et fiction — le "style authentique" documentaire ».

Le même scepticisme ou la même recherche critique peuvent être, et ont été, appliqués au tout aussi célèbre récit anti-impérialiste *Une pendaison*. Crick, tout en admirant ces six pages où « la terreur de Goya est associée à la précise et prosaïque observation de Sickert », n'était pas convaincu qu'Orwell eût jamais assisté à une pendaison ; ou, s'il l'a fait, que ç'ait été *celle-là* — la pendaison du texte étant, par implication, quelque chose de fabriqué. Que ce soit ou non le cas, il y a chez Orwell une intéressante omission : la raison pour laquelle on pend cet homme. Si, jeune journaliste, vous assistiez à une exécution, et buviez ensuite du whisky avec ceux qu'on avait chargés de cette tâche, vous découvririez sûrement quel crime le pauvre diable était censé avoir commis. Et dans ce cas, pourquoi ne pas transmettre l'information au lecteur ? Il est possible que ce crime ait été si abject qu'Orwell n'en ait pas fait mention de crainte que les lecteurs ne concluent qu'il pourrait, après tout, y avoir quelque chose à dire en faveur de la peine capitale. Ou peut-être a-t-il jugé cela hors de propos, persuadé comme il l'était que toute exécution était « une indicible injustice ». Ou, comme le soupçonnait Crick, il a décrit une exécution typique, plutôt que spécifique.

Quand Dirk Bogarde ou Ronald Reagan exagèrent (ou inventent) leur rôle pendant la guerre, on pense qu'ils se leurrent légèrement (ou gravement) eux-mêmes ; on peut, si on se sent porté à l'indulgence, les imaginer forçant une ou deux fois la vérité, et puis se trouvant piégés dans l'histoire ainsi concoctée. Pourquoi juger différemment Orwell ? Parce que c'est Orwell. On pourrait argumenter, comme l'a fait David Lodge à propos d'*Une pendaison*, que la valeur de ces deux récits birmans ne réside pas dans leur vérité factuelle. Mais c'est une défense très littéraire et, peut-être, un de ces cas où on passe plus de choses à l'écrivain parce qu'on l'admire de toute façon. Toutefois nous n'avons pas affaire à quelqu'un comme Ford Madox Ford, qui croyait à la plus grande vérité d'une impression par rapport à celle d'un simple fait brut ; et si Ford le négligé est parfois considéré comme un « écrivain pour écrivains », Orwell le sanctifié était tout le contraire — une sorte d'écrivain pour non-écrivains. La réaction naïve est parfois la bonne. Beaucoup de ceux qui l'admirent pourraient perdre leur respect ou leur foi s'il s'avérait qu'il n'a pas tué un foutu éléphant, ou n'a pas assisté à cette foutue exécution spécifique, parce que lui, George Orwell, a dit qu'il l'avait fait et, s'il ne l'a pas fait, ne ressemblait-il pas à ces imposteurs politiques qu'il dénonçait ? Si « tout art est, dans une certaine mesure, de la propagande », ne devons-nous pas supposer que les lois de la propagande s'appliquent même si l'on est du côté de la vérité, de la justice et des anges ?

Un des effets d'une lecture massive des textes d'Orwell est qu'on se rend compte à quel point il est dogmatique — dans le sens non idéologique du terme. C'est un autre aspect de son *anglicité* johnsonienne. Depuis la question banale de savoir comment préparer une tasse de thé jusqu'à l'analyse socio-économique du restaurant (un luxe totalement inutile, pour l'esprit puritain d'Orwell), c'est un prescripteur de lois, et ses lois sont souvent fondées sur la réprobation. C'est un formidable écrivain *contre*. Ainsi, ses *Souvenirs de librairie* — un sujet dont d'autres pourraient tirer un texte gentiment pittoresque, avec quelques anecdotes amusantes — dédaignent toute légèreté. Ce travail, déclare-t-il, est une besogne bien peu gratifiante, qui vous fait haïr les livres ; tandis que les clients ont tendance à être des voleurs, des paranoïaques, des crétins ou, au mieux — lorsqu'ils achètent les œuvres complètes de Dickens dans l'espoir invraisemblable de les lire —, des gens qui s'abusent simplement eux-mêmes. Dans *England Your England*, il accuse l'intelligentsia anglaise de gauche d'être « généralement négative » et « grincheuse » : des épithètes qui, avec le recul, semblent assez bien le qualifier lui-même. Étant donné qu'il est mort à l'âge de quarante-six ans, on imagine avec quelque effroi le degré d'acrimonie qui aurait pu être le sien s'il avait atteint l'âge de la retraite.

Nulle part il n'est plus dogmatique que dans son attitude envers l'écriture : pourquoi et comment écrire, et qui le fait mal. Auden n'est qu'un « chef scout » ; Carlyle « avec toute son intelligence, dit-il, n'avait même pas le bon sens d'écrire dans un anglais simple, direct » ; le *Grantchester* de Rupert Brooke est « une accumulation de vomi ». Même ceux qu'il approuve ont de gros défauts : Dickens est en réalité « assez ignorant » quant à la façon dont la vie fonctionne ; H. G. Wells est « trop sensé pour comprendre le monde moderne » ; et la « défense », sous la plume d'Orwell, de Kipling est étrangement condescendante. Il y a de grandes généralisations sur la manière dont les écrivains évoluent et vieillissent ; et, malgré toute sa clarté morale sur le langage totalitaire, sa propre tendance prescriptrice est tantôt sévère, tantôt confuse. « Tout art est, dans une certaine mesure, de la propagande » paraît assez frappant, mais est tout de même très affaibli par le « dans une certaine mesure » et, finalement, qu'est-ce que cela veut dire au juste ? Seulement que l'art « parle » de quelque chose, même si ce n'est que de lui-même. « L'art pour l'art » — un concept qu'Orwell abhorrait — n'est qu'une « propagande » pour l'art lui-même, comme ce mouvement en était bien conscient. Et puis il y a : « Un romancier qui ne fait aucun cas des événements publics majeurs du moment est généralement un foutriquet ou un idiot. » Puisque cela élimine à la fois les romanciers de la vie intime et ceux qui (comme cela se faisait couramment au XIXe siècle) situent leurs histoires une ou deux générations plus tôt, *exit* Jane Austen, les Brontë, Flaubert, James et ainsi de suite.

« La bonne prose est comme une vitre. » Comme directive à de jeunes journalistes et de vieux plumitifs — et le genre de directive que des écrivains-critiques dispensent au monde tout en décrivant en réalité leurs propres façons de faire —, cela semble assez raisonnable. Mais cela appelle des questions, comme l'autre instruction clef d'Orwell, dans *Politics and the English Language* (*Politique et Langue anglaise*) : « Que le sens choisisse le mot, et non l'inverse. » Ensemble, ces maximes présupposent, et enseignent, qu'écrire revient à examiner le monde, y réfléchir, déduire ce qu'on veut dire, mettre ce sens ou ce message en mots dont la transparence permet au lecteur, qui regarde maintenant par la même vitre, du même endroit, de voir le monde exactement comme vous l'avez vu. Mais y a-t-il quelqu'un, même Orwell, pour écrire vraiment comme ça ? Et les mots sont-ils du verre ? La plupart des écrits naissent d'un processus embryonnaire ; des idées peuvent en effet suggérer des mots, mais parfois des mots suggèrent des idées (ou les deux opérations se produisent dans la même phrase). Comme E. M. Forster, une cible fréquente d'Orwell, l'a dit (ou, plutôt, cité) dans son essai *Aspects du roman* : « Comment puis-je savoir ce que je pense avant de voir ce que je dis ? » Aux yeux d'Orwell, cela pouvait être une de ces fantaisies dignes de la « gauche chochotte » ; mais cela s'accorde probablement mieux à l'expérience de nombreux écrivains.

Dans son récit autobiographique *Dans la dèche à Paris et à Londres*, Orwell a énuméré les choses bien anglaises qui le rendaient heureux d'être « chez lui » : « Salles de bains, fauteuils, sauce à la menthe, pommes de terre nouvelles bien préparées, pain bis, marmelade, bière faite avec du vrai houblon. » Dans *England Your England*, il a célébré « une nation de collectionneurs de timbres, colombophiles, bricoleurs, découpeurs de bons d'achat, joueurs de fléchettes, cruciverbistes ». En 1993, le Premier ministre et grand lecteur de Trollope John Major, dans une situation difficile — parti scindé en deux, monnaie en chute libre, et sa propre autorité contestée —, trouva de même refuge dans ces aspects apparemment éternels de l'*anglicité* :

> Dans cinquante ans, la Grande-Bretagne sera toujours le pays des ombres qui s'étirent sur les terrains de cricket, de la bière chaude, des invincibles banlieues vertes, des amoureux des chiens et des parieurs sur les matchs de football, et, comme l'a dit George Orwell, des « vieilles filles allant communier à bicyclette dans la brume matinale » ; et, s'il ne tient qu'à nous, Shakespeare sera encore lu à l'école.

Moins de la moitié de ce demi-siècle s'est écoulée, mais de nombreux parieurs sur les matchs de football jouent maintenant à la loterie nationale, ou en ligne sur Internet ; le réchauffement climatique donne aux Anglais le goût de la bière froide ; et les anglicans à bicyclette sont remplacés par des musulmans allant en voiture à la mosquée suburbaine. Tous les prophètes s'exposent au risque de critique et même de moquerie posthumes ; et l'Orwell que nous célébrons à présent est moins l'oracle que l'analyste social et politique. Ceux d'entre nous qui sont nés dans l'immédiat après-guerre ont grandi dans la constante appréhension que 1984 n'amène tout ce que le roman racontait : blocs géopolitiques immuables, plus un brutal contrôle étatique. Aujourd'hui, les Anglais peuvent avoir le côté docilement apathique du quidam avachi devant sa télé ; leurs libertés ont été quelque peu rognées, et ils sont plus souvent filmés par des caméras de surveillance que tout autre peuple sur terre. Mais à part ça, 1984 a passé avec, de notre part, un soupir de soulagement, tandis que 1989 en a suscité un plus sonore.

Orwell croyait en 1936 que les consortiums ne pourraient « jamais provoquer la disparition du petit libraire indépendant comme ils l'ont fait avec l'épicier et le laitier ». Ce « jamais » était risqué. Et, d'une façon plus générale, il a cru pendant toute la Seconde Guerre mondiale que la paix amènerait la révolution britannique qu'il désirait, avec « du sang dans les caniveaux » et « les milices rouges cantonnées au Ritz », comme il l'a écrit en privé et en public. Et après la révolution :

> La Bourse sera démolie, le tracteur remplacera la charrue, les manoirs de campagne seront transformés en colonies de vacances, le match Eton-Harrow sera oublié…

Une prédiction correcte sur quatre ; et, pour les tracteurs, ce n'était pas bien difficile.

Dans un tel contexte, il serait téméraire de tenter de prédire la postérité de l'œuvre d'Orwell. Beaucoup de ses formules et de ses concepts ont déjà pénétré dans la conscience et l'inconscient collectifs, et nous les portons en nous comme nous portons des notions freudiennes, que nous ayons lu Freud ou non. Certains de ces quidams anglais avachis devant leur télé regardent des émissions appelées *Big Brother* ou *Room 101*[1]. Et, si nous nous autorisons à espérer un avenir où tous les avertissements d'Orwell auront été pris, avec succès, en considération, et où *La Ferme des animaux* sera devenu un texte aussi archaïque que le *Rasselas* de Johnson, nul doute que le monde devra d'abord venir à bout d'un tas de dictateurs et de systèmes répressifs. En Birmanie, il y a cette blague que George Orwell n'a pas écrit *un* roman sur le pays, mais trois : *Une histoire birmane*, *La Ferme des animaux* et *1984*.

Orwell partageait avec Dickens une haine de la tyrannie et, dans son essai sur le romancier victorien, distinguait deux types

1. Dans *1984*, la « salle 101 » est une sorte de chambre de torture.

de révolutionnaires. D'un côté il y a ceux qui pensent que, si on améliore la nature humaine, tous les problèmes de la société disparaîtront ; et de l'autre, ceux qui croient que lorsqu'on aura fait en sorte que la société soit plus juste, plus démocratique, moins divisée, les problèmes liés à la nature humaine disparaîtront. Ces deux approches « séduisent des individus différents, et elles montrent probablement une tendance à alterner parfois ». Dickens était un homme de la première catégorie (changement-de-nature), Orwell, de la seconde (systèmes-et-structures), notamment parce qu'il pensait que les humains sont foncièrement récidivistes, et ne peuvent s'amender par eux-mêmes. Or « le problème central — comment empêcher les abus de pouvoir — demeure non résolu ». Et, jusqu'à ce qu'il le soit, il est peu risqué de prédire que George Orwell restera un écrivain vivant.

L'ÉCUEIL D'EDITH WHARTON

Un roman c'est d'abord des mots, régulièrement et démocratiquement répartis sur la page, même si certains peuvent acquérir un rang supérieur par l'emploi d'italiques ou de majuscules. Dans la plupart des romans, cette démocratie ne se borne pas à cela : chaque mot est aussi important que tout autre mot. Dans les meilleurs romans, certains mots ont un plus grand poids spécifique que d'autres mots. C'est un fait sur lequel le meilleur romancier n'attire pas l'attention, mais qu'il laisse le meilleur lecteur découvrir.

Il y a de nombreuses façons de se préparer à lire un roman. On peut préférer l'aborder dans une bienheureuse ignorance. On peut désirer connaître l'essentiel sur l'auteur (Edith Wharton, 1862-1937), ses origines sociales (New York, vieilles fortunes), ses amitiés littéraires (Henry James), sa terre d'exil (la France), son statut financier, conjugal et sexuel (respectivement très confortable, navrant, bien peu satisfaisant), et ainsi de suite. On peut vouloir des informations qui invitent à lire le roman sous un angle aussi autobiographique que possible (auquel cas il faudra aller voir ailleurs). On peut, avec moins de parti pris de lecture, préférer avoir de simples faits concernant la chronologie et la situation littéraires : ainsi *The Reef* (*L'Écueil*) fut publié en 1912, sept ans après que Wharton s'était fait un nom avec *The House of Mirth* (*Chez les heureux du monde*) et se trouve placé d'une façon déterminante entre son roman le plus sombre, *Ethan Frome*, et son plus grand roman d'interrelations franco-américaines, *The Custom of the Country* (*Les Beaux Mariages*). On peut souhaiter que ces informations soient agrémentées de quelque anecdote littéraire donnant une image chaleureuse de l'auteur : l'année où elle publia *The Reef*, Wharton, ayant précédemment fait campagne en vain pour que son ami James se voie décerner le prix Nobel, accomplit un acte de générosité littéraire rare à toute époque et difficile à imaginer de nos jours ; elle demanda à son éditeur, Scribner, de prélever 8 000 dollars sur ses droits d'auteur et de les verser comme avance à James pour « un important roman américain ». James fut ravi de toucher la plus grosse avance qu'il eût jamais reçue, et ne devina jamais ce qui avait incité son éditeur à cette soudaine largesse (il ne termina jamais non plus le roman, *La Tour d'ivoire*).

Ou on peut préférer aborder un roman comme *L'Écueil* en guettant quelques mots clefs. En voici quelques-uns :

Naturel. Au début du roman, George Darrow, un diplomate américain célibataire de trente-sept ans, songe aux attraits contrastés d'Anna Leath, son amour d'autrefois maintenant ravivé, et de Sophy Viner, qu'il a déjà croisée et vient de rencontrer par hasard. Anna est veuve, riche et de bonne famille ; Sophy est jeune, libre, d'origine sociale inconnue mais avec des aspects bohèmes. Cela semble être une opposition débonnaire (puisque Darrow sait que son cœur est engagé dans une direction seulement) entre le charme du naturel et le plus robuste attrait de la bonne éducation. La vive spontanéité de Sophy rend le contact aisé et immédiat, et donne une rare fraîcheur aux rapports de Darrow avec elle ; d'un autre côté, un tel naturel a ses inconvénients, notamment une tendance à provoquer un certain embarras. L'effet initial et principal de cette rencontre est de mettre en évidence tout ce que le monde de Darrow et d'Anna a de guindé et distant ; cela le fait réfléchir au « processus étouffant de la formation d'une "dame"[1] » dans la bonne société. Dans le train qui les emmène, Sophy et lui, vers Paris, Darrow évoque le mot qui, dans le roman, est le pôle opposé du « naturel » : s'il s'était trouvé dans le même compartiment, et les mêmes circonstances, avec Anna, se dit-il, elle n'aurait pas été aussi loquace et agitée ; elle se serait « mieux » comportée que Sophy, « mais son aisance, sa justesse de ton et d'attitude, auraient été preuve de "tact" et non de naturel ». Sophy lui semble avoir tout le naturel d'une « dryade dans une forêt humide de rosée » ; mais — hélas, ou heureusement — nous ne vivons plus dans des forêts, et Darrow songe « que l'homme n'aurait jamais eu besoin d'inventer le tact s'il n'avait pas commencé par inventer les complications sociales ».

Le projet de Sophy est de suivre des cours de théâtre à Paris, et sa manière ouverte, intelligente, franche, naïve et libre d'aborder les choses — son naturel — persuade probablement le lecteur que ce serait une carrière appropriée pour elle. Mais Darrow est plus perspicace que le lecteur : d'après son expérience, la vivacité d'une actrice sur scène est bien différente de la vivacité d'une personne dans la vie ; et la seconde ne profite guère à la première. Pour Darrow, Sophy semble « destinée à œuvrer dans la vie elle-même plutôt que dans n'importe lequel de ses simulacres ». Il n'a pas tort : il comprend que Sophy est inapte à l'une ou l'autre sorte de simulacre — celui de l'actrice, ou celui qu'implique le « processus étouffant de la formation d'une "dame" ».

1. Les citations sont tirées ou inspirées de *L'Écueil*, traduit par Sabine Porte.

À ce stade du roman, le point de vue et les jugements sont ceux de Darrow, la rivalité entre le « naturel » et le « tact » est vue par ses yeux. À quel monde lui, Darrow — un diplomate par instinct autant que par profession —, appartient est, cependant, toujours évident. Beaucoup plus tard dans le roman, Anna essaie de comprendre l'attrait qu'a eu Sophy Viner pour l'homme qu'elle aime, enviant ceux et celles qui ont « plongé », tentant de sonder l'« obscurité » de son propre cœur et de libérer sa propre sexualité. Elle a conscience de l'avantage qu'a sur elle Sophy. Dans cette situation elle considère l'attitude de Darrow envers les femmes d'un œil désenchanté, et retourne contre lui le mot qu'il avait employé contre elle (mais aussi à sa louange) : « L'idée que son tact était une sorte d'habileté professionnelle l'emplit de dégoût, et elle s'écarta imperceptiblement de lui. »

Voile. Quelle est la conséquence du « tact », du redoutable processus de « la formation d'une dame » ? C'est qu'un voile descend entre le *moi* et les émotions. Une des phrases les plus puissamment condensées et ironiques du roman survient quand Anna, songeant aux règles sociales du monde où elle a grandi, se souvient que « ceux qui éprouvaient des émotions ne recevaient pas de visites ». À cette époque, et pendant son mariage ultérieur avec Leath, le voile entre elle-même et la vie « avait été semblable au tulle scénique qui donne un air de réalité illusoire au décor peint qu'il recouvre, mais prouve, après tout, que ce n'est rien de plus qu'un décor peint ». C'est une image ingénieuse : le voile n'est pas seulement un écran entre elle-même et la vie, mais quelque chose d'activement trompeur — derrière, ce n'est pas la réalité, mais une imitation théâtrale. Pour traduire la métaphore : l'éducation sociale vous donne l'illusion qu'un terne et ennuyeux mari collectionneur de tabatières est un objet légitime d'attachement sentimental. L'histoire d'Anna, c'est la tentation de déchirer ce voile ; le point essentiel étant que, une fois déchiré, il ne peut plus ne pas l'être.

Vie. Certes pas un mot qu'on imagine aisément dénué d'importance dans un roman. Mais ici il en a une toute particulière : dans le mot — et la chose — se concentre la lutte entre le *tact* et le naturel. Darrow, nous dit-on d'emblée, a une « saine joie de vivre » ; Anna a « encore peur de la vie » ; tandis que Sophy a « souvent le mot aux lèvres » — même si, selon Darrow, lorsqu'elle parle de la « vie », elle ressemble « à un enfant jouant avec un bébé tigre » ; et il se dit « qu'un jour viendra où l'enfant grandira — ainsi que le tigre ».

Darrow a une attitude envers la vie ; Sophy *est* une attitude envers la vie. Le grand drame psychologique du roman, c'est en Anna qu'il a lieu : un âpre effort pour comprendre ce qu'est, ou pourrait être, la vie, pour savoir si c'est une chose merveilleuse ou terrible, et quel pourrait être le prix d'une telle compréhension. Elle a été élevée dans la vieille société new-yorkaise, puis transplantée dans la vieille France provinciale ; pendant son mariage, elle a découvert que la prétendue « vie réelle » n'était pour elle « ni réelle ni vivante ». Plus tard, dans son veuvage, elle soutient son beau-fils Owen dans son désir d'épouser une fille « peu convenable », consciente que la rébellion du garçon est aussi la sienne — même si c'est chez elle une sorte de rébellion rétrospective, un rejet de sa pusillanimité et de son « tact » antérieurs. Lors de ce premier engagement par procuration au nom de la vie, elle peut se permettre d'être une femme hardie qui pense librement. La vraie lutte est à venir, avec ce que Sophy représente en termes de féminité, de modernité et de sexualité ; avec les réactions que de telles femmes provoquent chez Darrow et d'autres hommes ; avec son propre refoulement émotionnel et sexuel. Le choix — d'autant plus difficile qu'elle n'a pas l'âge de Sophy — semble être entre vivre une existence restreinte, la tête haute et les yeux détournés, et « regarder la vie en face », avec toute la souffrance que cela suppose. Et même alors, comment peut-elle être sûre que la situation torturante dans laquelle elle a été projetée est vraiment « la vie » ? La grande question d'Anna, posée à la fin du chapitre 30, est celle de savoir si « la vie » est réellement « ainsi » — c'est-à-dire « grotesque, vile et misérable » — ou si son « aventure » est un « effroyable accident ».

De fort utiles métaphores s'accumulent autour du mot « vie » dans *L'Écueil.* Pour Leath, la vie « ressemblait à une promenade dans un musée soigneusement rangé » ; pour Anna, lorsqu'elle était sa femme, c'était « comme tâtonner dans un immense débarras sombre où le rayon de la curiosité éclairait tantôt quelque forme de beauté vivante, tantôt le rictus d'une momie ». Quand Darrow paraît la sauver, elle lui dit : « Je veux que notre vie soit comme une maison aux fenêtres toutes éclairées ; j'aimerais suspendre des lanternes au toit et aux cheminées ! » Plus tard, quand le sauvetage s'est révélé plus périlleux que prévu, elle a recours à une plus ample métaphore architecturale : « Elle songea avec une dérision mélancolique à son ancienne conception de l'existence, sorte de faubourg, bien éclairé et bien policé, de lieux obscurs qu'on n'avait jamais besoin de connaître. » Mais la vérité du roman ne soutient pas cette conception urbanisante de la vie ; elle est plutôt du côté de la comparaison que fait Darrow avec un bébé tigre qui grandit. Les instincts vitaux sont plus destructeurs que constructifs. Ou comme Darrow l'explique pompeusement à Anna :

> Quand vous aurez vécu un peu plus, vous comprendrez quels gaffeurs complexes nous sommes tous : frappés tantôt de cécité, tantôt de folie, et puis, quand notre vue et notre raison nous

> revienment, il nous faut nous mettre au travail et reconstruire peu à peu, morceau par morceau, les choses précieuses que nous avons fracassées sans le savoir. La vie n'est qu'un perpétuel assemblage de morceaux brisés.

La métaphore est ici moins précise, sûrement à dessein. On pourrait imaginer la destruction d'une idole, icône ou statue, sauf que « morceaux brisés » évoque plutôt quelque poterie — ce qui peut nous rappeler que Darrow avait comparé plus tôt sa poursuite de la fuyante Anna à l'image de personnages se poursuivant en vain et pour l'éternité sur un vase grec. Maintenant le vase est en miettes. Bien sûr, quand les gens parlent de « la vie », ils ne font le plus souvent que généraliser à partir de leur propre expérience ; on peut donc voir, dans l'assertion de Darrow « la vie n'est qu'un perpétuel assemblage de morceaux brisés », moins une conclusion d'auteur qu'un plaidoyer *pro domo* de l'homme qui a laissé tomber le vase.

Maison. Si Anna veut que sa vie avec Darrow soit « comme une maison aux fenêtres toutes éclairées », on ne peut s'empêcher de remarquer qu'elle en a déjà une. Et quelle maison que celle de Givré, telle qu'elle est amoureusement décrite par l'auteur... Parfois il semble émaner d'elle une force morale : Darrow est frappé par « la noble bienséance de ses lignes paisibles et de ses surfaces aux masses sobres ». Mais la maison est davantage un personnage changeant dans le roman qu'un point de référence monolithique ; « bienséance » est très proche de « tact », et la même bâtisse peut, selon l'humeur des protagonistes, en venir à représenter « le symbole même de l'étroitesse et de la monotonie ». Une maison, c'est d'abord un toit ; ce roman parle de l'infortune de se trouver, sur le plan émotionnel, « sans maison » — soudain sans toit.

Racinien. Ce mot n'apparaît pas dans *L'Écueil*, mais il lui a été associé de bonne heure. Remerciant par écrit l'auteur pour l'envoi de son roman en décembre 1912, Henry James offrit cet éloge : « La beauté en est que c'est, dirais-je, un drame et presque, me semble-t-il, d'une unité, intensité et grâce psychologiques raciniennes. » Le même terme avait été appliqué un peu plus tôt par Charles Du Bos, le traducteur français de *The House of Mirth*, qui avait dit à Wharton, après avoir lu les épreuves de *The Reef*, qu'elle avait composé son roman comme Racine ses plus belles tragédies. Il est vrai qu'il y a un petit nombre de personnages ; que l'action (après le Livre I) se déroule dans un espace clos ; qu'une situation émotionnelle difficile, complexe et de plus en plus intense lie, toujours plus étroitement, les quatre personnages principaux, de sorte qu'aucun d'eux ne peut faire quoi que ce soit, ou mentir, ou dire la vérité, sans qu'une série de fâcheuses conséquences n'en découle — comme dit Anna à Darrow : « Nous sommes tous pris dans le même engrenage. » Mais il faut tenir compte de la tendance que peut avoir un traducteur français à donner à ses éloges une coloration française ; et aussi de la tendance qu'ont les amis romanciers à approuver les aspects d'une œuvre qui paraissent ressembler le plus à des aspects de la leur. Le commentaire critique sur *L'Écueil*, après l'approbation de James, est que c'est le roman le plus *jamesien* — plus précisément, le plus proche du James tardif — d'Edith Wharton. Bien qu'il y ait d'indéniables échos du Maître, il vaut la peine de se rappeler que Wharton n'aimait résolument pas le James tardif, y trouvant un « manque d'air » dans le sens même d'un récit en vase clos ici applaudi.

Et par « racinien », devrait-on entendre aussi « tragique » ? Probablement pas : quand l'engrenage se desserre enfin, Sophy est rendue à la position sociale et financière où elle était avant le début du roman, Anna et Darrow obtiennent une version ternie de ce qu'ils avaient voulu, tandis qu'Owen s'enfuit (un mariage périlleux lui étant au moins épargné). Il y a eu, certes, un énorme choc, et les vies de ces quatre-là ne seront plus jamais les mêmes ; le choix peu enviable d'Anna est entre deux longs tourments, celui de renoncer à Darrow et celui de vivre avec un homme aux paroles duquel on ne peut plus se fier. Malgré tout, par rapport à, disons, cet autre grand roman presque contemporain d'engrenage psychologique qu'est *Le Bon Soldat* (1915) de Ford Madox Ford, c'est loin d'être une hécatombe.

Il est sans doute vrai que le tragique n'existe plus dans la vie moderne ni, par conséquent, dans le roman moderne. On peut prendre comme point de départ de ce dernier *Madame Bovary*, une œuvre dont l'influence sur Wharton est manifeste, et un roman qui définit la forme amoindrie de tragique désormais acceptable : une implacable chaîne d'événements rendue plus implacable encore par les règles et conventions sociales, et aussi par les attentes, les erreurs de jugement et la tendance autodestructrice du personnage central. Le roman de Ford ne commence pas par « C'est l'histoire la plus tragique que j'aie jamais entendue », mais par « C'est l'histoire la plus triste que j'aie jamais entendue ». Une raison en est que les dieux ont été remplacés. Lorsque Darrow emmène Sophy voir une version française d'*Œdipe*, les personnages donnent à la jeune fille l'impression que « les dieux [sont] là pendant tout ce temps, juste derrière eux, à tirer les ficelles ». En l'absence de ces dieux manipulateurs, nous avons la vaine illusion que c'est *nous*, avec notre fameux libre arbitre, qui tirons les ficelles. *L'Écueil* est un roman qui en doute ; comme dit Darrow à Sophy au début de tout cela : « Quel sens cela a-t-il de parler d'intentions ! » Mais nous le faisons : c'est une manière de tenter d'imposer quelque sens et quelque rationalité à la confusion de notre vie affective. Darrow évoque de nouveau le monde de la tragédie grecque à la fin du roman, pendant son échange crucial avec Anna (chapitre 32). Il demande : « Faut-il être fier d'avoir si peu conscience des ficelles qui nous tirent ? » C'est la mesure de notre solitude, de notre manque de stature tragique : nous sommes encore des marionnettes agitées par des ficelles, mais la loge du marionnettiste là-haut n'est plus occupée.

Chance. Dans la tragédie, c'était appelé destin ; dans notre plus humble situation, nous trouvons un mot plus humble pour en parler. Dans *L'Écueil*, le terme est associé à Sophy Viner (et c'est approprié, car le monde du « tact » qu'elle est sur le point de faire voler en éclats par sa présence n'accepte pas volontiers la notion de chance : cela reviendrait à renier le mérite, la naissance, le rang, l'argent) :

> Darrow se rendait compte qu'elle classait les gens selon leur plus ou moins de « chance » dans la vie, mais elle semblait ne nourrir aucun ressentiment envers la puissance indéterminée qui dispensait ce don en mesures si inégales. Les choses venaient à soi ou elles ne venaient pas…

Bien que Sophy n'ait pas étudié les classiques, lorsqu'elle regarde *Œdipe roi*, son rôle de détectrice de chance lui permet de percevoir le sens de la pièce, de sentir « l'inéluctable fatalité de la fable, la redoutable emprise de cette même “chance” mystérieuse qui tirait les ficelles de sa petite destinée ». Bien sûr, quand Sophy introduit légèrement ce concept, la « chance » qui va décider de son sort et du sort des autres s'est déjà manifestée. Le responsable semble être surtout d'abord le service postal (toujours fort commodément à la disposition du romancier) : si seulement le télégramme d'Anna n'avait pas été jeté dans le compartiment de Darrow juste avant le départ de son train pour Douvres ; si seulement Sophy n'avait pas quitté Londres aussi précipitamment, avant que la lettre des Farlow détaillant leurs plans modifiés n'ait pu lui parvenir... Ce sont certainement des facteurs : mais quand, trois cents pages plus loin, après le choc, Darrow cherche à s'expliquer comment cette liaison secondaire mais centrale avec Sophy a commencé, il identifie un autre aspect relevant du hasard : « Peut-être que, sans la pluie, rien de tout cela ne serait arrivé. » Il pense alors au jour, à Paris, où la pluie les avait obligés à retourner plus tôt que d'habitude à leur hôtel. Mais cela rappelle au lecteur (sinon à Darrow lui-même) une autre pluie, avant cela, à Douvres, quand ils se sont rencontrés. Au milieu de la foule, dans la bourrasque, il « remontait tant bien que mal sur le quai » lorsque « un parapluie accrocha à la descente sa clavicule » — un impact, un premier choc précurseur, qui esquinte le parapluie de Sophy, et va amener celle-ci à s'abriter sous le sien. Tout a donc été la faute de la pluie ? Dans l'Antiquité grecque, les dieux lançaient des éclairs et la foudre pour gouverner les destinées ; à présent, les météorologues orientent notre chance.

Dans le dernier chapitre, Anna se demande tristement si elle peut se libérer de l'inéluctabilité d'une vie avec George Darrow ; et elle prend « vaguement conscience que cette noire délivrance doit venir de quelque circonstance extérieure ». Anna, étant quelqu'un de *chic*, n'admet la chance qu'en lui donnant un nom plus chic ; mais elle ne se trompe pas en déduisant que sa « chance » se trouve, en l'occurrence, du côté de Sophy Viner. Si elle peut trouver Sophy et lui dire qu'elle renonce à Darrow, il ne sera plus possible de revenir sur cette décision et elle sera libre. Anna va à Paris, mais Sophy est déjà partie pour l'Inde, emmenant sa propre chance — et la « circonstance extérieure » d'Anna — avec elle.

Écueil ou récif. C'est le mot du titre, et nous attendons son apparition dans le texte. Nous attendons en vain. Vers la fin du Livre II, des métaphores marines semblent raviver en nous la vigilance de l'homme de quart : Darrow « plonge dans l'inconnu » de ses difficultés ; il sent « le flux de courants secrets » ; cependant que Sophy a été « à la dérive », et qu'Anna « flotte » provisoirement sur « une mer de félicité ». Ces allusions aquatiques ne mènent nulle part pour le moment. Plus tard, Darrow a l'impression que la lumière dans les yeux d'Anna ondoie devant lui « comme celle du soleil couchant ondoie devant un navire en mer » ; plus tard encore, il est question, à propos d'Anna, du « flot contenu de son angoisse » — et la métaphore semble s'être réduite à une formule. Mais, juste au moment où l'on pourrait renoncer et ne plus rien attendre, Wharton glisse habilement l'image jusque-là retenue — quoique pas le mot lui-même. Darrow, dans sa « grande scène » avec Anna, essaie d'expliquer comment le choc est venu : « Cela semblait si infime, tout en surface, et c'est parce que c'était en surface que je m'y suis échoué. » De nouveau on peut voir là un plaidoyer typiquement masculin (Sophy considérée comme un petit récif de corail quasi inerte dont la seule fonction est de déchirer la coque d'élégants bateaux de plaisance). On peut se demander si la métaphore a un champ d'application plus large, et est censée évoquer l'écueil de la réticence sensuelle d'Anna, sur lequel Darrow s'échoue aussi. Et on pourrait se demander si l'auteur, ayant introduit si tard l'image, n'aurait pas pu soit l'exploiter davantage, soit s'en passer complètement, laissant le titre faire le travail tout seul. *The Reef* eut cela d'inhabituel pour Wharton que les épreuves furent retardées entre l'Amérique et la France (de nouveau les aléas du service postal), et elle n'eut pas assez de temps pour sa révision finale accoutumée. Qu'aurait-elle pu modifier ?

Silence. L'action principale, dans *L'Écueil*, consiste en conversations et en ruminations préalables aux conversations (en 1921, Wharton écrivit à Mary Cadwalader Jones : « Comme il est étrange que personne ne voie qu'il y a là une pièce de théâtre toute prête à être montée ! »). Mais à mesure que le roman avance, il devient clair que ce qui n'est pas dit et la manière dont ce n'est pas dit peuvent être aussi éloquents que tout mot prononcé. « Le silence peut être aussi nuancé que la parole », commente l'auteur. Par exemple, les soupçons d'Owen au sujet des relations entre Sophy et Darrow sont éveillés précisément par le fait que, chaque fois qu'il les voit seuls ensemble, ils sont silencieux ; si leurs relations étaient ce qu'elles sont supposées être, ils causeraient normalement. De la même façon, le fait que Darrow ne dise rien ou s'abstienne d'émettre une opinion sur Sophy suscite malgré lui des doutes sur son aptitude à être une bonne préceptrice. Et, au tout début du roman, quand Darrow et Sophy sont à Paris ensemble, vient le moment où « le substitut naturel [*sic*] à la parole [est] un baiser ». Le sexe comme façon de ne pas se parler — et aussi de « ne pas avoir à écouter », se souvient cruellement Darrow. Et à la fin comme au début, lorsque Anna repense à la désastreuse succession d'événements qui a suivi la première arrivée de Darrow à Givré :

> Elle se rendait compte qu'à aucun moment il n'y avait eu de propos délibéré ni de révélation accidentelle. La vérité était venue au jour par sa seule force irrésistible… Elle sentit une fois de plus l'inutilité de parler.

C'est là une profonde prise de conscience pour des êtres lucides et cultivés, qui se servent de mots pour définir le monde, et aussi pour le manipuler, pour le tenir à distance. « La vérité était venue au jour par sa seule force irrésistible » : peut-être y a-t-il, caché là, un autre titre métaphorique possible pour ce roman. Il y a aussi une reconnaissance du fait que, dans notre version moderne de la tragédie — moins grandiose, mais plus sombre —, nous sommes au-delà de la noblesse, au-delà des dieux tireurs de ficelles, au-delà de Racine, au-delà de la chance, au-delà de toute aide, au-delà même des mots.

LA SAGESSE DE CHAMFORT

Camus le tenait pour le plus instructif des moralistes, et bien plus grand que La Rochefoucauld ; Nietzsche et John Stuart Mill le révéraient ; Pouchkine l'a lu et, dans son célèbre roman en vers, le fait lire à Eugène Onéguine ; il est une présence admirée dans les *Journaux* de Stendhal et des Goncourt ; Cyril Connolly, un autre épicurien mélancolique qui avait un goût pour l'aphorisme, l'a longuement cité dans *Le Tombeau de Palinure*. Et pourtant, Sébastien Roch Nicolas de Chamfort (1741-1794) reste quasiment inconnu de ce côté de la Manche.

C'est dû en partie à notre défaut insulaire de ne pas traduire assez : la dernière édition britannique semble avoir été celle de Golden Cockerell Press (550 exemplaires) en 1926. Mais peut-être est-ce aussi la faute du genre dans lequel il a écrit sa seule œuvre durable : les *Maximes et pensées, Caractères et anecdotes*, et *Petits Dialogues philosophiques*. Nous n'aimons pas trop les petits recueils de pensées dans nos îles. Nous ne détestons pas les propos de table, ni les profondes remarques tirées du *Johnson* de Boswell ou, mieux encore, de romans (« C'est une vérité universellement admise que… »), mais l'idée de prendre une observation sociale ou morale, de lui donner en la polissant une forme littéraire, et de la poser sur une page blanche comme un joaillier pose un diamant sur un carré de velours noir, nous semble un peu louche. Sous certaines plumes, cela peut paraître hautain, snob ; sous d'autres, simplement clinquant.

Prenez trois remarques bien connues — appelez-les maximes, épigrammes, apophtegmes, à votre guise. Connolly : « Emprisonné dans chaque homme gras, un homme maigre fait des signes désespérés pour qu'on le libère. » Pensez aux hommes gras que vous connaissez. *Chaque* ? *Désespérés* ? Nous ne parlons pas ici que des gens qui luttent contre un excès de poids. Cette phrase, telle qu'elle est écrite, est-elle vraie de beaucoup plus d'individus que le corpulent Connolly lui-même ? Wilde : « Le labeur est le fléau des classes alcoolisées. » Une inversion *chic* et facile d'un dicton commun. Mais vraie ? Bien vraie ? Ou juste un numéro tape-à-l'œil de prestidigitation verbale — dénotant finalement autant d'ignorance que d'arrogance ? La Rochefoucauld : « Il y a des gens qui n'auraient jamais été amoureux s'ils n'avaient jamais entendu parler de l'amour. » C'est déjà bien plus impressionnant et crédible — mais, en fin de compte, vrai ? Nous pouvons tous penser à des gens qui tombent amoureux « pour les mauvaises raisons », ou qui, selon nous, prétendent être amoureux quand ils ne le sont pas ; mais ce n'est pas ce que dit La Rochefoucauld. De nouveau, l'argument trébuche en affirmant trop. La vie, pourrait-on conclure, se réduit rarement à une seule phrase.

Chamfort n'est pas comme ça. Camus fait la distinction entre l'auteur de maximes et le moraliste. Une maxime ressemble à une équation mathématique — ses termes sont souvent réversibles —, et ce n'est pas une coïncidence si le même siècle, le XVIIe, a été en France la grande époque des mathématiques et de la maxime ; mais « toute sa vérité est en elle-même, et, pas plus que l'algébrique, elle n'a de correspondant dans l'expérience » — et voilà pour La Rochefoucauld. Tandis qu'un moraliste comme Chamfort écrit rarement des maximes, ne doit que rarement recourir à l'antithèse et à la formule. Il y a bien peu en lui de la « Citation de la semaine ». Comme disent les Goncourt dans leur *Journal* en 1866, à propos des pensées de Chamfort : « C'est comme la condensation de la science du monde ; l'élixir amer de l'expérience. »

Il est né, enfant illégitime, en Auvergne ; l'intelligence, l'esprit, le charme et une jolie mine le firent parvenir au sommet de la société parisienne. Il fut l'ami de Talleyrand, de d'Alembert et d'Helvétius ; Mirabeau disait qu'il avait une « tête électrique » qu'il suffisait de frotter pour que des idées en jaillissent comme des étincelles. Il était un habitué des salons littéraires, et il fut élu à l'Académie ; Louis XV lui accorda une pension pour avoir écrit une pièce médiocre qui avait ému Sa Majesté aux larmes… Une réussite aussi franche et visible eût satisfait tout homme normalement ambitieux ; mais Chamfort était trop intelligent — ou trop fier, ou trop critique envers lui-même — pour être jamais simplement satisfait, sans même parler de bonheur. Sa réussite ne faisait que souligner à la fois ses propres contradictions et celles de la société qui l'avait applaudi. Voici son autoportrait (Pensées morales) :

> Ma vie entière est un tissu de contrastes apparents avec mes principes. Je n'aime point les Princes, et je suis attaché à une Princesse et à un Prince. On me connaît des maximes républicaines, et plusieurs de mes amis sont revêtus de décorations monarchiques. J'aime la pauvreté volontaire, et je vis avec des gens riches. Je fuis les honneurs, et quelques-uns sont venus à moi. Les lettres sont presque ma seule consolation, et je ne vois point de beaux esprits, et ne vais point à l'Académie. Ajoutez que je crois les illusions nécessaires à l'homme, et je vis sans illusion ; que je crois les passions plus utiles que la raison, et je ne sais plus ce que c'est que les passions, etc.

Cette ligne de faille centrale est en partie ce qui le rend engageant, humain, moderne. Dans sa condamnation des motivations humaines, il peut être aussi véhément et sarcastique que La Rochefoucauld. Mais quand celui-ci propose un système dans lequel l'intérêt personnel est le moteur de toute action humaine, l'implication demeure que La Rochefoucauld lui-même échappe d'une certaine manière à l'accusation ; il est au-dessus de la canaillerie morale qu'il dissèque. Chamfort est, de ce point de vue crucial, différent : sa condamnation de l'humanité l'inclut lui-même, d'une façon très spécifique : « L'homme est un sot animal, si j'en juge par moi. »

La sagesse est d'ailleurs plus susceptible de résulter d'un état de faiblesse, d'échec et de pauvreté, que de force et de richesse. « Il me semble qu'à égalité d'esprit et de lumières, l'homme né riche ne doit jamais connaître aussi bien que le pauvre, la Nature, le cœur humain et la Société. C'est que dans le moment où l'autre plaçait une jouissance, le second se consolait par une réflexion. » Chamfort n'était pauvre qu'en comparaison des gens qu'il fréquentait ; les vrais pauvres n'ont généralement pas assez de temps ni d'énergie pour les « consolations de la pensée ». Mais il connaissait le stigmate d'une naissance illégitime ; il en vint à souffrir d'un mal qui le défigurait (la syphilis, la lèpre et l'éléphantiasis ont été suggérés ; on penche maintenant pour une granulomatose) ; et son expérience de l'amour fut dévastatrice. Ayant été un célibataire libertin, et parfois misogyne, jusqu'à l'âge avancé de quarante ans, il tomba soudain profondément amoureux de la femme d'un chirurgien, qui l'aima aussi. Par chance, l'épouse fut bientôt veuve, sur quoi le couple alla à la campagne pour y vivre l'idylle pastorale de simples villageois. Six mois plus tard elle mourut.

Une autre ligne de faille traverse la vie de Chamfort — et il en aurait peut-être apprécié l'ironie. Tout ce qu'il a publié pendant sa vie, et grâce à quoi il s'est fait un nom — les pièces de théâtre, les essais, le journalisme, les hommages aux gloires littéraires — a été complètement oublié, alors que la seule chose pour laquelle il ne fut pas connu de son vivant a établi sa renommée discrète mais durable. Vers 1785, il commença à noter sur des petits bouts de papier ses conclusions sur la vie, accompagnées d'anecdotes, de citations et de bribes de dialogues. Rien n'est daté, et rien n'indique ce qu'il comptait faire, éventuellement, de cette accumulation ; rien ne dit si c'était destiné à être publié et, dans ce cas, comment cela devait être arrangé et présenté. En outre, entre sa mort et la première sélection imprimée de ce legs intellectuel, de nombreuses notes — peut-être jusqu'à deux mille — furent retirées par une personne ou des personnes inconnues, probablement parce qu'elles étaient de nature à incriminer ou calomnier des gens. Comme dit son nouveau traducteur anglais Douglas Parmée, le résultat est un « cauchemar de chercheur — et un paradis pour l'auteur d'anthologies, qui peut jongler à son gré avec tout cela ». Leur réédition occasionnelle a maintenu vivant le nom de Chamfort, mais la postérité que nous formons ne devrait pas se louer trop ouvertement d'avoir l'esprit de l'apprécier. « La postérité, a-t-il écrit, n'est jamais qu'un public qui succède à un autre ; voyez ce que vaut celui d'aujourd'hui. »

Sainte-Beuve, le critique le plus zélé et influent du milieu du XIXe siècle, jugeait assez durement Chamfort : « Quelques-uns de ces mots sont comme de la monnaie bien frappée qui garde sa valeur ; mais la plupart ressemblent plutôt à des flèches acérées qui arrivent brusquement et sifflent encore. » Ses *Pensées* étaient « horrifiantes et corrosives », et son talent était inférieur à son esprit et à ses idées. Le moraliste avait élevé son propre isolement, et son infortune ressentie, au niveau d'un âpre système. Lorsqu'il écrivait : « Tout homme qui, à quarante ans, n'est pas misanthrope, n'a jamais aimé les hommes », ce n'était vrai « que pour un célibataire ». Plus généralement, les conclusions prétendument universelles de Chamfort ne concernent que les plus hauts rangs d'une société depuis longtemps disparue ; heureusement, elles cessent d'être vraies si l'on songe à une société moins artificielle, où le sens de la famille subsiste, et où « les sentiments naturels n'ont pas été abolis ». Pour Sainte-Beuve, Chamfort échoue au test final de la vérité.

Comment répondre à l'accusation d'étroitesse ? D'abord, en faisant remarquer que, si les échantillons sociaux représentatifs sont une nécessité pour les sondages d'opinion, ils ne sont pas nécessairement essentiels pour l'expression de la sagesse : les vérités freudiennes ne sont-elles applicables qu'au petit monde étroit de névrosés viennois disparus ? Ensuite, on peut examiner quelques-unes de ces maximes qui seraient trop circonscrites. En voici une au sujet de la renommée : « Dans un pays où tout le monde cherche à *paraître,* beaucoup de gens doivent croire, et croient en effet, qu'il vaut mieux être banqueroutier que de n'être rien. » En voici une à propos de l'*état* social : « Voulez-vous voir à quel point chaque état de la Société corrompt les hommes ? Examinez ce qu'ils sont, quand ils en ont éprouvé plus longtemps l'influence, c'est-à-dire dans la vieillesse. Voyez ce que c'est qu'un vieux courtisan, un vieux prêtre, un vieux juge, un vieux procureur, un vieux chirurgien, etc. » Et en voici une au sujet de la politique : « Vous croyez qu'un ministre, un homme en place, a tel ou tel principe, et vous le croyez parce que vous le lui avez entendu dire. En conséquence, vous vous abstenez de lui demander telle ou telle chose qui le mettrait en contradiction avec sa maxime favorite. Vous apprenez bientôt que vous avez été dupe, et vous lui voyez faire des choses qui vous prouvent qu'un ministre n'a point de principes, mais seulement l'habitude, le tic, de dire telle ou telle chose. »

Cela semble-t-il être des vérités démodées ? Chamfort cite Mirabeau selon qui, une fois qu'un système politique est « bien monté », le choix des ministres est indifférent : « Ce sont, disait-il, des chiens dans un tournebroche : il suffit qu'ils remuent les pattes pour que tout aille bien. Que le chien soit beau, qu'il ait de l'intelligence ou du nez, ou rien de tout cela, la broche tourne, et le souper sera toujours à peu près bon. » Nous pouvons tous penser à des ministres canins contemporains auxquels cela peut s'appliquer.

Les structures politiques changent ; les instincts et les habitudes politiques évoluent à peine. Les structures sociales déclinent et passent ; les ambitions sociales et les techniques d'autopromotion se perpétuent. Sexe et amour et leurs conséquences ? Chamfort peut paraître, dans son assez coutumière misogynie, daté et circonscrit ; et Camus lui a reproché « un des sentiments les plus communs et les plus sots qui soient, je veux dire le mépris des femmes en général ». Mais — étant Chamfort, et donc un être complexe, divisé, humain —, c'est aussi quelqu'un qui a rapporté (presque sentimentalement) ce mot : « Malgré toutes les plaisanteries qu'on rebat sur le mariage, je ne vois pas ce qu'on peut dire contre un homme de soixante ans qui épouse une femme de cinquante-cinq. » Et cette pensée sur l'amour aurait-elle pu être conçue par un homme qui n'était qu'un célibataire, ou qu'un misogyne : « En amour, tout est vrai, tout est faux ; et c'est la seule chose sur laquelle on ne puisse pas dire une absurdité. » Chamfort est multiple, contradictoire, mais toujours stimulant, jamais homme à flatter l'autosatisfaction du lecteur ; et, s'il y a des maximes discutables, il en est très peu auxquelles la réaction sera : « Ce n'est pas vrai — ne l'était pas alors, ne l'est pas maintenant. » Une de mes préférées s'adresse aussi, semble-t-il, à l'auteur lui-même : « On n'est point un homme d'esprit pour avoir beaucoup d'idées, comme on n'est pas un bon général pour avoir beaucoup de soldats. »

Camus, sans nommer Sainte-Beuve, répond assez différemment à l'accusation d'étroitesse. Oui, dit-il, Chamfort se référait dans ses écrits à une élite sociale ; mais non, il ne généralisait pas à toute l'humanité à partir de cette base étroite. Le vrai moraliste — contrairement au simple faiseur de maximes — est un observateur de particularités humaines à la façon d'un romancier. Les *Pensées* sont donc « une sorte de roman inorganisé », un « roman inavoué, un roman satirique ». De fait, « il suffirait de restituer [à cette "comédie mondaine"] la cohérence que l'auteur n'a pas voulu lui donner et l'on obtiendrait une œuvre bien supérieure au recueil de pensées qu'elle paraît être ».

C'est là une assertion généreuse et imaginative (et légèrement exagérée), qui met en évidence la plus ample nature de l'œuvre de Chamfort. Les *Maximes et pensées* contiennent des conclusions longuement réfléchies sur la nature et le comportement humains, mais aussi des anecdotes, des histoires, de brefs portraits, et des plaisanteries. (Pensée LXXX : « La plus perdue de toutes les journées est celle où l'on n'a pas ri. ») C'est ce qui donne au livre sa tonalité et sa texture ; et donne aussi le sentiment d'un auteur qui s'adresse à un lecteur. Chamfort le romancier virtuel veut partager sa sagesse avec nous, mais il veut aussi partager ses cancans :

> Madame d'Esparbès couchant une nuit avec Louis XV, le roi lui dit : « Tu as couché avec tous mes sujets.
>
> — Ah ! Sire !
>
> — Tu as eu le duc de Choiseul.

— Il est si puissant !
— Le maréchal de Richelieu.
— Il a tant d'esprit…
— Manville.
— Il a une si belle jambe !
— À la bonne heure ; mais le duc d'Aumont, qui n'a rien de tout cela ?
— Ah ! Sire, il est si attaché à Votre Majesté ! »

L'ambivalence de Chamfort vis-à-vis de la société dont il avait recherché l'approbation mena d'abord à des périodes de retrait et de réclusion philosophique ; plus tard, à un soutien du rejet organisé de cette société connu sous le nom de Révolution. Bien que cela puisse sembler logique autant que fondé sur de nobles principes, sa motivation exacte est moins claire. Chateaubriand était stupéfait qu'un homme ayant une si profonde compréhension de l'espèce humaine pût se résoudre à embrasser quelque cause que ce fût. La théorie de Sainte-Beuve était que le ressentiment mortel de Chamfort contre l'*ancien régime** était, au fond, littéraire : celui-ci n'avait vu en lui qu'un charmant jeune poète, et l'avait traité avec condescendance comme tel. Connolly y voyait un effet d'un « tempérament d'enfant illégitime », qui engendrait à la fois un grand besoin d'amour et « ce sentiment tout aussi violent, que connaissent bien les bâtards, d'un grief contre la société ».

Quelle que soit la motivation qu'on préfère, elle mena à ce que Connolly, dans *Le Tombeau de Palinure*, a appelé « l'impasse de Chamfort » :

> Cette impasse nous est familière… c'est celle du révolutionnaire dont les mœurs et le mode de vie sont attachés à l'Ancien Régime, dont les idéaux et les loyautés sont liés au nouveau, et qui par une

> sorte de courageux exhibitionnisme se sent poussé à dire la vérité sur l'un et sur l'autre, et attend des commissaires du roi Héron la même admiration pour ses saillies qu'elles en suscitaient chez les courtisans du roi Soliveau.

Quand la Révolution éclata, Chamfort se rangea dans le camp de son ami Mirabeau ; il fit des discours au coin des rues, forgea des slogans populaires (« Guerre aux châteaux ! Paix aux chaumières ! ») et fut l'un des premiers à entrer dans la Bastille prise d'assaut. Il soutint la Révolution plus longtemps et plus durement que d'autres de son genre : « Voulez-vous donc qu'on fasse des révolutions à l'eau de rose ? » demanda-t-il à un hésitant. Mais son tour d'esprit indépendant ne le quitta pas. Voyant apparaître, griffonné sur les murs, le slogan jacobin « La fraternité ou la mort ! », il connaissait assez bien la politique et la nature humaine pour le reformuler sans l'effet rhétorique : « Sois mon frère ou je te tue. »

Aussi le roi Héron ne tarda-t-il pas à plonger son bec dans l'eau. Chamfort fut arrêté, emprisonné, relâché, et menacé d'une nouvelle arrestation. Voulant mourir en homme libre et en philosophe, il porta un pistolet à son front. Mais il ne parvint qu'à se fracasser le haut du nez et se crever l'œil droit. Alors il saisit un rasoir — ou, selon les sources, un couteau — et tenta de se trancher la gorge, les veines et les jarrets, avant de s'effondrer dans une mare de sang qui coula sous la porte. Étonnamment il survécut et, d'une façon caractéristique, se plaignit que la pauvreté l'eût encore trahi : « Sénèque était riche, lui ; il avait tout à souhait, un bain bien chaud, enfin toutes ses aises ; moi je suis un pauvre diable, je n'ai rien de tout cela. Je me suis fait un mal horrible, et me voilà encore ; mais j'ai la bille dans la tête, c'est là le principal. » Ça l'était et ça ne l'était pas ; de fait, il semblait se remettre, quand la maladresse d'un médecin l'acheva. Ses dernières paroles furent : « Je m'en vais enfin de ce monde, où il faut que le cœur se brise ou se bronze. » Vrai ? Partiellement vrai ? Pas du tout vrai ? Commentez.

LE BON SOLDAT DE FORD

La quatrième de couverture de l'édition Vintage (années 50) de *The Good Soldier* est toujours poignante à lire. « Quinze éminents critiques » avaient été réunis pour encenser le roman de Ford Madox Ford paru en 1915. Ils avaient tous souscrit à cette unique affirmation : « *Le Bon Soldat* est l'un des quinze ou vingt plus grands romans anglais de ce siècle. » Suivaient les noms — dont Leon Edel et Allen Tate, Graham Greene et John Crowe Ransom, William Carlos Williams et Jean Stafford.

Il y avait là quelque chose d'à la fois héroïque et désespéré, comme il y avait à maints égards quelque chose d'héroïque et désespéré au sujet de Ford lui-même. Quinze critiques, cela devrait être mieux que cinq, mais d'une certaine façon le nombre *sur*-plaide comme on surjoue… « L'un des quinze ou vingt plus grands romans » donne l'impression de ne pas pouvoir en décider — ici aussi une hésitation très fordienne, mais qui affaiblit plus qu'elle ne renforce l'assertion : ah, alors Joseph H. Jackson pense qu'il est dans les quinze premiers, mais Willard Thorp ne le range que dans les vingt premiers ? Quant à « de ce siècle » — cela semble assez présomptueux, avec quatre bonnes décennies encore devant soi.

Pourtant l'assertion reste poignante, parce qu'on perçoit la vertu littéraire derrière les mots : écoutez, nous *savons* que ce type est un bon écrivain, alors voulez-vous s'il vous plaît, *s'il vous plaît* le lire ? Ford n'a jamais manqué de partisans, mais il a toujours manqué de lecteurs. En 1929 Hugh Walpole a écrit : « Il n'est pas de plus grande négligence littéraire à notre époque en Angleterre que celle dont souffrent les romans et les poèmes de Ford. » À quoi Ford répondit : « C'est seulement que le public *ne veut pas* me lire. »

Tentant de mieux l'expliquer — autant pour lui-même que pour son correspondant Gerald Bullett —, il écrivit de Toulon en 1933 :

> Pourquoi un public londonien aimerait-il mes livres ? Mes constatations sur la vie ont pour cadre de douteux contextes internationaux ; il n'y est point question de nids d'oiseaux, de fleurs sauvages ou de jardins de rocaille britanniques ; mes romans sont « machinés » avec une modernité franco-américaine qui ne peut que déplaire aux habitants de, disons, Cheltenham. Pour eux, en raison du « décalage temporel » et de la projection plutôt que la description, ils *doivent* être incompréhensibles et indiciblement ennuyeux. Ces procédés, entre le Middle West et la côte est des États-Unis comme autour du Panthéon où ils ont vu le jour, sont déjà considérés comme *vieux jeu**, acceptés comme des procédés classiques qu'il faut connaître et étudiés dans les manuels de littérature anglaise à l'université. Alors je continue d'écrire dans l'espoir que, dans cent cinquante ans, ce que je produis sera utilisé comme un sujet optionnel d'étude à, mettons, l'université de Durham. Et en tout cas, j'ai l'agréable sentiment qu'aucun de nos concurrents pour la Coupe Davis n'aura été tenu éloigné des terrains de tennis d'Eton par une répréhensible absorption dans mes romans.

Ford y voit un problème purement interne, textuel ; mais il y a de nombreuses raisons externes — et concomitantes — à la négligence passée et persistante dont il est victime : il ne présente aucun profil littéraire utilement net et précis ; il a beaucoup trop écrit, et dans trop de genres ; et cela ne s'intègre pas facilement au cursus universitaire. Il semble égaré quelque part entre un *victorianisme* tardif et le modernisme, entre une enfance où Liszt le fit sauter sur ses genoux et où il vit gambader Swinburne, et une carrière où il allait être le chaperon avunculaire de Pound, Hemingway et Lawrence. Il se présentait aussi lui-même comme un auteur âgé s'estompant devant cette nouvelle génération, ce qui était probablement une erreur tactique. S'il est vrai que tous les romanciers ambitieux devraient étudier *Le Bon Soldat* comme un exemple des possibilités de la narration (comme cela le fait paraître ennuyeux !), ils feraient bien aussi de regarder la vie de Ford comme un bon exemple de gestion de carrière négative.

Il avait le genre de présence volumineuse, molle et bonhomme qui provoque l'attaque, et aussi une courtoisie souffrante de gentleman qui refusait d'y répondre (ce qui provoquait naturellement une nouvelle attaque). Il se disputait sans cesse avec ses éditeurs, les considérant comme des marchands, et impertinents de vouloir lire ses manuscrits avant de les acheter. Même ceux qui l'admiraient étaient souvent irrités par lui. Rebecca West a dit qu'une accolade de Ford vous donnait l'impression d'être « le toast sous un œuf poché ». L'éloge que fait Robert Lowell du « maître marmotteur monumental » est enrobé d'affectueuse moquerie :

> *… dis-moi pourquoi*
> *Les ballots de tes romans invendus*
> *Rapportent à peine de quoi acheter*
> *Un bandage pour ton pied goutteux.*
> *Cheval de labour, ô éléphant sans oubli…*

Ceux qui n'avaient pas d'affection pour Ford étaient plus qu'irrités. Hemingway — qu'il avait fait l'erreur de promouvoir — déclara à Stein et à Toklas que c'était « un fieffé menteur et imposteur toujours motivé par la plus belle fausse distinction anglaise ». Une fois, alors qu'il se trouvait près de Philadelphie, Ford demanda à voir la collection Barnes. Certes, et d'une façon caractéristique, il s'adressa pour cela à la mauvaise personne ; mais une maladresse tactique ne peut expliquer à elle seule la férocité du télégramme du Dr Barnes, envoyé de Genève : « Préférerais brûler ma collection que laisser Ford Madox Ford la voir. »

Il changea son patronyme, de Hueffer en Ford ; il changea plus d'une fois de contrée de résidence ; il fut parfois plus ambitieux pour la littérature que pour lui-même. Malgré tout, il est étrange de constater son absence totale sur certains écrans radar. Edmund Wilson le mentionne à peine dans ses journaux et ses critiques : n'a-t-il simplement pas lu (ou pas compris) *Parade's End*[1], l'autre grand roman de Ford, en dépit du point commun de la guerre avec lui ? Virginia Woolf et Orwell sont silencieux. Evelyn Waugh ne parle jamais de lui dans ses lettres, journaux ou critiques : cela semble encore plus bizarre que dans le cas de Wilson. Comme Ford, Waugh a écrit un livre sur Rossetti ; et sa trilogie sur la Seconde Guerre mondiale, *Officiers et gentlemen*, est manifestement apparentée à la tétralogie de Ford sur la Première Guerre mondiale, dans sa manière de peindre une guerre conjugale se déroulant dans le plus ample contexte du vrai conflit, et d'opposer une épouse vindicative et harcelante à un mari qui a tout du gentleman hors de son temps.

Avec Ford, même l'éloge pouvait tourner d'une certaine façon à son désavantage. Dans sa préface à une réédition de 1927 du *Bon Soldat*, il raconte l'histoire d'un admirateur lui disant que c'était « le plus beau roman en langue anglaise ». À quoi son ami

1. Publié en France sous le titre *Finies les parades*.

John Rodker répliqua : « Ah, oui. Mais vous avez omis un mot. C'est le plus beau roman *français* en langue anglaise. » Sous une forme plus resserrée, moins authentique — « le meilleur roman français dans notre langue » —, cela est souvent cité, notamment dans *Life Studies* de Lowell. Si des lecteurs peuvent être rebutés par des titres (j'ai longtemps évité de lire *The Catcher in the Rye*[1], imaginant qu'il y était question de base-ball dans la prairie), ils peuvent l'être aussi par ce genre d'étiquette. À quoi bon écrire un roman français en anglais ? pourraient-ils grommeler. C'est une chose plutôt saugrenue à faire, non ? Et qui ne relève pas précisément non plus d'un domaine compétitif : quel est le deuxième meilleur roman français en langue anglaise ?

La France a assurément fourni le point de départ incitatif du *Bon Soldat*. « J'avais alors une ambition, a écrit plus tard Ford : celle de faire pour le roman anglais ce que, dans *Fort comme la mort*, Maupassant avait fait pour le roman français. » Ce qu'a fait Maupassant, c'est ceci : dans un roman qui, pendant assez longtemps, semble être surtout une sorte de peinture à la Degas d'une femme du monde dans le Paris de cette époque, jouissant des *douces petites gourmandises** de l'existence féminine parmi la *fine fleur du* high life*, il introduit le thème de la passion violemment transgressive — celle d'un peintre mondain pour la fille de sa maîtresse de longue date. La tragédie — si c'est bien ce que c'est — du peintre naît de la fatale différence entre l'amour facile de la jeunesse et l'amour désespéré (d'autant plus désespéré qu'il n'est plus désiré ni partagé) de l'âge mûr. « C'est la faute de nos cœurs qui n'ont pas vieilli », se lamente le héros-victime, dont l'amour affectivement incestueux porte le dernier quart du roman à un haut degré de terreur sur un mode

1. Titre original du roman de Salinger *L'Attrape-Cœurs*.

opératique : l'amour qui n'ose pas admettre son existence préfère finalement la mort à l'aveu.

Ford applique ces thèmes et ces tourments à un petit groupe très anglais de personnages (même les Américains sont si anglophiles que leur spécificité se remarque à peine) appartenant à une semblable classe supérieure aisée. Mais *Le Bon Soldat* est beaucoup moins un roman social que *Fort comme la mort*. La désintégration progressive d'Edward Ashburnham, bon soldat et Anglais apparemment modèle, se produit dans une délétère intimité : d'abord parmi un quatuor racinien d'expatriés, dans la station thermale allemande de Nauheim ; et, finalement, avec la pupille d'Ashburnham, Nancy Rufford. Sa relation avec elle est de toute évidence — comme dans le roman de Maupassant — affectivement incestueuse, et peut-être plus qu'il n'y paraît : le biographe de Ford, Max Saunders, a avancé des arguments persuasifs en faveur de l'idée que Nancy pourrait être la fille d'Ashburnham. En termes de chaleur émotionnelle, *Le Bon Soldat* est encore plus français que *Fort comme la mort*. Maupassant n'attise vraiment la flamme que vers la fin de son roman. Ford renchérit à la fois en folie et en terreur (et en nombre de victimes) ; mais sa plus grande audace est de commencer à un haut niveau d'émotion, et puis de continuer à l'élever.

Cyril Connolly, dans *The Modern Movement*, a encensé avec des mots assez creux *Le Bon Soldat* pour « son énergie et son intelligence ». On voit maintenant que le roman fait irruption dans le club moderniste pour des raisons bien différentes : l'impeccable usage d'un narrateur indécis et peu fiable, le subtil camouflage d'une vraie narration derrière un trompe-l'œil de narration apparente, la capacité de réflexion du roman sur lui-même, la profonde ambivalence sur les motivations, les intentions et l'expérience humaines, et la pure hardiesse du projet.

Greene a écrit en 1962 : « Je ne sais combien de fois, en près de quarante ans, je suis revenu à ce roman de Ford, pour y découvrir à chaque fois un nouvel aspect à admirer. »

Prenez la fameuse première phrase du roman, si retentissante avec son énorme assertion : « C'est l'histoire la plus triste que j'aie jamais entendue. » La première partie de la phrase retient, à juste titre, notre attention. Ce ne peut logiquement être qu'à la seconde lecture du livre (et ce n'est peut-être qu'à la troisième ou quatrième) qu'on remarque la fausseté du dernier mot. Parce que ce n'est pas une histoire que Dowell, le narrateur, a « entendue ». C'est une histoire où il a joué un rôle et où il a été plongé jusqu'au cou, cœur et tripes inclus ; c'est lui qui la raconte, et c'est nous qui l'entendons. Il dit « entendue » plutôt que « racontée » parce qu'il affecte de ne pas être impliqué dans ce « conte de passion », refusant d'admettre une complicité. Et, si le second verbe de la première phrase du livre est aussi peu fiable — s'il grince sous le pied quand on porte son poids dessus —, on doit être prêt à lire chaque ligne avec la même circonspection ; et on doit parcourir le texte d'un pied léger, attentif à chaque gémissement et chaque plainte du parquet.

C'est un roman sur le cœur humain ; il le dit dès la première page. Mais le mot est écrit différemment les deux premières fois qu'il apparaît : d'abord tel quel, puis entre guillemets. Quand donc un cœur n'est-il pas un cœur ? Lorsqu'il s'agit d'un problème médical, c'est un « cœur ». Ford joue un bon moment avec cette distinction de sens. On pourrait croire que souffrir du « cœur » signifie que les affaires du cœur sont exclues ; mais c'est un trompe-l'œil : il semble que les deux personnages qui sont à Nauheim pour des raisons médicales — Florence Dowell et Edward Ashburnham lui-même — soient ceux-là mêmes qui suivent les élans de leur cœur-sans-guillemets ; tandis que les deux autres, spectateurs en bonne santé, sont ceux qui ont une sorte différente de problème de cœur — un cœur froid ou mort. Cependant, ce paradoxe se révèle être un autre trompe-l'œil : le « cœur » de Florence est un faux mal, inventé pour tenir son mari sexuellement à distance ; et plus tard on apprend (ou semble apprendre — comme si souvent dans ce roman) qu'Edward Ashburnham ne souffre pas non plus du « cœur » : les Ashburnham sont à Nauheim à cause de Maisie Maidan, qu'ils ont amenée là avec eux depuis l'Inde pour une cure. Elle — Maisie — est (ou semble être) le seul personnage du roman qui ait un cœur à la fois dans le sens amoureux et médical du mot. Sans surprise, elle ne va pas tarder pas à mourir.

Ainsi le langage du roman montre sa stratégie ; il joue avec le lecteur en révélant et dissimulant tour à tour la vérité. Et une partie de la grande réussite de Ford est d'avoir trouvé la voix parfaite pour une narration paradoxale. Il nous donne en la personne de Dowell un narrateur d'une franchise un peu bourrue et pataude, et passablement ignorant, qui oublie de nous dire son prénom jusqu'à ce que le livre soit presque fini et qui, à sa façon maladroite, semble avoir torpillé son histoire en en révélant le dénouement dès la deuxième page. Ford se sert d'un « raseur en chambre » pour raconter une histoire d'une grande subtilité, et aussi d'une profonde cruauté et souffrance émotionnelles ; il a recours aux façons de s'exprimer et aux oublis d'un mauvais narrateur pour enrichir le récit, retarder notre compréhension et, finalement, nous dévoiler tout le tableau (ou à peu près) : autrement dit, il fait une bonne narration avec une mauvaise.

Ford joue aussi sans cesse sur le désir du lecteur de se fier au narrateur. Nous voulons — ou désirons vouloir — croire ce qu'on nous raconte, et nous tombons comme des pantins dans chaque chausse-trappe creusée à notre intention. Même quand nous savons que nous ne pouvons pas nous fier à Dowell, nous continuons à le croire, à nos dépens. (Cette confiance devant un récidivisme narratif a sa contrepartie dans le roman, dans la confiance de Leonora devant le récidivisme sexuel d'Ashburnham.) Bien sûr, c'est notre « faute » en tant que lecteurs : les signaux d'alerte sont assez visibles. « Ma femme et moi connaissons le Capitaine et Mrs Ashburnham aussi bien qu'il est possible de connaître quelqu'un, et pourtant, dans un autre sens, nous ne savons rien du tout sur eux. » « Cette dernière remarque était-elle celle d'une catin, ou est-ce ce que toute femme honnête [...] pense au fond de son cœur ? » « Tout ceci est-il une digression, ou n'en est-ce pas une ? » De telles phrases, dans les premières pages, sont plus que des signaux attirant l'attention sur la franche indécision de Dowell. Elles établissent le rythme en zigzag du livre entier ; la pulsation, le paradoxe et le dualisme de l'histoire.

Écouter Dowell, c'est un peu comme entendre un hystérique affirmer que tout est normal et qu'il va lui-même à merveille, merci bien. Il avance, recule, va de côté, change d'époques et de temps verbaux. Il peut même employer un temps « impossible », commençant une phrase ainsi : « Supposé que vous nous découvriez assis ensemble... » — comme si c'était encore possible. Il a pourtant déjà expliqué que deux membres du quatuor central sont morts ; et, comme s'il s'en rendait soudain compte lui-même, il ajuste le reste de la phrase au moyen d'un temps « possible », le conditionnel passé : « .. vous auriez dit que, les affaires humaines étant ce qu'elles sont, nous formions un bastion extraordinairement solide ». Souvent, une phrase apparemment ordinaire en vient à se contredire elle-même ; il y a des phrases commençant par « Et » qui semblent continuer la phrase précédente, mais qui en fait la démentent ; il y a de faux enchaînements et des joints grammaticaux qui fuient.

Ainsi le flottement de la prose nous renvoie-t-il directement aux grands « ou/ou » de l'histoire : Ashburnham, bon soldat ou vil pillard ; Leonora, martyre conjugale ou destructrice vengeresse ; le narrateur, sujet à la méprise sincère ou à la dérobade complice, craintif loir domestique ou nourrissant un sentiment homoérotique refoulé pour Edward Ashburnham ; et ainsi de suite. Il y a le flottement plus général entre l'apparence sociale et les désirs intimes ; entre les attentes et la réalité affectives ; entre le côté protestant et le côté catholique (ce dernier aspect semble assez négligé : c'est comme si l'élément catholique était surtout introduit pour montrer des femmes d'une exceptionnelle innocence et loyauté conjugale — et augmenter ainsi l'enjeu lorsqu'elles sont confrontées aux complexités et aux ruses du sexe). Au-delà, il y a le flottement de la personnalité entre le conscient et l'inconscient. Et au-delà de tout ça, la perception du fait que la réponse à « ou/ou » peut ne pas être l'un ou l'autre — Ashburnham est-il un grand sentimental, comme Dowell ne cesse, de façon exaspérante, de l'affirmer, ou un impitoyable prédateur sexuel ? —, mais les deux. À la fin du roman, Nancy Rufford émerge brièvement de sa démence pour prononcer le mot *shuttlecocks* [volants de badminton], ce que nous comprenons comme étant un bref souvenir lucide de la manière dont elle a été traitée par les Ashburnham. C'est aussi la façon dont le lecteur a été traité, envoyé dans les airs entre deux coups de raquette adverses.

Le chef-d'œuvre de Ford est un roman qui demande constamment comment raconter une histoire, qui feint d'échouer à cet égard tout en réussissant magnifiquement. Il met aussi ouvertement en doute ce qu'on estime aisément être un *caractère moral*.

« Car qui en ce monde peut attribuer à quiconque un caractère moral ? » demande à un moment Dowell au sujet d'Ashburnham (typiquement, il y a un grincement de parquet ici aussi, puisque cela peut évoquer une description morale, mais aussi une approbation sociale). La réponse de Dowell à sa propre question est : « Je ne veux pas dire qu'on ne peut obtenir une estimation moyenne de la façon dont une personne se comportera. Mais on ne peut être certain de la façon dont un homme se comportera dans chaque cas — et, jusqu'à ce qu'on le puisse, un "caractère moral" n'est d'aucune utilité pour personne. » Ford a affiné plus tard cette idée dans son roman *Le Nouveau Humpty-Dumpty*, où elle sort de la bouche du duc de Kintyre : « Tout homme, dit-il lentement, peut être toute sorte d'homme, à un moment ou un autre, vous savez. » L'approche de Ford est de parvenir au caractère moral — et, plus largement, à la vérité — non seulement d'une manière indirecte ou contradictoire, mais souvent aussi par la voie de l'ignorance.

Voici quelques années, alors que j'écrivais sur Ford, j'ai rencontré un de nos romanciers les plus connus, dont l'emploi de la manière indirecte et du narrateur maladroit me semblait dériver absolument de Ford. Je lui ai dit cela (avec un peu plus de tact que je l'ai fait ici), et je lui ai demandé s'il avait lu Ford. Oui, en effet, il l'avait lu. Verrait-il un inconvénient à ce que je mentionne ce fait dans ma chronique ? Il a hésité (en fait, pendant deux ou trois jours) avant de répondre : « S'il vous plaît, faites comme si je n'avais pas lu *Le Bon Soldat*. Je préférerais ainsi. »

Plus récemment, je parlais avec mon ami Ian McEwan, qui me disait qu'il avait séjourné, il y a quelques années, dans une maison pourvue d'une riche bibliothèque. Il y avait trouvé un exemplaire du *Bon Soldat*, qu'il avait lu et profondément admiré.

Quelque temps plus tard, il a écrit *Sur la plage de Chesil*, ce brillant court roman dans lequel la passion et un certain puritanisme anglais et des malentendus mènent à un désastre émotionnel. Ce n'est qu'après avoir publié ce livre qu'il s'est rendu compte qu'il avait inconsciemment donné à ses deux personnages principaux les mêmes prénoms — Edward et Florence — que ceux d'Ashburnham et de la femme de Dowell. Il me permet volontiers de le révéler ici.

Ainsi la présence et l'influence souterraine de Ford continuent d'être ressenties. Je ne sais pas si cela aide ou non de dire d'un roman qu'il est « sous-estimé ». Il serait peut-être plus bénéfique d'admettre et d'affirmer simplement la valeur de Ford. Il n'est pas tant un « écrivain pour écrivains » (ce qui peut suggérer un certain hermétisme) qu'un véritable écrivain pour lecteurs. *Le Bon Soldat* a besoin du Bon lecteur.

FORD ET LA PROVENCE

La plupart des francophiles, outre leur attachement général à la culture et aux coutumes françaises, ont une affection particulière pour telle région ou telle ville : pour les paysagistes, cela peut être la Bourgogne, pour les amateurs de monuments, le Val de Loire, pour les solitaires et les randonneurs, le Massif central… Ceux qui veulent que leur soit rappelée une certaine Angleterre préfèrent la Dordogne, où ils trouvent facilement leur *Daily Mail.* Beaucoup choisissent simplement Paris, qui peut paraître tout résumer, et où — à la différence de Londres — la plupart des gens sont encore aussi attachés à une région d'origine qu'à la capitale. Ford Madox Ford a vécu à Paris, par intermittence, dans les années 1920 : éditant la *Transatlantic Review*, vivant avec la femme peintre australienne Stella Bowen, ce fut aussi là qu'il eut sa liaison avec la romancière Jean Rhys, connut Ezra Pound et Joyce et Hemingway et Fitzgerald, et eut le jeune Basil Bunting comme garçon de bureau. Il y goûta une riche vie littéraire et sociale dans la bohème (en grande partie non française) de Montparnasse. (Il prit un jour l'ascenseur avec Jean Rhys et James Joyce ; malgré sa mauvaise vue, Joyce remarqua que la robe de Rhys était dégrafée dans le dos, et y remédia.) Et pourtant, F. M. Ford, qui a écrit un livre intitulé *New York n'est pas l'Amérique*, savait bien aussi que Paris n'est pas la France. Pour lui, la vraie France était une région que la « France officielle » — celle du Nord, bureaucratique et centralisatrice — avait depuis longtemps conquise et tenté de briser, y compris dans sa langue : la Provence.

Son amour passionné de cette région lui venait de son père, Francis Hueffer, critique musical du *Times*, qui publia un livre sur les troubadours, et écrivit de la poésie provençale. Hueffer connaissait Frédéric Mistral (1830-1914), le poète au cœur du renouveau de la langue d'oc, qui avait créé en 1854, avec six confrères, le Félibrige, et une académie pour codifier la langue (le résultat étant le grand dictionnaire connu sous le nom de *Trésor du Félibrige*). D'après Ford, son père jouait aux échecs avec Mistral, et était admis dans le Félibrige. D'après Ford, les deux seules choses que son père lui avait enseignées étaient « un tout petit peu de provençal » et les rudiments du jeu d'échecs. Les mots « d'après Ford » doivent accompagner tacitement une bonne partie de ses écrits autobiographiques (et il y en a huit volumes), puisqu'il avait un grand mépris pour les faits et une foi compensatrice en « l'absolue vérité » des impressions. Ses affabulations devinrent peut-être toujours plus extravagantes avec le temps. D'après lui, le grand chef Escoffier lui dit un jour : « Je pourrais en apprendre avec vous », et Henry James vint une autre fois, les larmes aux yeux, lui demander son aide pour une intrigue de roman. Dans *A Mirror to France* (1926), Ford prétend qu'il avait assisté au second procès de Dreyfus à Rennes en 1899, et que c'était « dans les lumières et les ombres mouvantes de ce tribunal » qu'il avait « commencé à pressentir la profonde division qui allait naître entre les écoles opposées de pensée française ». En réalité, il était occupé à l'époque, sur la côte du Kent, à collaborer avec Conrad (et il est bien peu vraisemblable qu'un tribunal militaire français l'eût autorisé à être présent). Devant les innombrables inventions de Ford, son biographe Max Saunders conclut à juste titre qu'il serait préférable de « moins demander si ce qu'il dit est *vrai*, et plus ce que cela signifie ».

On peut cependant accorder à l'amour de Ford pour la Provence le statut à la fois de fait majeur et d'impression plus que durable. Stella Bowen et lui partaient vers le Sud par le train de nuit, de la gare de Lyon. Les gens huppés (y compris Florence Dowell dans *Le Bon Soldat*) prenaient le fameux Train bleu — compagnie privée, première classe seulement —, dont les passagers pouvaient dîner auparavant dans le restaurant du même nom, qui dominait les quais et les voies et qui fut pendant longtemps la plus *chic* brasserie de gare au monde. Ford et Bowen, eux, voyageaient en deuxième classe, dans le plus humble train de 21 h 40. À présent, le TGV vous emmènera à Avignon en un peu plus de deux heures et demie ; en ce temps-là, on y arrivait après un trajet de dix heures et demie, vers huit heures du matin, en voyant par la fenêtre le « Rhône pressé et boueux » et les premières lueurs du jour… Mais il y a des avantages à voyager lentement, à voir changer le paysage, s'endormir et puis se réveiller, comme dit Bowen, « parmi les oliviers pâles et les cyprès sombres, les rochers gris et les maisons au toit plat, qui, malgré leur pauvreté et leur austérité, semblent renfermer la promesse d'une vie plus douce entre leurs vieux murs secs ».

« Où commençait au juste la Provence » relevait aussi, chez Ford, d'un fait très variable : parfois il disait que c'était à Lyon, d'autres fois à Valence ou à Montélimar ; cela dépendait peut-être du moment où une secousse du train le réveillait. La forme générale en était toujours un triangle, avec le Rhône descendant au milieu : un triangle pointu, telle une petite tranche de Brie, si la Provence commençait à Lyon, plus large et équilatéral si elle commençait plus bas. Le Rhône séparait aussi ce que Ford jugeait être la « vraie Provence » à l'est — où se trouvent les trois villes en A : Arles, Avignon et Aix, plus la préférée de Ford, Tarascon — de « cette sorte de quasi-Provence qui contient Montpellier, Béziers, Carcassonne et Perpignan » de l'autre côté. Cela reflète la vieille division entre l'Empire à l'est et le Royaume à l'ouest. Ainsi, d'après Ford, le plus célèbre auteur méridional du XIXe siècle, Alphonse Daudet, « n'était pas un vrai Provençal », puisqu'il venait de Nîmes, qui « malgré tous ses attraits » — la Maison carrée, les courses de taureaux, et « un restaurant mémorable » — « n'est pas la vraie Provence ».

Ford et Bowen furent d'abord invités à séjourner dans la petite villa « magique » et en même temps « très ordinaire » de Harold Monro, le fondateur de la Poetry Bookshop de Londres, pendant l'hiver 1922-1923. Ensuite ils essayèrent Tarascon, d'où il écrivit : « La vie est si relativement bon marché en France que je ne serais pas étonné qu'on s'y installe pour de bon. De plus, les Français font grand cas de moi — ce qui, à mon âge, est stimulant. » Après une brève incursion dans la plus sauvage Ardèche, le peintre cubiste Juan Gris et sa femme Josette suggérèrent Toulon, alors comme maintenant un port militaire, et donc bon marché. Bowen et Ford se ressemblaient, selon Stella elle-même, en ce que chacun d'eux était « un nomade aux instincts domestiques rêvant toujours d'avoir une maison, un jardin et une vue ». S'ils trouvèrent cela quelque part, ce fut au Cap Brun près de Toulon, où ils passèrent deux hivers, et où Ford retourna avec celle qui succéda à Stella Bowen après leur séparation. Dans ses Mémoires admirablement sensés, généreux et d'une fiabilité bien peu fordienne, *Drawn From Life*, Bowen analyse le charme exercé sur eux par la Provence :

> Cela a quelque chose à voir avec la lumière, je suppose, et l'espace et le dépouillement et la frugalité de la vie dans le Midi qui induisent une simplicité de pensée, et une sorte de réduction à l'essentiel, quel que soit ce dont il s'agit. La lumière du soleil que réfléchissent les carreaux rouges du sol sur les murs blanchis à la chaux, les volets clos et les fenêtres ouvertes, et un air si doux qu'on vit autant à l'extérieur qu'à l'intérieur, évoquent une expérience si délicieusement simple qu'on s'étonne que la vie ait jamais paru être l'affolant et absurde chaos qu'on l'avait crue être. L'esprit se détend, les pensées se déploient et se forment, les peurs disparaissent ; et, si les passions deviennent plus vives, elles perdent aussi leur pouvoir de mortelle strangulation. La raison l'emporte. Et l'on est délivré de la nécessité de posséder des choses ; point n'est besoin d'avoir un grand confort ; un pot de fleurs, une étoffe sur le mur, et votre pièce est meublée. Vos vrais biens sont la lumière et la chaleur fournies par la nature, et vos ornements sont les orangers dehors.

La vie était bon marché, et d'autant plus que Ford était un jardinier enthousiaste. Il prétendait avoir étudié avec le grand professeur Gressent à Paris, ce qui est fort improbable — quoiqu'il l'eût au moins lu, apprenant que « trois sarclages valent deux épandages ». Mais il combinait la science et la superstition, ne plantant jamais un vendredi ni un 13, mais toujours un 9, un 18 ou un 27, et ne semant que quand la lune croissait. Il cultivait ces plantes potagères méditerranéennes — aubergines, ail, poivrons — qu'Elizabeth David fit connaître plus tard aux Britanniques. Stella Bowen atteste des compétences culinaires de Ford, même s'il mettait la cuisine « sens dessus dessous ». Il prit aussi goût au vin local. Le délicat Juan Gris disait : « Il absorbe une quantité effrayante d'alcool. Je ne croyais pas qu'on puisse boire autant. » (Ford, qui était un grand prescripteur de loi, affirma à James Joyce dans une lettre que « la première responsabilité d'un vin est d'être rouge ».) Bowen, de son côté, découvrit une boutique à Toulon où on ne vendait que différentes sortes d'huile d'olive qu'on pouvait goûter, grâce à une rangée de robinets, sur un morceau de pain — cela à une époque où les Britanniques se versaient la chose, non dans le gosier, mais dans les oreilles pour se les nettoyer. Et Ford aimait la façon dont il était traité en France simplement parce qu'il était un écrivain. Stella évoque le plaisir qu'il éprouvait en recevant une lettre qui commençait par « *Cher et illustre Maître** ». D'après Ford, lorsqu'ils emménagèrent dans leur maison à Toulon, leur propriétaire, un quartier-maître à la retraite, fut si ravi d'avoir un poète pour locataire qu'il parcourut « cent cinquante miles » en voiture pour lui rapporter un pied d'asphodèle — parce que les asphodèles poussaient jadis dans les champs Élyséens, et que chaque poète devait avoir « cette plante fabuleuse » dans son jardin. Si seulement Ford n'avait pas précisé « cent cinquante miles », nous pourrions être plus enclins à le croire.

« Il n'y a en ce monde que deux paradis terrestres, la Provence [...] et la salle de lecture du British Museum. » La Provence n'était pas seulement elle-même, c'était aussi l'absence du Nord, où s'accumulaient la plupart des vices humains. Le Nord c'était l'agressivité, le gothique, les « folles cruautés sadiques du Moyen Âge nordique » et les « tortures septentrionales de l'ennui et de l'indigestion ». Ford croyait beaucoup aux vertus d'une bonne alimentation, et digestion, pour réguler le comportement humain (Conrad était d'accord, soutenant que la « nourriture mal cuite » des Indiens d'Amérique provoquait une « intense dyspepsie » à l'origine de leur « déraisonnable violence »). Sud : bon, Nord : mauvais ; Ford était convaincu que nul ne pouvait être « complètement sain de corps et d'esprit » sans « une quantité raisonnable d'ail » dans son alimentation, et il était également obsédé par les effets nocifs de ce fléau du Nord, le chou de Bruxelles. La Provence était un lieu de bonnes pensées et d'actions morales, « car la pomme n'y vient pas bien et le chou de Bruxelles n'y pousse pas du tout ». Dans le Nord on mangeait aussi trop de viande, une cause non seulement d'indigestion, mais de démence : « Tout aliéniste vous dira que la première chose qu'il fait avec un fou homicide après l'avoir reçu dans un asile, c'est purger énergiquement son système digestif de la viande de bœuf et des choux de Bruxelles qui s'y trouvent. » Une autre des théories gentiment loufoques de Ford concernait le pamplemousse. Les traducteurs de la Bible s'étaient trompés en écrivant qu'Ève avait été tentée par une pomme : il s'agissait en fait de ce qu'on appelle à présent un pomelo, donc une sorte de pamplemousse. Or celui-ci pousse en abondance en Provence, mais il est dédaigné par les habitants, qui peuvent en mettre parfois un zeste dans leurs plats cuisinés, mais jettent couramment le fruit aux cochons. Puisque les Provençaux n'ont jamais consommé de pamplemousses, ils n'ont jamais connu la Chute, et donc ils vivent au paradis, CQFD.

Mais la Provence, c'était bien plus aux yeux de Ford qu'une vie facile et une nourriture saine ; sous ses plaisirs de surface, il y avait toute une structure mythique et historique. La Provence était le lieu où la grande route commerciale, après avoir, depuis la Chine, traversé l'Asie et l'Asie Mineure, jusqu'à Venise et Gênes, et longé la côte méditerranéenne, bifurquait finalement vers le nord à Marseille. Alors elle « remontait le Rhône, par Beaucaire, vers Lyon, et continuait jusqu'à Paris ; puis descendait la Seine vers Rouen et la Manche, qu'elle traversait à l'endroit le plus étroit avant de longer la côte sud de l'Angleterre… jusqu'aux îles Scilly [les Sorlingues] où elle finissait brusquement ». Elle apportait un flot de civilisation — ou, du moins, les « marchandises de vitrine » de la civilisation — et, pour Ford, la Provence était « la seule région, sur la Grande Route commerciale, habitable pour un homme digne de ce nom ». Parmi toutes ses villes et localités, c'était Tarascon qu'il aimait « le plus au monde » ; c'était là que le bon roi René jadis eut sa cour, et là que, d'après Ford, le chant des rossignols vous empêchait de dormir. Le roi René eut aussi sa cour à Aix-en-Provence, mais Ford n'aimait pas cette ville, « bien que Cézanne y soit né, dit-il, et que ce soit la plus grave et majestueuse cité du XVIIIe siècle qu'on puisse voir ». Le problème était qu'à Aix siégeait le Parlement, par l'intermédiaire duquel régnèrent des rois de France successifs : l'institution qui « imposa à la Provence le joug pesant d'une armée de fonctionnaires qui n'a cessé, depuis, de saigner à blanc et d'accabler non seulement la Provence elle-même, mais tout le pays des Lys ».

En quoi la civilisation, telle que l'incarne la Provence, consiste-t-elle ? Dans *A Mirror to France*, Ford donna sa réponse :

> Générosité chevaleresque, frugalité, pensée pure et arts sont les premières choses requises pour une Civilisation — et les seules choses requises ; et les traces de générosité chevaleresque, de frugalité, de pensée pure et d'arts que pouvait présenter notre civilisation européenne d'avant-guerre nous venaient de cette région méditerranéenne du sud de la France où prospérèrent les comtes de Toulouse, la tradition du roman de chevalerie, Bertran de Born, les Cours d'amour, les oliviers dans le mistral, et la seule hérésie vraiment aimable que je connaisse.

La période en question va, en gros, du XIIe au XVe siècle. L'« aimable » hérésie était le catharisme des albigeois, dont la piété et la vertu (et la doctrine manichéenne) causèrent malgré eux la perte et la destruction lors d'une croisade papale menée avec une immense cruauté par l'Anglais Simon de Montfort en 1209-1213. Les troubadours — dont Bertran de Born (vers 1140-

1215) fut l'un des plus célèbres — et leurs Cours d'amour perdurèrent jusqu'à la fin du XIIIe siècle, mais leur influence fut fortement réduite quand l'Occitanie à l'ouest du Rhône fut cédée à Louis IX en 1229. Avignon prospéra entre 1309 et 1408 en tant que siège de la papauté — sept papes et deux antipapes —, puis le bon roi René (1408-1480) présida à l'ultime efflorescence de la culture provençale, après quoi la région à l'est du Rhône fut à son tour cédée au roi de France. Toute cette période en vint plus tard à symboliser une sorte de Joyeuse France — tournois, chevalerie et amour courtois, avec de sages dirigeants veillant à la paix et à la félicité humaine. D'après Ford, la première page de littérature française qu'il lut écolier fut une description euphorique, par Daudet, de la vie à Avignon au temps des papes : les processions, les pèlerinages, les rues jonchées de fleurs, le bruit des cloches à toute heure, « le tic-tac des métiers à dentelles, le va-et-vient des navettes tissant l'or des chasubles, les petits marteaux des ciseleurs de burettes » et « toujours quelques tambourins qu'on entendait ronfler, là-bas, du côté du pont ». Daudet ajoutait :

> Car chez nous, quand le peuple est content, il faut qu'il danse, il faut qu'il danse ; et comme en ce temps-là les rues de la ville étaient trop étroites pour la farandole, fifres et tambourins se postaient sur le pont d'Avignon, au vent frais du Rhône, et jour et nuit l'on y dansait, l'on y dansait… Ah ! l'heureux temps ! l'heureuse ville ! Des hallebardes qui ne coupaient pas ; des prisons d'État où l'on mettait le vin à rafraîchir. Jamais de disette ; jamais de guerre… Voilà comment les Papes du Comtat savaient gouverner leur peuple ; voilà pourquoi leur peuple les a tant regrettés !

Ford est plus personnel et nuancé que Daudet dans son appréciation du Sud. La Provence n'était pas seulement un paradis perdu ; malgré la conquête, elle était tenace et gagnait en douce du terrain. L'éradication de la langue avait été décrétée sous Louis XI, François Ier et Louis XIV, mais le provençal continuait d'être parlé malgré tout, et attendait de redevenir une langue à part entière grâce au Félibrige. Et la France avait beau être « le premier produit de masse parmi les nations modernes », la Provence, quoique écrasée et absorbée, eut la revanche des vaincus : elle infiltra la culture dominante. Les vertus et les valeurs de la Provence se propagèrent par ce qui subsistait de la grande route commerciale, si bien que tout le pays fut civilisé au point qu'il se soumit à cette absorption à l'envers. Et la Provence n'était pas seulement une région, mais aussi un état d'esprit — indulgent, fantasque, crédule — qui gagna ces âpres et pragmatiques maîtres du Nord.

Ford évoque l'histoire et ses voyages d'une manière vivante, souvent tendancieuse, et toujours personnelle. Sa nostalgie devient manifestement centrée sur lui-même, par exemple, lorsqu'il songe au prestige et aux gratifications des troubadours. Il était quant à lui perpétuellement sans le sou : en 1907, il établit ce qui doit être une sorte de record en publiant six livres tout en demandant une aide financière du Royal Literary Fund. Comme c'était différent au XIIe siècle :

> Le troubadour semble occuper la position de la star de Hollywood — mais d'une star qui ne serait pas seulement l'interprète, mais aussi l'auteur-compositeur extraordinairement talentueux de l'œuvre. [...] En tant qu'auteur et interprète, Peire Vidal était l'égal des plus grands et la terreur des maris nobles, bien qu'il ne fût que le fils de petits commerçants.

C'était, pour Ford, une caractéristique essentielle de l'art des troubadours : il était « foncièrement démocratique et aristocratique ». Par quoi il voulait dire que les troubadours pouvaient être d'humble origine, et adresser néanmoins leurs chansons à des femmes de l'aristocratie. Mais il voulait aussi dire que c'est ainsi que devraient être tous les arts : « démocratiques » dans la mesure où chacun peut les pratiquer, et les goûter ; mais le processus est « aristocratique » en ce qu'il exige de rares compétences, et est particulièrement ardu.

Ford se décrivait comme un « Tory sentimental » qui aimait « la pompe et les bannières, les droits divins, les cérémonies et la solennité déraisonnables ». Il se présente comme une sorte d'officier et gentleman anglais plutôt démodé. Son grand-père « avait soutenu que, bien qu'on doive savoir correctement le français, on doit le parler avec un accent anglais prononcé pour montrer qu'on est un gentleman anglais », ce que lui, Ford, fait aussi. (Mais, étant ce qu'il est, il y a une explication contradictoire, fournie par Stella Bowen : son français avait des inflexions anglaises parce qu'il ne bougeait jamais assez les lèvres.) L'honorable homme chevaleresque s'efforçant de faire de son mieux dans un monde moderne qui ne reconnaît pas ses vertus est une figure récurrente dans l'œuvre de Ford. Et il y a, dans *Le Bon Soldat*, un élément chevaleresque sous-jacent mais discrètement insistant. Les deux couples au cœur de cette histoire de passion destructrice se rencontrent dans le restaurant d'hôtel d'une station thermale allemande. Ils trouvent une table à leur convenance ; elle est ronde ; Florence Dowell commente : « Et ainsi la Table Ronde est formée » — citant Malory[1]. Son mari et elle ont visité la Provence, « où même les plus tristes histoires sont gaies » ; et Dowell, le narrateur, à un moment raconte, à sa manière ennuyeuse et balourde, l'histoire de Peire Vidal. Le bon soldat du

1. Sir Thomas Malory, l'écrivain du XVe siècle qui a traduit une partie des légendes du roi Arthur.

titre, Edward Ashburnham, est présenté comme un pur gentleman anglais engagé dans une perpétuelle quête « féodale » de la bonne action ; sa pupille, Nancy Rufford, qui est amoureuse de lui, l'associe explicitement à trois figures chevaleresques de différentes cultures — Lohengrin, le chevalier Bayard et le Cid. Dowell, qui est amoureux de Nancy, s'en explique à travers la célèbre phrase « romantique » du roman : « Je voulais l'épouser comme certaines personnes veulent aller à Carcassonne. » Et, à la fin du livre, après le grand « choc » émotionnel, Dowell retourne en Provence : « J'ai de nouveau aperçu, d'un train rapide, Beaucaire et sa belle tour blanche, Tarascon et son château carré, le grand Rhône, l'immense plaine de la Crau. J'ai traversé toute la Provence — et la Provence n'a plus d'importance. »

Elle n'a plus d'importance parce que toutes ses nobles vérités se sont révélées illusoires. Sans doute Ford aimait-il la Provence et sa mythologie dorée, mais c'était aussi un romancier moderne, guidé par la véridicité émotionnelle d'un Flaubert et d'un Maupassant. Il savait que les « plus tristes histoires » sont de nos jours rarement gaies, mais seulement très tristes, sinon d'une violence meurtrière ; et que tout vestige de gaieté vient probablement de quelque malentendu ou illusion. Il savait aussi que le cœur humain est « défectueux ». Malgré sa façon convaincante de se présenter comme un vieux gentleman défraîchi — E. M. Forster l'a dédaigneusement qualifié d'« homme de lettres vermoulu » et Paul Nash de « Silène en vêtements de tweed » —, Ford comprenait le monde moderne et la nouvelle réalité qui s'opposait aux mythes subsistants du passé. Après tout, en 1913, deux ans avant que *The Good Soldier* ne fût publié, il avait visité la cité emblématique de Carcassonne, envers laquelle Dowell et d'autres éprouvent un si romantique élan. Et qu'y avait-il trouvé ? Neige et rage.

La Provence de Ford était un monde perdu idéal, un berceau de civilisation et un point de référence dans ses romans. Mais la région contenait plus que le passé et le présent ; elle suggérait aussi un possible avenir. Dans *Provence* (1935), Ford, à un moment, demande à être considéré non comme un moraliste ou un historien, mais « simplement comme un prophète ». La civilisation « va en chancelant vers sa fin », et il veut montrer « ce qu'il lui arrivera si elle ne prend pas la Provence du XIIIe siècle pour modèle ». Ford avait servi comme officier du train pendant la Première Guerre mondiale, où il fut gazé ; et il passa ses vingt dernières années (avant sa mort en 1939) à regarder se défier de sinistre façon les nations et les idéologies à travers l'Europe. Il abhorrait le nationalisme inepte, la violence, la standardisation transnationale, la mécanisation et la plupart des faits et gestes des financiers. Il était aussi un écrivain, et donc un citoyen non de tel ou tel pays, mais du monde ; et il se demandait comment ce monde pourrait survivre au grand choc qui arrivait, et éviter d'autres chocs. Comment la bête en l'homme pourrait-elle être domptée ? Pas en formant de plus vastes collectivités, en adhérant à des idéologies encore plus globales, en exterminant les langues et les individualismes... Peut-être, pensait-il, devrions-nous revenir à une échelle plus locale, vivre dans de plus petites communautés, apprendre à éviter les clameurs hystériques des bandes et des foules. C'était le genre d'existence qu'il imaginait — et avait trouvé — en Provence. Dans *The Great Trade Route* (1937), il écrivit :

> Je vis en Provence, mais je ne peux pas devenir un Provençal parce que, les choses étant ce qu'elles sont, ce serait devenir français, et je ne veux pas devenir français pour des raisons qu'il serait trop long d'exposer... Non, je veux appartenir à une nation de petits

> producteurs, ayant quelque sentiment local, mais pas du tout national. Un pays sans frontières, ni armées, ni douanes, ni gouvernement. Qui ne voudrait jamais que je tue quelqu'un par sentiment de groupe. Quelque chose comme être un Provençal. Je pourrais avoir envie d'insulter quelqu'un du Gard s'il disait qu'il peut produire de meilleures courges que nous dans le Var. Mais ce serait le plus loin qu'irait même un sentiment local.

Le vieux conseil de cultiver son jardin a toujours été moral autant que pratique ; et ce n'était pas un conseil de quiétisme. Alors que les humains pillent imprudemment les ressources de la planète, que les folies de la mondialisation deviennent plus apparentes, et que nous allons vers ce qui pourrait bien être le plus grand choc de tous, la sagesse et le mode de vie que Ford Madox Ford — le bon soldat de la littérature — a trouvés en Provence sont peut-être encore plus dignes d'attention.

LE « SAINT ANGLICAN » DE FORD

En 1927 Ford Madox Ford se compara à un Grand Pingouin, ce gros oiseau lourdaud de l'Arctique chassé jusqu'à l'extinction de l'espèce vers le milieu du XIXe siècle. C'était à l'occasion de la réédition de son premier chef-d'œuvre *Le Bon Soldat* (1915) — son « œuf de Grand Pingouin » — qu'il avait publié à l'âge de quarante et un ans. Même à l'époque, affirmait-il, il avait eu le sentiment d'être un « volcan éteint », qui avait eu son temps et n'était que trop disposé à céder la place aux « tonitruants jeunes écrivains » de la génération montante. Mais ces nouvelles voix — imagistes, vorticistes, cubistes — avaient été emportées par la Grande Guerre, et lui, somme toute, était encore là. Et donc, à sa propre surprise, il était « ressorti de son trou » pour écrire d'autres livres… Une telle attitude de valétudinaire las et distingué était typique de Ford. Lorsqu'il mourut, Graham Greene écrivit que cela faisait l'effet d'être « la mort obscure d'un vétéran — un vétéran invraisemblablement napoléonien, disons, dont l'immense mémoire couvrait toute la période allant de Iéna à Sedan ».

Cependant, c'était et c'est toujours une erreur de se fier à la façon dont Ford se présentait lui-même. Il avait l'air désorienté et était souvent déroutant ; il disait une chose et voulait probablement en dire une autre, pour affirmer le contraire peu après ; il était fantasque, bien peu fiable et exaspérant. Certains le tenaient tout simplement pour un menteur, même si, comme Ezra Pound le fit charitablement remarquer à Hemingway, « Ford ne mentait que quand il était très fatigué ». Et donc en 1927, malgré cet air qu'il avait de se mettre lui-même sur la touche, il en était aux trois quarts de ce qui allait devenir son second chef-d'œuvre : la tétralogie de *Parade's End* (1924-28). Un roman qui ne pourrait être plus éloigné de l'œuvre d'un vieux fossile : en termes de technique littéraire et de psychologie humaine, il est aussi moderne et moderniste qu'on peut l'être. Et maintenant que le temps a passé, c'est Ford qui fait paraître Greene démodé, plutôt que l'inverse.

Le protagoniste du *Good Soldier*, Edward Ashburnham, était une version du chevalier médiéval. Le protagoniste de *Parade's End*, Christopher Tietjens, est une version du « saint anglican ». L'un et l'autre sont des Grands Pingouins qui tentent de survivre dans un monde de modernité et de confusion. Tietjens — un homme du North Yorkshire dont les ancêtres sont venus avec « Guillaume le Hollandais » — pense que le XVIIe siècle fut « la seule époque satisfaisante en Angleterre ». C'est un « Tory d'une espèce disparue » qui « n'a pas d'idées politiques qui n'aient pas elles-mêmes disparu au XVIIIe siècle ». Il ne lit pas d'autre poésie que celle de Byron, estime que Gilbert White of Selborne fut « le dernier auteur anglais qui savait écrire », et n'approuve qu'un roman écrit depuis le XVIIIe siècle (non pas que nous puissions le lire, puisque c'est l'œuvre d'un personnage de *Parade's End*). Ashburnham et Tietjens ont en commun un certain « féodalisme romantique » — une nostalgie d'un temps caractérisé par des droits et des devoirs et un ordre supposé. Mais Ashburnham est mieux adapté au monde moderne, étant — sous son vernis chevaleresque — un libertin retors et pas remarquablement brillant. Tietjens, par contraste, déclare : « Je suis pour la monogamie et la chasteté. Et pour ne pas en parler. » Il est, en outre, très intelligent, et doté d'une mémoire encyclopédique — « l'homme le plus brillant d'Angleterre », comme on nous l'assure plus d'une fois dans le premier tome, *Some Do Not*. Cela peut être un avantage dans le Département impérial des Statistiques, où il manie des chiffres et des nombres au service de son pays ; mais ce n'est pas une si bonne chose dans le monde où il évolue.

Là, l'intelligence paraît suspecte, et la chasteté bizarre ; la vertu y est perçue comme un signe de suffisance, et la sainteté comme une provocation directe. C'est une grande audace, pour un romancier, d'entreprendre un long roman dont le personnage principal sera un homme que très peu d'autres personnages apprécient, sans même parler d'admiration. Tietjens est socialement maladroit et réticent jusqu'au mutisme pour ce qui est des émotions : lorsque, au début du livre, sa femme Sylvia, l'ayant quitté quatre mois auparavant, lui demande de la reprendre, il semble « n'avoir aucun sentiment sur la question ». Il est « totalement sans émotions dont il puisse avoir conscience », et il « n'avait pas dit plus de vingt mots au sujet de l'événement ». Plus tard, il est dit de lui qu'il a un « effrayant manque d'expression ». Les hommes lui piquent ses idées et son argent ; les femmes, dans l'ensemble, le trouvent rébarbatif — « ses regards et ses silences les inquiétaient ». Il est comparé tour à tour dans le roman à un cheval excédé, un bœuf, un animal enflé, un bison fou, un buffle solitaire, un taureau, un étalon furieux, un bouledogue mourant, un ours gris, un cochon de ferme, un pourceau et, finalement, un bouledogue accablé. Il est aussi comparé à un terrassier, un balayeur, une « raide poupée hollandaise » et un immense matelas de plumes. Il est « lourdaud, gauche », avec des

« mains énormes ». Sa femme l'imagine constamment fait de sacs de farine. Même Valentine Wannop, l'ombrageuse suffragette qui va finir par apporter à ce saint anglican une sorte de salut, le trouve d'abord « aussi fou qu'odieux », avec ses horribles yeux « protubérants comme ceux d'un homard » fixés sur elle ; et elle le prend pour un autre « stupide joueur de golf ». Pourtant, malgré toute son apparente balourdise, il y a toujours une chose à dire en faveur de Christopher Tietjens : il sait s'y prendre avec les chevaux.

Sa conception de l'amour et du sexe — dont on se douterait qu'elle n'est pas conventionnelle — est résumée à un moment ainsi : « Vous séduisiez une jeune femme afin de pouvoir terminer votre discussion avec elle. » Ce qui est l'exact opposé d'un point de vue masculin conventionnel selon lequel le « baratin », avec de la chance, mène au sexe, et ensuite on se demande de quoi parler. (L'opinion de Tietjens est une version moins engageante de ce que Ford lui-même pensait. Comme il l'a dit, un peu plus suavement, *in propria persona* : « On se marie pour continuer la conversation. ») Dans l'esprit de Tietjens, c'est la « conversation intime » qui mène à « la communion suprême des âmes… qui de fait [est] l'amour ». La sorte de femme qu'il faut à un tel saint anglican doit être « passionnée mais circonspecte ». Le second adjectif est fort peu approprié pour Sylvia, qui l'avait séduit, d'une manière très peu circonspecte, dans un compartiment de train.

Pour Graham Greene, Sylvia Tietjens est à coup sûr « le personnage le plus foncièrement malveillant du roman moderne ». Une épouse qui s'ennuie, volage et « à la page », unie à un mari omniscient, chaste et démodé : c'est un mariage infernal. Christopher est un mélange d'esprit chevaleresque et de masochisme (« si ça fait mal, c'est que je dois faire ce qu'il faut ») ;

Sylvia est un mixte de témérité et de sadisme (« si ça *lui* fait mal, c'est que je dois faire ce qu'il faut »). Christopher pense qu'un gentleman ne divorce pas, quelle que soit la façon dont sa femme se comporte ; mais, si elle veut divorcer, il l'accepte. Il considère aussi la vie avec Sylvia comme une « formidable discipline » pour l'âme — à peu près comme être dans la Légion étrangère le serait pour le corps. Sylvia, de son côté, ne peut pas divorcer de lui parce qu'elle est catholique. Et donc le couple est enchaîné sur une roue de feu... Et les tourments qu'elle conçoit pour son mari sont d'une extrême pertinence. À l'âge de treize ans (n'apprenons-nous que vers la fin du quatrième tome, *Last Post*), elle avait vaguement imaginé d'enfoncer les pattes d'un chaton dans des coquilles de noix — ce qui révèle une aptitude précoce au sadisme. Dans tout le roman, elle a recours à la rumeur subtile, au pur mensonge et à l'acte perfide pour infliger à son mari une série d'humiliations sociales, financières et psychologiques. Son dernier acte de malveillance est de faire abattre le « Grand Arbre de Groby » dans le domaine ancestral de Tietjens — « un coup plus cruel que les Tietjens n'en avaient subi en plusieurs générations ». Un jour, elle avait regardé un aigle pêcheur tournoyer au-dessus d'un vol de goélands, provoquant le chaos par sa seule présence ; elle s'en souvenait avec plaisir, y voyant une image d'elle-même. Pourtant, malgré toute son apparente méchanceté, il y a toujours une chose à dire en faveur de Sylvia Tietjens : elle sait s'y prendre avec les chevaux.

Pourquoi, pourrait-on demander, persécute-t-elle son mari ? Ou, plus précisément, pourquoi continuer, année après année, de le faire alors qu'elle a de nombreux admirateurs — des jeunes gandins aux vieux généraux — qui la flattent, recherchant son amour et désirant son corps ? Une partie de la réponse se trouve dans la « sainteté » même de Christopher : plus il évite de réagir et souffre sans se plaindre, plus cela la pousse à le torturer. Il tente aussi, d'une façon exaspérante, de voir les choses de son point de vue à elle. Mais quoi de plus horripilant, pour quelqu'un comme Sylvia, que d'être compris et pardonné ? Et donc, chaque fois, elle revient à la charge contre son grand sac-de-farine de mari. Elle le déteste — pour ses manières de gentleman et sa solennité, sa passivité, sa « pompeuse autosuffisance », son « esprit brillant » et l'« immoralité » des opinions qu'émet ce brillant esprit. Lorsque son confesseur, le père Consett, suggère que « *Tout savoir, c'est tout pardonner** », elle réplique que « tout savoir sur quelqu'un, c'est mourir d'ennui ! ». Le mariage ennuie Sylvia, mais plus encore l'adultère. « Tous les hommes sont répugnants », dit-elle à sa mère. Et, si « folle d'hommes » qu'elle paraisse, elle traite ses amants avec dédain : ils ne valent même pas d'être tourmentés comme il faut. « Se lier avec un homme, c'était comme lire un livre qu'on a oublié avoir déjà lu. Vous n'étiez pas depuis dix minutes dans une sorte ou une autre d'intimité avec lui que vous pensiez : Mais j'ai déjà lu tout ça ! »

Et cela aussi, dans un sens, est la faute de son mari. Leur relation ne se réduit pas à la question de la souffrance infligée et endurée. Cruciaux pour une compréhension de Sylvia sont ces rares moments où Ford, en profond psychologue, nous donne à penser qu'elle est davantage qu'un esprit vengeur foncièrement malveillant. Si exaspérant que puisse être Tietjens, si « immorales » que soient ses opinions, il est le seul homme vraiment mûr qu'elle ait connu, le seul dont la conversation puisse la retenir : « À côté de lui, les autres hommes ne semblaient tout simplement jamais avoir grandi. » Il l'a donc rendue incapable d'apprécier tout autre homme, et doit en être puni. Et d'autant plus qu'il est le seul aussi qui puisse encore l'émouvoir. Au milieu de la France, au milieu de la guerre, lorsqu'une vieille duchesse venimeuse semble sur le point de faire dérailler un projet de mariage, Tietjens, usant de son intelligence, de son sens pratique et de son « atroce » français démodé, parvient à l'en dissuader. Sylvia a observé la scène, et : « Ça lui brisait presque le cœur de voir à quel point Christopher faisait exactement ce qu'il fallait. » Deux tomes et demi plus tard, quand Tietjens vit avec Valentine Wannop et que Sylvia a presque épuisé le contenu de son sac de tourments, celle-ci imagine d'affronter la maîtresse de son mari : « Mais il pourrait entrer en rêvassant, et se figer soudain en une grande et gauche — oh, adorable ! — effigie de pierre. » Ce « oh, adorable » dit tout. Dans la mesure où Sylvia peut aimer, elle aime Tietjens ; et sa rage contre lui est un reflet de passion sexuelle. Elle le désire encore, veut encore « le tourmenter et le séduire » ; mais une des conditions du saint anglican pour son retour vers lui est qu'il ne couchera pas avec elle — un tourment en riposte.

Comme tout cela le suggère, le niveau émotionnel du roman est élevé, et souvent proche de l'hystérie. Il n'y a pas de personnage — sauf, peut-être, Marie-Léonie, la maîtresse (au pragmatisme bien français) du frère de Christopher, Mark — qui ne soit décrit à un moment ou un autre comme quelqu'un de fou, ou au bord de la folie. Un seul — le capitaine McKechnie — semble vraiment bon à enfermer, mais, pour la plupart, la « normalité » est une sorte de semi-folie nerveuse. On pourrait s'attendre, par exemple, à ce que Valentine Wannop, le contrepoids émotionnel de Sylvia, la vierge opposée à la femme adultère, qui a beaucoup en commun avec Tietjens — ils sont tous deux des latinistes « à l'intelligence pratique », tous deux « sans guère de romantisme en eux », tous deux férus de frugalité —, à ce qu'*elle* au moins ait un esprit sain dans son corps incontestablement sain. Mais même elle a constamment les nerfs à vif et l'esprit instable : sa tête

« semble contenir deux pelotes de ficelle séparément déroulées ». À un moment, elle aboie un ordre à ses propres pensées affolées : « Holà, la troupe ! » L'esprit en action est comme un régiment sous le feu, et sur le point de changer de position ; mais où va-t-il, et qui le conduit, et survivra-t-il ?

Dans les deux tomes du milieu, le roman se passe sur le front de l'Ouest. D'autres romanciers auraient pu opposer la folie de la guerre au doux réconfort de l'amour et du sexe. Ford est plus avisé et voit plus profondément. La guerre et la passion sexuelle ne sont pas contraires : elles trempent dans la même affaire, deux branches du même assaut en tenaille contre la santé mentale de l'individu. À quel point *Parade's End* est saturé de sexe n'est pas tout de suite évident — souvenirs de sexe, espoirs de sexe et rumeurs à son sujet. (Le roman est magistral sur le mécanisme du ragot, et la façon dont il devient pernicieusement incontrôlable. Dans le dernier tome, les rumeurs au sujet des frères Tietjens en sont arrivées au point où ils sont considérés comme des « libertins notoires », et où on dit que Mark meurt de syphilis. Le lecteur objectif peut compter le nombre de femmes avec lesquelles il semble que les deux frères aient couché au cours de leur vie : trois en tout.) Le vortex émotionnel et sexuel central est celui où se débattent Sylvia, Christopher et Valentine, mais les vies de moindres personnages, même ceux qui ne sont que des silhouettes à la périphérie de notre champ de vision, sont aussi constamment perturbées et distordues par le sexe. Il y a le soldat O'Nine Morgan, qui demande une permission parce que sa femme a une liaison avec un boxeur. Tietjens, ayant entendu dire que l'amant pugiliste tuera Morgan s'il retourne au Pays de Galles, refuse d'accorder la permission. Et donc, au lieu d'être rossé à mort, O'Nine est déchiqueté par un obus dans les tranchées ; le sexe a raison de lui de toute manière. Ailleurs, des femmes de sergents se mettent à fréquenter des Belges ; un cuisinier ruine sa carrière en s'absentant sans permission à cause de sa « sœur » ; un adjudant-chef veut être promu au grade d'officier parce que les « mauvais garçons » qui, au pays, « fricotent » avec sa fille dissipée seront plus prudents si elle est une fille d'officier ; tandis que le capitaine McKechnie se fait sans cesse octroyer des permissions pour divorcer — et puis, finalement, ne pas divorcer (« C'est ça le modernisme », grogne le général Campion). L'abrupte opinion de Sylvia sur la chose militaire est que « Vous alliez à la guerre quand vous désiriez violer d'innombrables femmes » ; elle considère la guerre comme un *agapemone* (un lieu où l'amour libre est pratiqué), et comme « un immense sabbat d'appétits, de luxure, d'ébriétés ».

Mais personne dans le roman n'appréhende correctement le sexe et la passion sexuelle. Le sexe est presque toujours funeste et désastreux — au point que la relation pragmatique entre Mark et Marie-Léonie ne semble à peu près normale que jusqu'à ce qu'on songe au fait que, pendant les treize années où elle a été sa maîtresse, elle n'a jamais su « quels étaient sa fonction professionnelle, son adresse personnelle, ou même son nom de famille ». Vers la fin du roman, il y a un rôle de figurant pour le fils de Christopher et de Sylvia. Ce n'est qu'un jeune garçon, même s'il commence à ressentir l'attrait de filles plus âgées ; mais il est lui-même assez âgé pour avoir vu sa mère à l'œuvre avec divers hommes. Et quelle est la conclusion de cet ingénu sur la question ? « Mais le sexe n'est-il pas une chose terrible. » Et cela ne vaut pas que pour les humains. Christopher, passant une douce journée dans la vallée de la Seine, la guerre pour une fois lointaine, entend une alouette chanter tellement en dehors de la saison qu'il se dit que l'oiseau doit être « fou de sexe » ; deux tomes plus tard, son frère Mark, couché mais éveillé, entend des rossignols émettre non leur beau chant habituel, mais quelque chose de bien plus fruste, qui lui semble contenir des invectives aux autres mâles, et de la fanfaronnade à l'intention de leurs propres femelles. C'est, selon son expression, le son de la « férocité sexuelle ».

Greene a écrit que *Le Bon Soldat* et le cycle Tietjens lui semblaient être « presque les seuls romans adultes traitant de la vie sexuelle jamais écrits en anglais ; ils sont notre réponse à Flaubert ». Pour ce qui est du sujet, certainement ; mais il y a aussi une consanguinité dans la technique. Une des grandes avancées (pas inventions — personne n'invente réellement quoi que ce soit dans le roman) de Flaubert fut le *style indirect libre**, cette façon de plonger dans la conscience d'un personnage — pendant un paragraphe, une phrase, quelques mots, parfois un seul mot — afin de montrer les choses de son point de vue, et puis d'en ressortir. C'est un ancêtre direct du monologue intérieur ou « flot de conscience » si richement employé par Ford. Une bonne partie de *Parade's End* se passe dans la tête des personnages : souvenirs et anticipation, réflexion, malentendus et autojustification. Peu de romanciers ont mieux compris et évoqué le mécanisme fébrile du cerveau hystérique et celui, ralenti, du cerveau traumatisé (à son premier retour du front, Tietjens souffre d'une perte partielle de mémoire), les glissades et dérapages de l'esprit au bout du rouleau, avec tous ses à-coups et décrochages.

Le nom de Freud n'apparaît qu'une fois, prononcé par Sylvia : « J'ai [...] toute confiance en Mrs Vanderdecken [un modèle social]. Et, bien sûr, en Freud. » Elle ne donne pas d'explication, mais on peut raisonnablement déduire qu'il lui fournit quelque justification théorique pour ce que Tietjens appelle ses « impérieuses entorses à la fidélité ». Mais Freud est plus présent que cela, quoique — puisque c'est un roman très anglais — sous une forme subtile, anglicisée : « En chaque homme il y deux esprits qui travaillent côte à côte, l'un contrôlant l'autre. » Le mot « subconscient » est rarement employé ; au lieu de cela, Tietjens, à un moment, pense « avec son esprit subliminal », et plus tard il est dit que Valentine avait toujours su quelque chose « au fond d'elle-même » ; Tietjens parle d'une chose qu'il « a derrière la tête » ; tandis que le général Campion « était pour le moment d'excellente humeur en apparence, mais son esprit subalterne [*sic*] était perplexe et déprimé ». Ford évolue entre ces niveaux de l'esprit comme il évolue entre les faits et les souvenirs, la certitude et l'impression. Tietjens compare l'esprit à un chien « semi-obéissant ». Et ce ne sont pas seulement l'esprit, la mémoire et les faits qui sont instables et incertains ; le langage employé pour les décrire l'est aussi. Le général Campion, un des personnages les moins hystériques, en vient à se demander : « À quoi *diable* sert le langage ? On ne fait que tourner en rond. »

Le récit aussi tourne en rond, revenant en arrière et recoupant ses propres pistes. Un fait, ou un point de vue, ou un souvenir est mentionné en passant, et reste souvent sans explication pendant une dizaine ou une centaine de pages. Parfois cela peut être un procédé traditionnel de suspense : un personnage laissé dans un état de crise émotionnelle tandis que le roman nous emporte, ou ramène, pendant cinquante ou soixante pages, sur le front de l'Ouest. Plus fréquemment, le procédé devient quelque chose de beaucoup plus personnel et fordien. Une information explosive — mensonge meurtrier, dénouement navrant — peut être lâchée mine de rien, sur quoi le récit va reculer, comme choqué par quelque chose d'énoncé avec une telle certitude, puis tourner autour, s'en rapprocher, reculer encore et, finalement, l'aborder directement. Le récit, autrement dit, se comporte comme l'esprit souvent fonctionne. Cela peut embrouiller, mais, comme a dit V. S. Pritchett au sujet de Ford : « La confusion était le ressort principal de son art de romancier ; il embrouillait pour rendre clair. » Dire qu'un grand roman doit être lu avec une grande attention est d'une évidence presque insultante ; mais cela s'applique tout particulièrement à *Parade's End*. Bien rare sera le lecteur qui ne lèvera pas de temps en temps les yeux de la page pour demander : « Mais savais-je cela ? Nous a-t-on déjà dit cela ou non ? » Dans quel sens Christopher a-t-il « tué » son père ? Savions-nous seulement que Mrs Macmaster était enceinte, et qu'elle avait perdu un enfant ? Nous a-t-on dit que Tietjens est aux arrêts ? Que sa belle-mère est morte de chagrin quand Sylvia l'a quitté ? Que Macmaster était mort ? Mark a-t-il vraiment été frappé de mutisme ? Et ainsi de suite, d'une façon propre à embrouiller et clarifier, jusqu'à la fin.

Rien n'étant simple avec Ford, une des choses non simples au sujet de *Parade's End* est le statut et la qualité du quatrième tome, *Last Post*. En préparant et publiant l'édition Bodley Head de Ford (1962-1963), Greene le laissa tout simplement de côté, réduisant une tétralogie à une trilogie. Il pensait que ce dernier volume « était plus qu'une erreur — c'était un désastre, un désastre qui a retardé une pleine appréciation critique de *Parade's End* ». Il l'accusait de sentimentalité, et de dissiper fâcheusement les « précieuses ambiguïtés » en les exposant à « l'idyllique clarté de l'évasion réussie de Christopher vers une existence de petit fermier du Kent ».

Un demi-siècle plus tard, il est difficile de voir en *Last Post* un « désastre qui a retardé une pleine appréciation critique de *Parade's End* ». Cyril Connolly, dans *The Modern Movement*

(1965), a suivi Greene en parlant de la « *war trilogy* » de Ford (et en jugeant le tout avec condescendance), mais la plupart des éditeurs ultérieurs ont choisi de considérer l'ouvrage comme une tétralogie, plutôt qu'une trilogie. Et pendant toutes ces années, les réputations de Ford et du roman lui-même sont restées à peu près ce qu'elles ont toujours été. Les admirateurs de Ford sont toujours une petite minorité, et toujours non dissuadés de l'admirer. Être un Fordien est un peu comme être un membre d'un de ces groupes de bénévoles qui aident à restaurer les canaux britanniques et que vous voyez parfois, crottés et en sueur, passer leurs dimanches après-midi à creuser quelque vieux bief abandonné qui servait jadis à acheminer des marchandises vitales vers et depuis, disons, Wendover ; vous êtes sûr qu'ils font une bonne chose, mais, à moins de les rejoindre et de vous crotter vous-même, la vertu de la tâche, voire de tout le système de canaux, peut vous échapper.

Il y a un clair argument structurel en faveur de *Last Post* : la première partie du long roman se passe avant la guerre, et les deux suivantes, pendant ; alors une quatrième, après la guerre, semble logique. Mais il est également vrai que si, lorsque vous arrivez à la fin du troisième tome, *A Man Could Stand Up*, on vous disait que c'était tout ce que Ford avait jamais eu à dire au sujet de Tietjens, vous ne seriez pas forcément surpris ou déçu. Ce volume se termine dans le chaos de la Nuit de l'Armistice en 1918 : ivresse et demi-folie, célébration et anxiété, sentiment de nouveaux commencements possibles, tandis que Tietjens et Valentine, enfin réunis, dansent. Six pages avant cette fin, elle lui a souri pour la première fois. Et la dernière ligne du roman, reflétant les pensées de Valentine, est une brillante aposiopèse typiquement fordienne : « Elle se prenait maintenant à envisager… »

Cela pourrait finir là. Nous pourrions imaginer nous-mêmes ce qu'elle et lui se prennent maintenant à envisager — et ce serait, sûrement, cette vie dont ils ont rêvé séparément et ensemble, une vie où on parle, parle, et continue la conversation ; et aussi une façon d'échapper au passé, et à la guerre, et à la folie, et à Sylvia. C'est probablement ce que nous écririons à leur sujet. Ce qu'a écrit Ford est différent, et plus complexe, et plus sombre, et ne ressemble vraiment guère à ce que décrit Greene — « l'idyllique clarté de l'évasion réussie de Christopher vers une existence de petit fermier du Kent ». En fait, c'est le West Sussex, pas le Kent, et Christopher est une sorte d'antiquaire et non un petit fermier ; mais passons. « Idyllique », « réussie » ? Eh bien, Christopher le saint est encore dupé par les méchants de ce monde, tandis que Valentine et lui (plus son frère muet et paralysé, Mark et sa maîtresse, à présent épouse, Marie-Léonie) s'en tirent financièrement grâce à de rares aubaines et à quelque efficace économie domestique française. Valentine porte des vêtements rapiécés et des jupons en triste état, et, malgré toute leur aspiration commune à une vie frugale, elle trouve cela dur. Les anxiétés ne sont pas diminuées (ayant obtenu Tietjens, Valentine a maintenant constamment peur de le perdre) ; un sentiment de folie n'est jamais bien loin ; et, planant au-dessus de leur refuge prétendument idyllique, l'aigle pêcheur Sylvia prémédite d'autres attaques non seulement contre son mari enfui, mais aussi contre sa compagne enceinte et son frère paralysé.

Ford compose toute cette sombre suite avec une audace caractéristique. Dans la première moitié, on est en compagnie de Mark le muet, qui récapitule et réordonne et réexamine le passé ; puis on est un bon moment avec Sylvia, tandis qu'elle programme de nouvelles vengeances et son propre avancement social ; et aussi avec Marie-Léonie, occupée à mettre du cidre en bouteilles ; puis un peu vers la fin avec Valentine. Et ainsi, tout au long de ce dernier tome, se pose de plus en plus la question : où est Christopher Tietjens ? Il est souvent fait référence à lui, mais sa personne et son point de vue brillent de plus en plus par leur absence, jusqu'aux deux dernières pages où il réapparaît, épuisé, après avoir vainement tenté de sauver le Grand Arbre de Groby (aucune « réussite » ici). Où est cette idylle avec Valentine ? Elle n'existe que dans la beauté du site : une vue sur quatre comtés, des bois et des haies, une horticulture soignée. Sans doute le cadre est-il idyllique, mais cela suffit-il ? Où est cette conversation que l'on poursuit ? Pas dans *Last Post* — et il n'est suggéré nulle part qu'elle a déjà eu lieu. Sylvia peut envier furieusement le couple d'avoir trouvé « la paix », mais le lecteur n'en voit pas grand-chose ; cela pourrait bien n'être que dans l'imagination de Sylvia.

Prenons la seule scène qui montre Tietjens et Valentine ensemble, dans ces deux dernières pages. Il revient du Yorkshire avec un « bout de bois » (qui est « aromatique » et donc probablement un morceau du Grand Arbre). Valentine l'accueille en lui reprochant son incompétence en tant qu'antiquaire : il a sottement laissé des gravures dans une jarre qu'un client a emportée. « Comment as-tu pu faire ça ? Comment allons-nous pouvoir nourrir et vêtir un enfant si tu fais de telles choses ? » Elle lui dit d'aller récupérer immédiatement les gravures. Mark (qui a retrouvé la parole) lui fait remarquer que « le pauvre diable est épuisé ». Mais cet appel à l'indulgence n'a aucun effet. Puis : « Pesamment, tel un bouledogue accablé, Christopher se dirigea vers le portail. Alors qu'il remontait le sentier vert au-delà de la haie, Valentine se mit à sangloter. “Comment allons-nous vivre ? Comment allons-nous donc vivre ?” »

Est-ce une idyllique évasion ? Il est plus que suggéré que la gauche sainteté de Tietjens fait ressortir la pie-grièche en Valentine. Sans doute la silhouette d'aigle pêcheur de Sylvia a-t-elle finalement quitté le ciel (bien qu'elle ait si souvent changé d'avis, qui peut dire si son armistice privé durera ?) ; mais Ford nous laisse imaginer que, de même que l'anxieux trouvera toujours de nouvelles anxiétés pour remplacer les anciennes, un saint tourmenté, délivré de sa persécutrice, peut s'infliger un nouveau bourreau, sous la forme la plus improbable. Les saints anglicans ont toujours été chassés jusqu'à l'extinction de l'espèce, comme les Grands Pingouins.

LE PROFIL DE FÉLIX FÉNÉON

En 1890, le néo-impressionniste Paul Signac proposa de faire le portrait de Félix Fénéon, celui-là même qui, quatre ans auparavant, avait forgé le terme « néo-impressionniste ». Le critique d'art répondit d'une manière évasive, précisant seulement : « Je n'exprimerai qu'une opinion : portrait absolument de face — êtes-vous d'accord ? » Signac ne fut pas d'accord. Cinq mois plus tard, l'image la plus connue de Félix Fénéon apparut : de profil (le gauche), haut-de-forme et canne à la main, il tend un lys à quelqu'un hors-champ (hommage à un artiste ? offrande à une femme aimée ?) sur « l'émail d'un fond rythmique » en spirale, évoquant le cirque, « de tons et de teintes » pointillistes. Fénéon, par vanité ou par dépit de critique vexé par la désobéissance du peintre, n'aima pas du tout l'image, commentant que « le portraitiste et le portraituré [s'étaient] rendu un bien mauvais service ». Il accepta tout de même le tableau, et le laissa sur son mur jusqu'à la mort de Signac quarante-cinq ans plus tard. Mais ni cet événement ni le passage du temps n'adoucirent son jugement : en 1943 (un an avant sa mort), il dit à son ami et futur exécuteur testamentaire littéraire, Jean Paulhan, que c'était « l'œuvre la moins réussie de Signac ».

Pis encore pour Fénéon, elle constitua un modèle à suivre en fait de « profilisme ». Bonnard, Vuillard et Vallotton le représentèrent à peu près dans la même pose : penché en avant — au point d'avoir une forme presque impossible de tête de flèche dans le tableau de Vuillard — à son bureau de *La Revue blanche*, présentant son profil gauche et laissant voir une tonsure de moine. Toulouse-Lautrec et Van Dongen firent de même. Fénéon avait beau ne pas aimer cet angle de vue, c'était pourtant le plus intéressant. De face, il a l'air de pouvoir être quelqu'un d'autre : dans son vieil âge, il ressemblait à Gide. Alors que le profil offrait aux peintres un matériau bien plus prometteur : un grand nez osseux, un menton proéminent que prolongeait une barbiche. Un profil bien spécifique mais en même temps, d'une certaine façon, générique : il faisait penser à l'Oncle Sam, ou à Abraham Lincoln (Apollinaire l'appelait « un faux Yankee ») ; et aussi au danseur du Moulin-Rouge Valentin le Désossé, pour qui on le prenait parfois. « Nous avions, reconnut-il, des analogies qui n'étaient flatteuses ni pour l'un ni pour l'autre. »

Mais ce « profilisme » était aussi psychologiquement et esthétiquement approprié : une représentation de son obliquité, de sa décision de ne pas nous faire directement face, nous ses lecteurs ou les observateurs de sa vie. Il nous apparaît, dans l'histoire littéraire et artistique, d'une façon morcelée, kaléidoscopique. Luc Sante, dans son introduction à l'édition anglaise des *Nouvelles en trois lignes*, le décrit bien comme étant « invisiblement célèbre » — et il fut encore plus invisible pour les lecteurs anglophones jusqu'à la belle étude que Joan U. Halperin lui a consacrée en 1988. Critique d'art, marchand de tableaux, le meilleur *œil* de Paris au tournant du siècle, défenseur de Seurat, le seul galeriste (comme on dit maintenant) auquel Matisse se soit jamais fié ; journaliste, « nègre » de Willy, le mari de Colette, secrétaire de rédaction puis rédacteur en chef de *La Revue blanche* ; ami de Verlaine, Huysmans et Mallarmé, éditeur de Laforgue, il publia les *Illuminations* de Rimbaud et *Dedalus* de Joyce, traduisit Jane Austen et Poe. Il était invisible en partie parce qu'il était plus un « passeur » qu'un créateur, mais aussi en raison de sa manière d'être, qui était elliptique, ironique, taciturne. Certains le trouvaient caustique et plutôt effrayant ; mais ses actes étaient souvent bienveillants. Valéry l'a qualifié de « juste, impitoyable et doux ». Le *Journal* des Goncourt rapporte le verdict du poète Henri de Régnier : « Cet original né en Italie et ayant l'aspect d'un Américain, un être intelligent, travaillant à se faire une tête, cherchant l'étonnement des gens par une parole axiomatique [...] ; mais un homme de cœur, bon, sensible, appartenant tout entier aux excentriques, aux disgraciés, aux miséreux. »

Il a été pendant treize ans employé au ministère de la Guerre, s'élevant au rang de chef de bureau. D'une manière bien française, il parvint à combiner cela avec un engagement, en paroles et en actes, dans le mouvement anarchiste : il défendit cette cause en tant que journaliste et — presque certainement — poseur de bombe. En 1894 il fut arrêté, dans une rafle d'anarchistes, et inculpé en vertu du genre de loi fourre-tout que les États affolés par des attentats ont tendance à promulguer sottement. Un des indices contre lui était que la police avait trouvé dans son bureau un flacon de mercure et une boîte d'allumettes contenant onze détonateurs. Fénéon ajouta au registre des excuses invraisemblables en affirmant que son père, mort depuis peu et ne pouvant donc témoigner, les avait trouvés dans la rue. Sa défense fut payée par le mécène Thadée Natanson, et il semble avoir pris plaisir à jouer au plus fin avec les magistrats. Quand le juge lui dit qu'on l'avait vu causer avec des anarchistes connus derrière un réverbère, il répondit froidement : « Pouvez-vous me dire, monsieur le Président, où ça se trouve derrière un réverbère ? » Cela se passant en France, ses mots d'esprit ne le desservirent pas auprès du jury, et il fut acquitté. L'année suivante, Oscar Wilde allait découvrir les effets moins plaisants du mot d'esprit dans un prétoire. Étrangement, ce fut aussi l'année où Lautrec représenta les deux accusés, côte à côte — et de profil, naturellement — en spectateurs au Moulin-Rouge.

Ce procès fut pour Fénéon le moment de plus grande visibilité. Au cours du demi-siècle suivant, il fut toujours plus évanescent. Il ne publia jamais de livre, se bornant à la publication de sa monographie de 43 pages *Les Impressionnistes en 1886* ; le tirage en était de 227 exemplaires, et il déclina toute proposition ultérieure de la réimprimer. En tant que journaliste, il passa de la signature complète aux initiales, puis à l'anonymat total. Un éditeur l'invita à écrire ses Mémoires ; bien entendu il refusa. Un autre suggéra de publier ses *Nouvelles en trois lignes* ; il répliqua avec humeur : « Je n'aspire qu'au silence. » Une réponse comparable à celle de son quasi-contemporain, l'écrivain suisse Robert Walser, à un ami venu le voir dans l'asile d'aliénés où il s'était retiré, et qui lui demandait comment son travail avançait. « Je ne suis pas ici pour écrire, rétorqua Walser, mais pour être fou. »

L'évanescence de Fénéon contaminait la façon dont les autres écrivaient sur lui. La notice biographique, dans l'édition de la Pléiade du *Journal* de Jules Renard, prend plus de place que les deux remarques de ce dernier à son sujet, dont l'une dit simplement : « La barbiche de Félix Fénéon. » Mallarmé était un ami proche, qui témoigna en sa faveur à son procès ; mais voici ce qu'écrivit le poète à sa quasi-maîtresse Méry Laurent juste après l'événement : « Mon pauvre ami Fénéon (non, il est possesseur d'une physionomie très intéressante) est acquitté, et j'en éprouve du bonheur. Les fruits ne sont pas encore arrivés ni croqués. Ici, le jambon règne et Geneviève trouve qu'on le remet, après les repas, trop tôt "dans sa culotte", le sac. » Tout cela dans le même paragraphe. La grande crise publique dans la vie de Fénéon est absorbée dans une plus importante question de nourriture. Mais il est fort possible que Fénéon eût approuvé cela, en particulier les mots « le jambon règne »...

Les *Nouvelles en trois lignes*, maintenant traduites en anglais pour la première fois, ne sont pas un livre au sens habituel du terme, si celui-ci implique une intention d'auteur. En 1906, Fénéon travaillait pour le journal *Le Matin*, où il fut chargé, pendant quelques mois, de tenir la rubrique des *faits divers** — ce qu'on appelle, en jargon de métier, les *chiens écrasés**. Il avait à sa disposition les dépêches télégraphiques, les journaux parisiens et provinciaux, et des communications de lecteurs. Il composait jusqu'à vingt de ces entrefilets en trois lignes en une soirée de travail. Ils étaient imprimés — non signés, bien sûr — pour être lus avec un bref sourire, un léger choc ou un hochement de tête, et puis oubliés. On ne les aurait guère distingués, dans la masse des *faits divers**, si la maîtresse de Fénéon, Camille Plateel, n'avait pas découpé consciencieusement chacune de ses 1220 contributions pour les coller dans un album (sa femme en fit apparemment autant). Jean Paulhan les découvrit alors et les publia. C'est une position intéressante que d'être l'exécuteur testamentaire d'un écrivain qui n'aspirait qu'au silence et refusait résolument toute publication de son vivant. Paulhan fit dûment paraître ce « livre » non voulu, non signé, non mis en forme, non autorisé, et la réputation littéraire souterraine de Fénéon commença à émerger.

Sartre, à propos du *Journal* de Jules Renard, a évoqué le dilemme du prosateur français à la fin du XIXe siècle. Le grand projet descriptif et critique qu'avait été le roman réaliste — de

Flaubert à Zola via les Goncourt et Maupassant — avait épuisé la réalité, laissant peu de chose à la nouvelle génération d'écrivains. La seule façon d'avancer était d'avoir recours à la compression, à l'annotation, au pointillisme. Dans un hommage à la fois remarquable et quelque peu réticent à Renard, Sartre a écrit au sujet du *Journal* : « On ne peut que sympathiser avec ces efforts maladroits pour faire saigner les choses. Ils sont à l'origine de beaucoup de tentatives plus modernes. » Gide, dont le propre *Journal* couvre pendant de nombreuses années la même période que celui de Renard, se plaignit (peut-être jalousement) de ce que le second ne fût « pas un fleuve, mais une distillerie ».

Renard — qui figure aussi dans la représentation par Bonnard des bureaux de *La Revue blanche* — distillait ; Fénéon allait plus loin, et recueillait à peine une goutte. Luc Sante appelle cela : « Un silence agressif, aussi chargé, dense et retentissant que le carré noir de Malevitch. Il affirme que tout écrit est un compromis, que la conception sera toujours supérieure à l'exécution, que l'ego et l'intrigue sont les coauteurs de chacun... Il peut être enraciné dans le désespoir, mais il croît en direction de la transcendance. Il veut libérer la poésie des livres et la rendre à la vie quotidienne. » Ces assez grandioses assertions suscitent deux réponses immédiates : *primo*, le carré noir de Malevitch existe au moins vraiment ; et *secundo*, si telle était en effet l'intention derrière le silence de l'écrivain, quelle est la qualité de la désobéissance dans les actes, d'abord de Paulhan, et puis de Sante lui-même ?

En 1914, Apollinaire raviva une appréciation des *Nouvelles en trois lignes* en soutenant dans un article — comme de juste anonyme — qu'elles avaient « inventé » les « mots en liberté » des futuristes. Leur réputation/portée clandestine est devenue, au cours du siècle, une *idée reçue** — telle que, par exemple, Hilary

Spurling l'a reprise dans sa biographie de Matisse : « Il [Fénéon] a aussi tenu pendant des années [*sic*], dans un quotidien national, une rubrique entièrement constituée de faits divers glanés dans la presse et rapportés avec une tournure d'esprit laconique et déconcertante qui élevait le genre jusqu'à une forme d'art proto-surréaliste. » Luc Sante a d'autres assertions à formuler : que les *Nouvelles* « dépeignent la France de 1906 dans toute son étendue » ; qu'elles ont la perfection de haïkus ; qu'elles sont la *Comédie humaine* de Fénéon ; qu'elles sont de même essence que les « petites touches adamantines » des pointillistes ; qu'elles sont comme des photographies insolites trouvées dans une malle ; qu'elles font écho à l'usage de papier journal dans les collages cubistes de Braque et de Picasso ; et qu'elles « représentent un jalon crucial, quoique jusqu'ici négligé, dans l'histoire du modernisme ». Les éditeurs, pour faire bonne mesure, ajoutent Andy Warhol.

Pour commencer par le commencement : ce sont bien des *nouvelles en trois lignes**, présentées, dans *Le Matin*, sous les sous-titres : Région parisienne, Départements, et Étranger. Ces indications ne sont pas conservées dans l'édition de Luc Sante ; mais ce n'était probablement pas évident non plus dans l'album de Camille Plateel. Fénéon avait déjà l'expérience de formes exigeant la compression et permettant l'ironie. En 1886, il avait été l'un des quatre coauteurs qui produisirent — en trois jours pile — un *Petit Bottin des lettres et des arts*, impertinent et fantasque répertoire de notables culturels. Plus tard, échotier anarchiste dans les années 1890, il avait dirigé ses sarcasmes vers des cibles plus sérieuses :

> Profondément dégoûté de sa personne après la lecture du livre de Samuel Smiles (*Connais-toi toi-même*), un juge vient de se noyer, à

> Coulange-la-Vineuse. Si seulement la lecture de cet excellent ouvrage pouvait se généraliser dans la magistrature…

Ou bien :

> Un agent de police, Maurice Marullas, s'est brûlé la cervelle. Sauvons de l'oubli le nom de cet honnête homme.

Cela allait être à peu près le style des *Nouvelles en trois lignes* une décennie plus tard, même si les opinions politiques allaient devoir être tenues en bride.

« Le titre original français, écrit Sante, peut signifier "*the news in three lines*" ou "*novellas*[1] *in three lines*". » Il ne pouvait, bien entendu, correspondre qu'à la première de ces formulations quand le journal a donné un nom à la rubrique ; et l'autre sens de *nouvelle** correspond à notre *short story* [histoire courte]. Même en tenant compte de l'élasticité de la taxinomie fictionnelle, il est vraiment difficile de lui faire signifier « *novella* », et complètement impossible de lui faire signifier « *novel* » [roman]. Mais *Novels in Three Lines* est un titre plus plaisamment paradoxal. Si « tout écrit est un compromis », qu'est-ce que cela fait de l'acte d'éditer et de publier ?

La plupart de ces mille et quelques faits divers (Sante en a omis cent cinquante-quatre pour raison d'obscurité) parlent de violence sous une forme ou une autre : meurtres, suicides, viols ; bombes d'anarchistes et agressions au vitriol ; larcins, incendies volontaires et empoisonnements ; usage, accidentel ou délibéré, de toutes sortes d'armes à feu ; individus écrasés par un train, un fiacre, un cheval, une automobile, un omnibus. Le suicide — par-

1. *Novella* : longue nouvelle/court roman.

fois sous forme de pacte — s'effectue par pendaison, empoisonnement, immolation, recours à la voie ferrée, à la rivière ou au puits. La rage mine le corps humain tandis que les grèves minent le corps économique et social. Il y a d'étranges excentricités, des échecs pathétiques et grotesques, des mystifications et des supercheries fort originales :

> « Aïe ! cria le rusé mangeur d'huîtres, une perle ! » Un voisin de table l'acheta 100 francs. Prix : 30 sous au bazar de Maisons-Laffitte.

Ce dont il y a très peu — sans surprise, vu la tradition de la rubrique des *faits divers** —, c'est la normalité (et donc l'universalité, balzacienne ou autre). Seuls deux domaines l'évoquent : une place considérable est donnée aux incidents les plus anodins dans la marine française, souvent sans plus de conséquences que de légers dégâts au gouvernail ou à la coque ; et il y a un intérêt étrange, mais persistant, pour les élections de reines de mai.

Ce format journalistique comporte certaines exigences : il faut mentionner les noms, les lieux, les âges et, si possible, les professions ; résumer l'événement notable ; et indiquer le mobile de l'acte, s'il est connu, ou peut être deviné, ou inventé. Et tout cela en trois lignes. Parfois il en résulte un carambolage de noms propres :

> Une vengeance. Près de Monistrol-d'Allier, MM. Blanc et Boudoussier ont été tués et défigurés par MM. Plet, Pascal, Gazanion.

Métiers et professions — surtout s'ils sont éloignés de ceux des lecteurs du journal — apportent quelque pittoresque. Il y a des vendeurs de marrons, des chiffonniers, des résiniers landais. Il arrive que ces gens s'affrontent :

> Zone militaire, dans un duel au couteau pour la maigre Adeline, le vannier Capello a blessé au bas-ventre Monari, montreur d'ours.

Le montreur d'ours eût-il blessé le vannier, cela aurait sans doute été moins insolite ; que ce soit arrivé dans la zone militaire rend la chose plus piquante ; que les patronymes évoquent le sang chaud du Sud et qu'Adeline soit maigre — qu'elle l'ait été en réalité ou non — en font une histoire miniature.

Ce n'est que très rarement que ces histoires se rejoignent pour créer un fil narratif (une des *nouvelles* nous apprend que des canonniers brestois souffrent de diarrhée après avoir mangé « de funestes charcuteries » ; un peu plus loin, il y a une correction — c'était la chaleur, pas la viande). Cependant, deux thèmes émergent, qui peuvent ou non représenter des intérêts personnels de Fénéon : on ignore s'il était soumis à quelque ligne éditoriale dans le choix des faits divers. Le premier concerne les vols fréquents, dans tout le pays, de fils télégraphiques et téléphoniques ; ils sont souvent coupés sur une bonne longueur et discrètement emportés. Les coupables sont rarement appréhendés, jusqu'au moment, vers la fin, où Fénéon peut écrire :

> On commençait à croire surnaturels les voleurs de fils télégraphiques. En voici un de pris pourtant : Eugène Matifos, de Boulogne.

L'autre quasi-thème est la bataille permanente entre l'Église et l'État au sujet de la présence de crucifix et d'autres symboles religieux dans les écoles. Un maire est suspendu de ses fonctions « à cause de son zèle à maintenir Jésus dans les écoles » ; tel ou tel autre « pour avoir replacé Dieu à l'école ou avoir empêché qu'on l'en ôtât » ; « Derechef, le Christ est sur les murs des… » ; quatre autres maires sont suspendus pour avoir voulu « maintenir sous les yeux des écoliers le spectacle de la mort de Dieu » ; d'autres s'entêtent « à remettre au mur des classes l'image du divin supplice ». La séquence trouve une conclusion narrative comique avec :

> Cette fois, l'image du crucifix est solidement boulonnée au mur de l'école de Bouille. Voilà pour le préfet de Maine-et-Loire.

Comme on voit, l'élégante variation est une des techniques préférées de Fénéon. Quelle nouvelle façon peut-on trouver de décrire le dernier crime violent, mais tristement répétitif ? Une victime est mutilée d'une manière qui « précise le caractère passionnel du meurtre » ; un « galant trop hardi », d'une façon qui « annule à jamais sa concupiscence ». Un père tue sa fille de dix-neuf ans parce qu'il la juge « trop peu austère » ; un journalier avoue « avoir souvent substitué à sa femme sa fille Valentine qui a 14 ans et en avait au début 8 ». Félicie De Doncker, une avorteuse, « excella à mater la fécondité des Brabançonnes ». Des violeurs rustiques sont appelés « faunes », comme dans :

> Mme Olympe Fraisse conte que, dans le bois de Bordezac (Gard), un faune fit subir de merveilleux outrages à ses 66 ans.

Ou bien :

> M. Pierre de Condé a été arrêté à Craches, pour viol. Alcide Lenoux, qui était de la séance, a fui. Ces faunes ont 16 et 18 ans.

L'élégante variation se teinte d'ironique euphémisme, qui se teinte d'un certain détachement de dandy. Flaubert, affligé par la guerre franco-prussienne, et tentant de maintenir la primauté de l'art, commenta que, peut-être, en fin de compte, la seule fonction d'un tel carnage était de fournir aux écrivains quelques scènes intéressantes. De même, ici, la fonction de la Bretonne octogénaire qui se pend, ou de l'homme de soixante-quinze ans que l'apoplexie terrasse « au cochonnet » (« Sa boule roulait encore qu'il n'était déjà plus »), ou de l'homme de soixante-dix ans qui tombe mort, victime d'une insolation (« Vite son chien Fido lui mangea la tête »), est de fournir à un Parisien raffiné un paragraphe spirituel. En tant qu'esthète anarchiste, Fénéon avait toujours cultivé un ton d'ironie détachée : une bombe devenait une « marmite charmante », et il trouvait un « charme intime » à la façon dont elle tuait six personnes (nous ne sommes pas très loin de la déclaration, vite désavouée, de Stockhausen au sujet des attentats du 11 septembre : « La plus grande œuvre d'art jamais réalisée »). Ainsi des *Nouvelles en trois lignes* : sont-elles une évocation moderniste d'un monde absurde et cruel, ou simplement une expression plus distinguée du traditionnel sensationnalisme sans cœur de la presse ? Mais elles pourraient, bien sûr, être les deux.

Le critique et poète Clive James rabroua un jour cruellement un secrétaire de rédaction de l'*Observer* qui avait cherché à affiner son style et à améliorer ses bons mots, en lui disant : « Écoutez, si j'écrivais comme ça, je serais *vous.* » Fénéon pourrait être le parfait contre-exemple : le secrétaire de rédaction qui écrivait mieux que les collaborateurs principaux du journal. Il savait former une phrase, faire respirer trois lignes, retarder une information cruciale, introduire un adjectif insolite, garder le verbe qu'il fallait pour la fin. Caser les faits indispensables est une aptitude professionnelle ; donner au tout une forme, de l'élégance, de l'esprit et un élément de surprise est un art.

Mais dans quelle mesure un art, et de quelle résonance ? Les futuristes, malgré la suggestion d'Apollinaire, n'ont pas reconnu le modèle fénéonien, peut-être parce qu'ils n'en avaient pas du tout conscience. Sante cite ce qu'ils entendaient par *parole in libertà* : « La littérature ayant jusqu'ici magnifié l'immobilité pensive, l'extase et le sommeil, nous voulons exalter le mouvement agressif, l'insomnie fiévreuse, le pas gymnastique, le saut périlleux, la gifle et le coup de poing. » Il y avait pas mal de sotte verbosité chez les futuristes, cette citation le confirme. Que les mots de Marinetti attestent d'une « essence commune » avec les *Nouvelles* de Fénéon, ainsi que l'affirme Sante, me paraît bien fantasque. Comme l'idée qu'elles seraient « une forme d'art proto-surréaliste ».

La postérité aime se voir prédite ; le modernisme a besoin de modernistes *avant la lettre** même si les faits doivent être ajustés. Fénéon a contribué à établir le néo-impressionnisme, et il fut le premier propriétaire d'*Une baignade à Asnières* de Seurat (lorsqu'un marchand lui proposa une grosse somme pour cette toile, il répondit : « Mais que pourrais-je faire de tout cet argent, sinon vous la racheter ? ») ; il aida financièrement Matisse, et acheta un Braque. Mais c'était aussi le critique d'art qui, le jour où Apollinaire l'emmena voir *Les Demoiselles d'Avignon* au Bateau-Lavoir, en 1907, conseilla à Picasso de se consacrer à la caricature.

On pourrait, si on se sentait d'humeur à théoriser, voir les *Nouvelles* en termes de crises littéraires telles qu'évoquées par

Sartre. Flaubert, avec qui tout a commencé, a trouvé l'histoire de *Madame Bovary* dans un *fait divers** provincial. Qu'il y ait vraiment eu un article à découper ou non est hors de propos ; mais, comme aurait pu l'écrire Fénéon :

> Delphine Delamare, 27 ans, épouse d'un officier de santé de Ry, se montra trop peu austère. Qui pis est, elle s'endetta. Au désespoir, elle avala du poison.

De là, le roman du XIXe siècle s'est développé et a progressé, jusqu'à ce qu'il ne lui reste nulle part où aller, alors il s'est replié dans la forme d'où il était sorti, la *nouvelle en trois lignes**, attendant l'occasion de se redéployer. Cela pourrait être une interprétation, et le fait que, quand la fiction romanesque a retrouvé sa vitalité, elle n'ait pas plus reconnu sa dette envers Fénéon que ne le firent les futuristes, est approprié : l'écrivain « invisible » avait une influence « invisible ».

Ou bien on pourrait dire que Fénéon, très intelligent et ironique, s'est trouvé, à un certain moment de sa vie, devoir faire ce qui relevait de la corvée journalistique. Au cours des longues soirées passées à son bureau du *Matin*, il rendit la chose aussi amusante pour lui-même et ses lecteurs que cela était compatible avec les exigences de cette tâche. Il prit un genre bien établi et le tordit légèrement, ajoutant une touche stylistique personnelle tout en reconnaissant que les principes de base de la narration et de la transmission de faits devaient être respectés. Les *Nouvelles en trois lignes* sont l'équivalent littéraire de l'olive de cocktail, et Fénéon devrait être sauvé de l'oubli, et admiré, pour avoir inventé une piquante nouvelle farcissure.

LE « PEU POÉTIQUE » CLOUGH

En avril 1849, un poète anglais de trente ans arriva à Rome. Des écrivains britanniques l'y avaient précédé depuis plus d'un siècle. En 1764, l'effet de la ville sur Gibbon fut si puissant que « plusieurs jours de pure griserie furent perdus, ou savourés » avant qu'il ne pût en venir à « une froide et minutieuse investigation ». En 1818, Shelley trouva ses monuments « sublimes ». L'année suivante, la ville « enchanta » Byron : « Cela surpasse la Grèce — Constantinople — tout — du moins tout ce que j'ai vu. » Et en 1845, Dickens arriva pour sa première visite, et dit plus tard à son biographe John Forster qu'il avait été « bouleversé » par le Colisée comme il ne l'avait encore été par aucun autre spectacle dans sa vie, « sauf peut-être par la première contemplation des chutes du Niagara ».

Le jeune poète anglais était d'humeur assez enjouée, en tout cas plus heureux qu'à tout autre moment passé de sa vie adulte. Sa grande crise de jeunesse — qui, mêlant croyance religieuse et emploi, l'avait fait renoncer à son titre de chargé de cours à Oxford parce qu'il ne pouvait plus souscrire aux Trente-Neuf Articles[1] — était derrière lui ; un poste à l'University College de

1. Énoncé de la doctrine anglicane.

Londres l'attendait à l'automne. Il était féru de classicisme autant que poète, et on pourrait donc croire que Rome produisit sur lui un effet semblable à celui qu'elle avait produit sur ses prédécesseurs littéraires. Mais ni la cité des anciens Romains ni celle des papes modernes ne l'impressionnèrent. Il écrivit à sa mère :

> La basilique Saint-Pierre me déçoit : la pierre dont elle est faite est un pauvre matériau plâtreux ; et, de fait, Rome en général pourrait être qualifiée de *miteuse* ; les antiquités romaines en général ne me paraissent intéressantes qu'en tant que telles, et non pour une quelconque beauté. [...] Le temps n'a pas été très brillant.

Si l'on veut une introduction en un seul mot au ton, à la sensibilité et à la modernité d'Arthur Hugh Clough, on l'a dans ce mot souligné (par lui, pas par moi) : *miteuse*. Il ne souscrira pas aux dogmes de la religion établie de son pays si sa conscience et son intellect l'en dissuadent ; de même, il ne souscrira pas aux présomptions de grandeur et de beauté si ses yeux et ses antennes esthétiques l'en dissuadent. Et ce n'était pas là quelque irrévérence initiale, due à l'irritation causée par une perte de bagages ou une calamité digestive. C'était une opinion qu'il confirma en l'exprimant dans le premier chant d'un poème qu'il composa pendant son séjour de trois mois dans la ville :

Rome me déçoit fort ; je ne comprends pas bien encor, mais
Miteuse *me semble être le mot qui conviendrait le mieux.*
Tant de sottes destructions, et de plus sottes sauvegardes,
Tant de choses incongrues d'époques incompatibles,
Semblent chéries ici comme pour railler présent et avenir.
Plût au Ciel que les vieux Goths eussent mieux rasé tout cela !
Plût au Ciel que les nouveaux viennent détruire ces temples !

Shelley s'était promené le soir dans le Forum, où il admirait la « sublime désolation du lieu ». Claude, le protagoniste de ce long poème, *Amours de voyage*, n'est pas ému :

Que vois-je dans le Forum ? Un arc et deux ou trois colonnes.

Et *quid* du Colisée, pour Dickens cette merveille égalant les chutes du Niagara ?

Nul ne peut, je l'accorde, contester la grandeur du Colisée.
Assurément, le sens du divertissement dans un cadre colossal,
Les anciens Romains l'avaient ; mais dites-moi, est-ce là une idée ?

Là où d'autres voient de la splendeur, Claude ne voit qu'une simple solidité :

« En brique je t'ai trouvé, en marbre je t'ai laissé ! » plastronna leur Empereur.
« En marbre je te croyais, en brique je te trouve ! » peut répondre le Touriste.

Claude, à l'instar de Clough, n'a rien d'un « noble touriste ». Il se trouve lui aussi dans une ville où, après un long sommeil, l'histoire se remet en marche. Deux mois auparavant, en février 1849, Mazzini avait proclamé la République romaine, que Garibaldi se préparait à défendre. Le 22 avril, Clough fut reçu par Mazzini, et remit au *triumvir* anglophile de la république une boîte à cigares, le cadeau de Carlyle. Le lendemain, il envoya à son ami F. T. Palgrave (le futur éditeur de l'anthologie *The Golden Treasury*) une lettre où il décrivait une visite au

Colisée. Il n'y parlait pas d'antique magnificence, ni même de triste décrépitude, mais d'un événement totalement moderne : un rassemblement politique avec

> une fanfare, du côté de l'entrée, jouant des airs nationaux. À la fin du grand hymne, dont j'ignore le nom, tandis que les gens applaudissaient, poussaient des vivats et criaient « Encore ! », la lumière commença à se répandre, et soudain tout l'amphithéâtre fut éclairé avec — les trois couleurs ! Le niveau inférieur rouge feu, les deux suivants verts et, en haut, le blanc de la lumière ordinaire. Très bizarre, direz-vous ; mais c'était en fait superbe, et je suppose que le Colisée n'a jamais été plus beau…

Clough a souvent été traité comme une figure littéraire marginale, aussi bien à l'université que d'une façon plus générale. La plupart des gens, probablement, le découvrent à travers le personnage de « Thyrsis » dans le poème commémoratif, ainsi nommé, de Matthew Arnold — une œuvre qui, pour un poème commémoratif, ne semble pas se concentrer suffisamment sur l'ami disparu (le critique et poète Ian Hamilton l'a qualifiée de « foncièrement condescendante, pour ne pas dire présomptueuse »). Ils peuvent supposer qu'il était un poète arnoldien mort prématurément ; ou bien prendre l'auteur du vibrant *Ne dis pas que la lutte est entièrement vaine* pour un petit maître victorien typique. Rien ne pourrait être moins vrai, mais changer les conjectures des gens aussi tardivement n'est pas chose facile. J'ai passé cinq ans à essayer de faire *lire* Clough à un éminent professeur de littérature anglaise : je lui ai envoyé les livres, et j'ai découvert que son propre fils menait une campagne analogue en faveur du poète. Et pourtant, ce grand lettré n'a pas commencé à s'y mettre avant d'avoir pris sa retraite et cessé d'enseigner la littérature anglaise.

L'association avec Matthew Arnold est trompeuse. Ils étaient amis et « frères » (l'écolier Clough, sa famille partie en Amérique, fut accueilli chez les Arnold) ; ils suivirent le même parcours à Rugby et Oxford ; mais c'étaient leurs différences qui les caractérisaient. Jeunes étudiants, ils employaient même des symboles différents pour marquer les jours où ils succombaient à la « vile habitude » de la masturbation : Clough mettait un astérisque dans son journal intime, Arnold une croix. Quoique de quatre ans son cadet, Arnold se comportait toujours dans sa correspondance avec lui comme s'il était le plus âgé et le plus sage. Il jugeait Clough trop excitable, trop politiquement engagé (le taquinant d'un « Citoyen Clough ») au lieu de prendre du recul, comme il le faisait lui-même, pour observer la « tendance » des nations. Quand l'Europe continentale fut en proie aux convulsions révolutionnaires, en 1848, Clough se rendit en France pour être aux premières loges. Arnold, lui, ne voulait pas « être pris, ne fût-ce que pour une heure, dans le courant de l'Histoire ». Au cœur des événements brûlants de cette année-là, il envoya à Clough un exemplaire de la *Bhagavad-Gita*, louant son « esprit de sagesse et de prudence ».

De telles divergences se retrouvent dans leur poésie. Arnold est issu du romantisme de Keats, Clough, de la poétique byronienne — plus précisément, la tonalité à la fois sceptique, réaliste et ironique de *Don Juan*. À présent, si on lisait Arnold et Clough anonymement côte à côte, on pourrait croire qu'une génération ou plus les sépare. Arnold est un poète noblement sonore, qui défend la culture contre l'anarchie et le philistinisme, mais essentiellement un poète qui nous renvoie à la grande tradition classique de la civilisation occidentale, qui commença en Grèce et à Rome. Clough avait tout aussi conscience de cet héritage ; et, lorsque Arnold lui rendit hommage dans sa série de conférences

De la traduction d'Homère, il évoqua ses « admirables qualités homériques » et « la simplicité homérique de sa vie littéraire ». Mais Arnold ici annexe, assimile — et inféode — Clough. De même qu'il détectait une tendance névrotique chez Clough, une « faille dans sa constitution », il pensait qu'il y avait trop d'instabilité, trop peu de beauté durement ciselée, dans sa poésie. Arnold se jugeait tout simplement plus poète et plus artiste que lui, comme Keats s'était jugé supérieur à Byron, dont il trouvait le *Don Juan* « clinquant » (« Tu parles de lord Byron et moi, écrivit-il à son frère George Keats. Il y a une grande différence entre nous. Il décrit ce qu'il voit — je décris ce que j'imagine. Ma tâche est la plus dure. Tu vois l'immense différence »). Pourtant, ce qu'Arnold estimait être les faiblesses de la poésie de Clough est précisément ce qui en est venu, avec le temps, à sembler être ses forces : une langue prosaïque et familière qui frise parfois la gaucherie, une tendance à préférer la sincérité et le sarcasme à la suavité et au tact, une critique directe de la vie moderne, une façon d'appeler un chat un chat. Si Arnold était mort avant Clough, et si Clough avait écrit une élégie pour lui, l'ami défunt aurait probablement été appelé « Matt », plutôt que rebaptisé d'après quelque berger virgilien.

Le poème d'Arnold qui nous parle le plus directement aujourd'hui est *La Plage de Douvres* (même si ce n'est pas celui qu'il préférait lui-même). Son analyse de notre infortune métaphysique dans un monde sans dieu commence par une description de la nature, continue avec une référence à Sophocle, puis expose sa métaphore océane centrale avant d'arriver à sa sombre conclusion avec une allusion thucydidienne ; la langue employée à cette fin incluant des images telles que « la terre blanchie de lune », « les plis d'une brillante ceinture » et la fameuse « plaine enténébrée ». C'est majestueux, mélancolique et magnifique. En même temps, comparez « enténébrée » avec « miteuse ». Comparez aussi avec *Le Dernier Décalogue*, le propre poème de Clough sur la croyance religieuse et ce qui lui est arrivé. Cela est présenté comme une parodie sardonique des dix commandements, et sa libre pensée (ou son blasphème) précède de plus d'un siècle *La Vie de Brian* des Monty Python :

Tu n'auras jamais qu'un seul Dieu ;
Qui se mettrait en frais pour deux ?
Nulle autre idole n'est permise
Que son portrait sur les devises…

C'est un poème qui sape à la fois l'Église et l'État, et doute des motivations de chaque chrétien pratiquant :

Tu ne tueras point ; mais d'autrui
N'es tenu de sauver la vie.
Ne commettras pas l'adultère :
De bénéfice il n'y a guère.

Mrs Thatcher nous a mémorablement incités à redécouvrir les « valeurs victoriennes » ; Clough avait déjà disséqué ces valeurs à l'époque :

Tu ne voleras pas — minable,
Quand tricher est si profitable…
N'envieras point ; mais la tradition
Approuve toute compétition.

La culture et la vénération victoriennes de l'argent, réintroduites avec un tel succès dans ce pays au cours des trente dernières années, furent aussi fustigées par Clough dans le dernier de ses trois grands et longs poèmes, *Dipsychus*. Les *traders* de la City qui, aujourd'hui, roulent en Ferrari rouge vif et, dans les restaurants de Gordon Ramsay, commandent des vins au prix astronomique, ont leurs homologues victoriens exacts :

Je roule dans les rues, me fichant bien d'autrui ;
On me regarde et on demande qui je suis.
Et s'il m'arrivait de renverser un goujat,
Je peux toujours payer, quels que soient les dégâts.
Si plaisant est-il d'être riche, hé ho !
Si plaisant est-il d'être riche…

Le meilleur de la table et de tout ce qu'on mange —
Et pour les autres, que le diable s'en arrange !
Ce n'est pas notre faute s'ils n'ont pas de quoi
Dîner comme un marquis et boire comme un roi.
Si plaisant est-il d'être riche, hé ho !
Si plaisant est-il d'être riche.

Amours de voyage est précédé de quatre épigraphes. Les trois premières évoquent les thèmes principaux du poème — amour de soi, amour, doute, voyage — tandis que la quatrième, inspirée d'Horace, en annonce la manière : « *Flevit amores / Non elaboratum ad pedem — Il pleura ses amours / En vers imparfaits* » (en réalité, Horace a écrit « *amorem* »). Les vers de Clough sont « imparfaits » comparés à ceux d'Arnold ; et, dans *Amours de voyage* — comme dans son premier long poème, *The Bothie of Tober-na-Vuolich* —, il a recours au rare hexamètre, plus lourdement accentué, dans notre langue, que l'élégant et populaire pentamètre, mais qui aide à rendre un ton familier et spontané de conversation. Les rythmes de Clough sont erratiques, brimbalants, discontinus ; il a besoin de pouvoir changer de direction et de ton, passer de l'histoire culturelle au ragot sentimental dans le même vers, d'une profonde analyse à une brève plaisanterie. Lorsqu'il préparait son premier recueil de poèmes, Arnold s'était plaint d'un « manque de beauté » et lui avait écrit : « Je doute que tu sois un *artiste*. » Lorsqu'il publia *The Bothie*, Arnold trouva cela trop désinvolte : « Si je devais dire la vérité vraie sur tes poèmes en général, tels qu'ils m'apparaissent, ce serait ceci — qu'ils ne sont pas *naturels*. » (Cela venant de lui, Matthew Arnold...) Il conseille à Clough de se demander s'il « atteint le beau » et lui rappelle « combien l'époque et tout ce qui nous entoure sont peu poétiques ; non pas sans profondeur, ni sans grandeur, ni sans émotion, mais sans poésie ». La solution d'Arnold était de transcender ou transmuer — ou éviter — cette absence de poésie ; celle de Clough, de la représenter : il est le « peu poétique » poète.

Amours de voyage est donc plein de personnages — Mazzini, Garibaldi, le général Oudinot — et de détails peu arnoldiens : un exemplaire du guide Murray, une commande de *caffellatte* lancée à un serveur... Le poème est résolument contemporain, écrit à (et sur) un moment où l'Italie est unifiée et construite à grand-peine : il y a des fusillades, et la guerre, et une des plus belles représentations de la confusion meurtrière — après la fatale agression, au milieu d'une piazza, d'un prêtre surpris à tenter de fuir la ville pour rejoindre l'armée assiégeante :

Vous n'avez pas vu le mort ? Non ; je commençais à douter.
J'étais moi-même en noir, et ne savais ce qui pouvait arriver.
Mais un Garde national près de moi, hors du tumulte,

Brisa son sabre en tranchant net un chapeau poussiéreux — et,
M'éloignant avec Murray sous le bras, et me penchant,
Je vis, à travers les jambes des gens, celles d'un corps.

C'est aussi un poème hautement contemplatif et argumentateur, sur l'histoire, la civilisation et le devoir individuel d'agir. Et c'est, comme le titre nous le dit, une histoire d'amour — ou plutôt, puisqu'il s'agit de Clough, une sorte d'histoire d'amour moderne qui-en-est-presque-une-mais-pas-tout-à-fait, avec des êtres mal assortis et des malentendus, de tortueuses introspections, et une folle quête, empreinte d'espoir et sans espoir, qui nous mène à une sorte de fin.

Que telle ou telle partie du parcours émotionnel de Claude ait correspondu ou non à ce que Clough lui-même a vécu — à Rome et plus au nord, au cours de ce printemps et cet été 1849 — est maintenant, heureusement, impossible à savoir. En tout cas, Clough présente son narrateur d'une façon qui souligne les différences entre eux. D'abord, Claude est dépeint, dans le premier chant, comme un garçon franchement antipathique : snob, hautain, blasé, et très condescendant envers la famille bourgeoise anglaise (y compris les trois filles non mariées) dont il fait la connaissance. Pour Claude, les classes moyennes ne sont « ni l'aristocratie de l'homme, ni celle de Dieu » ; ses dédaigneuses narines reniflent « le relent de boutique », et il avoue « l'horrible plaisir de plaire aux gens inférieurs ». Il est créé ainsi, supposons-nous, afin de pouvoir — comme les arrogants mâles de Jane Austen — être ensuite assagi et humanisé par l'amour des prétendus inférieurs. Et Claude est différent aussi de l'auteur en matière de religion — étant soupçonné de catholicisme, alors que Clough penche vers l'incroyance — et de politique. Claude a évité jusque-là les affaires publiques et méprisé « ce que les gens pensent », préférant une attitude détachée, critique, esthétique envers l'existence — en quoi il est plus près de l'Arnold lecteur de la *Bhagavad-Gita* que du Clough progressiste et traqueur d'événements, qui maintenant, de Rome, signe une autre lettre à Palgrave : « *Le Citoyen malgré lui**. »

La narration du poème est activée quand les hautaines présomptions et nonchalances de dandy de Claude sont brusquement renversées. La défense par les Romains de leur nouvelle république contre l'armée française, qui assiège la ville « pour rétablir le Pape et le Touriste », plonge soudain Claude dans un monde moderne de politique et de guerre ; d'une façon analogue, sa fréquentation de la famille Trevellyn, qui montre tout l'enthousiasme dont il est dépourvu (« Rome est une ville merveilleuse ! » s'exclame Georgina), le plonge soudain dans un état amoureux, ou — étant ce qu'il est, un intellectuel raisonneur — de quasi-amour, ou d'amour possible, ou un état d'esprit dans lequel la nature de cet amour peut être soumise à de furieux débats intérieurs. Dans une réponse à son ami Eustace (dont les propres lettres ne sont pas données, de sorte qu'on n'a que les réactions de Claude — une tactique qui condense et accélère le récit), il corrige une fausse déduction : « Je suis amoureux, dis-tu : je ne pense pas, pas exactement. »

Au centre du poème il y a un débat sur la « pensée juste » et la question de savoir comment une telle pensée se traduit en action, et si l'émotion, par opposition à la raison, est jamais un motif justifiable d'action, et si l'action vaut jamais d'être entreprise en premier lieu — mais, bien sûr, si c'est le cas, elle doit d'abord être fondée sur une pensée absolument juste —, et, comme tout lecteur sensé le devine bientôt, c'est exactement le genre d'« ergotage » (le mot de Claude) analytique qui est le plus décourageant pour une femme qui pourrait être encline à penser que vous pourriez être enclin à être épris d'elle… Si le point de vue de Clough sur Rome est post-romantique, Claude, en tant qu'amoureux, est moins apparenté à des prédécesseurs byroniens qu'à ces créatures indécises, trop conscientes d'elles-mêmes, paralysées, qui peuplent les romans russes du XIXe siècle. Claude est « trop irrésolu », observe Georgina, et lui-même en vient à regretter ce qu'il appelle son « barguignage » (un autre mot non arnoldien). Claude incarne le désastreux penchant, pour un amant, de voir l'autre côté de la question, et de se rappeler les avantages de ne pas être amoureux : « Mais, au pire du pire, restent les livres et une chambre » — une phrase qui résonne comme un étrange pré-écho de la *Poésie des départs*, empreinte de renoncement, de Philip Larkin : « *Livres ; porcelaine ; une vie / Répréhensiblement parfaite.* »

Ainsi *Amours de voyage* — ce grand et long poème qui est aussi un grand et court roman — est finalement une œuvre sur l'échec, sur le malheur de ne pas saisir l'occasion, de mal interpréter et trop analyser, sur la lâcheté. Mais la lâcheté est généralement plus intéressante pour l'écrivain que le courage, de même que l'échec est plus intéressant que le succès ; et peut-être — comme le suggère Claude dans une de ses plus glaçantes rationalisations — peut-être le besoin d'amour empêche-t-il de l'obtenir.

Quant au succès : *Amours de voyage* fut publié dans *The Atlantic Monthly* en 1858 ; et les écrivains d'aujourd'hui, qui se tracassent au sujet de droits d'auteur et d'avances, de droits de lecture et de prêt en bibliothèque, d'agents littéraires et de statut, pourraient songer que ce fut la seule fois dans toute sa vie que Clough reçut quelque argent pour une de ses œuvres.

MICHEL HOUELLEBECQ ET LE PÉCHÉ DE DÉSESPOIR

En 1998, je fus l'un des membres du jury du prix Novembre à Paris : un prix décerné, comme son nom le suggère, tard dans la saison littéraire. Après que le Goncourt se fut encore trompé, et après les efforts maladroits des autres jurys pour corriger les erreurs du Goncourt, celui du prix Novembre énonçait son verdict définitif sur l'année littéraire écoulée. Pour un prix français, il était particulier en ce qu'il était décerné par un jury tournant (lentement) qui comprenait des étrangers — Mario Vargas Llosa était là aussi — et qu'il était bien doté : l'équivalent de trente mille dollars environ pour le gagnant.

Cette année-là, les jurys de tous les prix principaux avaient négligé de rendre hommage aux *Particules élémentaires* de Michel Houellebecq — et, depuis des mois, *le cas Houellebecq** faisait un certain bruit. Des enseignants avaient protesté contre le contenu sexuel explicite du roman ; l'auteur avait été exclu de son propre groupe philosophico-littéraire pour hérésie intellectuelle. Et ce n'était pas seulement le livre qui provoquait, c'était aussi l'homme lui-même. Un membre féminin de notre jury déclara qu'elle avait admiré le roman jusqu'à ce qu'elle ait vu son auteur à la télévision. Le mécène du prix, un homme d'affaires dont les interventions l'année précédente avaient été très discrètes, se lança dans une longue attaque passionnée contre Houellebecq. Il semblait, pour le moins, suggérer où il ne voulait pas que son argent aille.

Au cours d'une discussion assez tendue, ce fut Vargas Llosa qui trouva la meilleure façon de décrire le roman en question : « insolent » ; ce qu'il entendait, naturellement, comme un éloge. Il y a certains livres — sardoniques et très pessimistes — qui bafouent systématiquement tous les modes de vie du moment, et qui tiennent nos présomptions d'esprit pour des chimères de crétins. Le *Candide* de Voltaire pourrait être considéré comme l'exemple parfait d'insolence littéraire. D'une manière différente, La Rochefoucauld est profondément insolent ; ainsi que Beckett, sombrement, et Roth, copieusement. Le livre insolent trouve ses cibles dans des concepts tels qu'un Dieu souverain, un univers bienveillant et ordonné, l'altruisme humain, l'existence du libre arbitre.

Le roman de Houellebecq — son deuxième — était très français dans son mélange d'intellectualisme et d'érotisme ; il rappelait Tournier dans l'évidente fierté qu'il prenait à sa propre structure théorique. Il avait aussi ses défauts : une certaine lourdeur, et une tendance des personnages à discourir plutôt qu'à dialoguer. Mais, dans sa haute ambition et son intransigeance, il était visiblement supérieur à celui du concurrent immédiat pour le prix, un roman qui était très français d'une façon différente : élégant, maîtrisé et suranné — ou, plutôt, *classique**, comme j'appris à le dire dans le jargon de circonstance.

Houellebecq l'emporta d'une seule voix. Après le vote, j'ai parlé avec le président du jury, l'écrivain et journaliste Daniel Schneidermann, du tollé que notre gagnant avait déclenché dans la presse et à la télévision. « Peut-être, ai-je suggéré, est-ce seulement qu'il n'est pas *médiatique**. — Au contraire, a répondu

Schneidermann (qui avait voté pour Houellebecq), il est *médiatique* en étant *anti-médiatique**. C'est très malin. » Une heure ou deux plus tard, dans un salon doré de l'hôtel Bristol, et devant la fine fleur du Paris littéraire, un quidam d'aspect négligé, vêtu d'un pull trop grand et d'un jean rouge fripé, prit son chèque et — dans l'esprit de son roman — refusa de se laisser aller à des expressions bourgeoises de plaisir et de gratitude. Tout le monde n'en fut pas charmé. « C'est une insulte aux membres du jury, me chuchota un éditeur français, d'accepter le prix sans s'être lavé ni être allé au pressing. »

Notre mécène aussi prit la mouche, et annonça l'année suivante que le prix Novembre serait suspendu pendant un an, afin que nous puissions discuter de sa future direction. La plupart des membres du jury jugèrent cela peu nécessaire, pour ne pas dire insolent ; nous décidâmes de trouver un nouveau *sponsor* et de nous rebaptiser le prix Décembre. Le roman, traduit en anglais, fut publié sous le titre *Atomised*, et les anglophones découvrirent ce que Schneidermann m'avait dit : son auteur était *médiatique* en étant *anti-médiatique**. Le monde littéraire est un de ceux où il est le plus facile d'acquérir une réputation de mauvais garçon ; et Houellebecq fit obligeamment ce qu'il fallait pour ça. Quand la journaliste de l'*Observer* lui rendit visite, il but au point d'être ivre mort, piqua du nez dans son assiette, et lui dit qu'il ne répondrait à d'autres questions que si elle couchait avec lui. La femme de Houellebecq fut aussi mise à contribution, posant pour le photographe en sous-vêtements et offrant loyalement de quoi faire une bonne citation : « Michel n'est pas déprimé, dit-elle. C'est le monde qui est déprimant. »

Si Houellebecq est, à en juger par *Les Particules*, le romancier français le plus potentiellement important depuis Tournier (et l'attente a été longue, et un éloge peut-être excessif par conséquent compréhensible), son troisième roman, *Plateforme*, s'ouvre avec un petit salut dans une direction antérieure. Aucun écrivain français ne commencerait un roman par « Mon père est mort il y a un an » sans évoquer clairement *L'Étranger* de Camus. Le narrateur de Houellebecq s'appelle Renault, un patronyme suggérant peut-être qu'un tel individu est devenu un simple rouage dans une société mécanisée ; mais un nom qui rime aussi avec Meursault, le narrateur de Camus. Et pour enfoncer le clou : le père de Renault avait couché avec sa femme de ménage nord-africaine, Aïcha, dont le frère a battu le vieil homme à mort. Quand le fils s'est retrouvé face au meurtrier de son père, il a pensé : « Si j'avais disposé d'une arme, je l'aurais abattu sans hésitation. Tuer cette petite ordure ne m'apparaissait pas seulement comme un acte indifférent mais comme une démarche bienfaisante, positive. » Renvoi direct à la scène où Meursault tire sur l'Arabe avec son revolver sur une plage d'Alger, et à sa semblable indifférence morale à l'acte.

Mais, pendant les soixante années qui séparent *L'Étranger* de *Plateforme*, l'aliénation et l'anomie ont évolué. Ainsi que les expressions d'irrespect envers le parent disparu. Collégien, dans les années 1960, je trouvais que les premiers mots transgressifs de Meursault — « Aujourd'hui, maman est morte. Ou peut-être hier, je ne sais pas » — faisaient l'effet d'une gifle (et je n'étais pas non plus un fils très respectueux). À présent, il faut gifler plus fort :

> Devant le cercueil du vieillard, des pensées déplaisantes me sont venues. Il avait profité de la vie, le vieux salaud ; il s'était démerdé comme un chef. « T'as eu des gosses, mon con… me dis-je avec entrain ; t'as fourré ta grosse bite dans la chatte à ma mère. » Enfin j'étais un peu tendu, c'est certain ; ce n'est pas tous les jours qu'on a des morts dans sa famille.

Houellebecq renchérit ; mais c'est bien dans sa manière aussi, de faire suivre la vitupération devant le cercueil d'un ironique « Enfin j'étais un peu tendu ». *Les Particules* était un roman difficile à résumer (il y est question de la troisième « mutation métaphysique » des deux derniers millénaires, celle de la biologie moléculaire, qui verra le clonage mettre fin à la peur de la mort et aux misères de l'individualisme génétique...) sans le faire paraître lourd ; sur la page, il y avait une allégresse satirique dans ses dénonciations, une drôlerie dans la contre-utopie.

Plateforme commence à peu près sur le mode des *Particules*, avec un narrateur radicalement détaché, un enfant de l'ère de l'information, fustigeant la fausseté du monde. Il revendique « l'attitude de réserve qui sied au gestionnaire comptable » envers presque tout. Il souffre de mutisme émotionnel ; social, aussi, et il est donc à peine capable de converser avec Aïcha. Lorsqu'elle se met à critiquer l'islam, il est plus ou moins d'accord, sans être totalement intransigeant sur la question : « Intellectuellement, je parvenais à éprouver une certaine attraction pour le vagin des musulmanes. »

Pas encore choqué ? Mais Houellebecq, ou plutôt « Michel » comme son narrateur est elliptiquement désigné, ne fait que commencer. Un mépris ricanant ne va pas tarder à s'abattre sur : les auteurs à succès Frederick Forsyth et John Grisham ; Jacques Chirac ; le *Guide du routard* ; les touristes de voyages organisés ; la France (« un pays sinistre, entièrement sinistre et administratif ») ; les Chinois ; le « tas d'imbéciles [...] morts pour la démocratie » à Omaha Beach ; la plupart des hommes ; la plupart des femmes ; les enfants ; les moches ; les vieux ; l'Occident ; les musulmans ; la chaîne TV 5 ; les musulmans encore ; la plupart des artistes ; encore les musulmans ; et enfin, souvent, le narrateur lui-même.

Qu'approuve Michel ? Les peep-shows, les salons de massage, la pornographie, les prostituées thaïes, l'alcool, le Viagra (qui aide à surmonter les effets de l'alcool), les cigarettes, les femmes non occidentales, la masturbation, le lesbianisme, le triolisme, Agatha Christie, la double pénétration, la fellation, le tourisme sexuel et la lingerie féminine. Vous avez peut-être remarqué une anomalie ici. Alors que Frederick Forsyth est qualifié lui aussi d'« imbécile », et que les livres de John Grisham ne sont bons qu'à se branler dedans (« J'éjaculai avec un soupir de satisfaction entre deux pages. Ça allait coller ; bon, ce n'était pas un livre à lire deux fois »), Agatha Christie a droit à deux pages de louanges, surtout pour son roman *Le Vallon*, dans lequel elle montre qu'elle comprend le « péché de désespoir ». C'est celui « qui consiste à se couper de tout contact humain, chaleureux et vivant » ; et qui est, bien sûr, le péché de Michel. « C'est dans le rapport à autrui, dit-il, qu'on prend conscience de soi ; c'est bien ce qui rend le rapport à autrui insupportable. » Ailleurs : « C'est avec facilité qu'on renonce à la vie » ; et : « Tout peut arriver dans la vie, et surtout rien. »

Le péché de désespoir est aggravé quand le pécheur est un hédoniste. *Plateforme* traite essentiellement de la question du tourisme, du sexe et de la combinaison des deux. Le tourisme est devenu la plus grande industrie sur la planète, un pur modèle d'offre et de demande délibérément flattée. Un attrait crucial pour le romancier est la psychologie du tourisme : notamment l'ironie centrale, flaubertienne, du fait que l'anticipation et le souvenir (les fausses promesses de bonheur de la brochure, le mensonge souriant de la photo de vacances) se révèlent souvent plus vivants et fiables que le moment lui-même. Un risque crucial pour le romancier — pas toujours évité ici — est celui de la satire facile : les touristes font des cibles en effet bien faciles, pas seulement pour les terroristes.

Houellebecq envoie Michel en vacances *sun-and-sex* ; parmi les membres du groupe, dans l'ensemble très communs, il y a l'acceptable et même séduisante Valérie, qui travaille alors pour l'agence de voyages. L'essentiel de l'intrigue immédiate tourne autour de ses efforts, et ceux de son collègue Jean-Yves, pour relancer une branche du groupe hôtelier pour lequel ils en sont venus à travailler. Tout cela est correctement fait, même si les points forts et les intérêts de l'écrivain Houellebecq ne sont pas précisément ceux du romancier traditionnel. Sa façon d'aborder une scène, un thème, me rappelle souvent une blague bien connue dans les instances européennes. Un délégué britannique auprès de quelque commission de l'Union européenne expose les propositions de son pays — lesquelles, étant britanniques, sont typiquement pragmatiques, raisonnables et détaillées. Le délégué français réfléchit en hochant la tête pendant un long moment, avant de se prononcer : « Oui, je vois bien que cela fonctionnera en pratique, mais est-ce que cela fonctionnera en théorie ? »

De même, si le lien premier, évident, entre le sexe et le tourisme est la relation charnelle interpersonnelle (et impersonnelle), il est tout aussi important pour Houellebecq de trouver le lien théorique. Ce qu'il fait : le sexe et le tourisme incarnent l'économie de marché la plus débridée. Le sexe a toujours paru capitaliste à Houellebecq. Voici ce qu'il en disait dans son premier roman, *Extension du domaine de la lutte* :

> Dans un système économique où le licenciement est prohibé, chacun réussit plus ou moins à trouver sa place. Dans un système sexuel où l'adultère est prohibé, chacun réussit plus ou moins à

> trouver son compagnon de lit. En système économique parfaitement libéral, certains accumulent des fortunes considérables ; d'autres croupissent dans le chômage et la misère. En système sexuel parfaitement libéral, certains ont une vie érotique variée et excitante ; d'autres sont réduits à la masturbation et la solitude.

Ce genre de vif et audacieux rapprochement, c'est le meilleur Houellebecq ; il n'aime rien tant que d'explorer ce que, dans *Les Particules*, il appelait « l'option hédoniste-libidinale d'origine nord-américaine ». Mais sa façon d'écrire sur le sexe, dans *Plateforme*, est curieusement à la fois pornographique et sentimentale. Pornographique dans le sens où elle prend toutes ses images dans la pornographie : qui met quoi dans quel trou et l'y agite jusqu'à un giclement-et-grognement convulsif ; en même temps, une pornographie d'un genre plutôt convenable et de bon ton. Sentimentale en ce que les personnages les plus aimables et spontanés du roman sont les masseuses et les prostituées orientales, qui sont présentées comme étant sans défauts, maladies, macs, addictions ou inhibitions. Pornographique *et* sentimentale en ce qu'il n'y a jamais rien qui cloche dans l'acte sexuel : une félicité sans accroc est toujours obtenue, personne ne dit jamais « Non » ou « Arrête » ou même « Attends », et il suffit de faire signe à une femme de chambre à la peau brune qui balaie une terrasse d'hôtel pour qu'elle entre dans la pièce, se révèle rapidement sans soutien-gorge et se joigne volontiers au couple pour une partie à trois. Houellebecq perce tout à jour sauf le sexe commercial, qu'il décrit — peut-être d'une façon appropriée — comme quelqu'un qui croit chaque mot et chaque image d'une brochure de vacances.

Et puis il y a l'amour. « Pourtant, j'aime bien les femmes », nous dit Michel d'emblée. Plus tard, il développe : « Mon enthousiasme pour les chattes, j'y voyais même un de mes derniers traits pleinement humains, reconnaissables. » Bien qu'il « aime les femmes », Michel ne dit ostensiblement jamais rien de sa mère. Et quand ce touriste sexuel déprimé et vieux-à-quarante-ans en vient à s'enticher peu à peu de Valérie, on se demande comment Houellebecq va traiter le sujet ; après tout, c'est déjà une insolence littéraire que de faire tomber amoureux un tel personnage. Alors dans quelle mesure l'amour est-il différent pour Michel du sexe commercial ? Heureusement, pas trop. Valérie, bien qu'elle paraisse d'abord plutôt quelconque et soumise, se révèle avoir des seins splendides ; elle est, en outre, aussi douée au lit que les prostituées thaïes, et elle n'accepte pas seulement les parties à trois, elle en est l'instigatrice. Elle est naturellement docile ; cependant, elle a un bon travail et est très bien payée ; comme lui, elle méprise les vêtements de marque. Et c'est à peu près tout, en fait. Ils ne font rien de ces vieux trucs comme parler de sentiments, ou y penser ; ils ne sortent pas beaucoup ensemble, quoiqu'il l'emmène dans un club d'échangistes et une boîte SM. Il fait un peu de cuisine ; elle est souvent si fatiguée que ce n'est que le lendemain matin qu'elle peut lui tailler une pipe. Ce n'est pas tant insolent que romanesquement décevant. Oh, et Valérie doit mourir, bien sûr, juste au moment où elle a trouvé le bonheur et où le couple a décidé de vivre dans une île paradisiaque. L'épisode et la façon de le raconter auraient été améliorés par Grisham ou Forsyth.

Pourquoi, pour revenir au début, Michel déteste-t-il tant son père ? C'est une question qu'un lecteur normalement curieux pourrait poser, après cette vitupération devant le cercueil. Or, qu'apprenons-nous sur ce « vieux salaud » qui s'est « démerdé comme un chef », ce « crétin en short », cet « élément hideusement significatif » du XXe siècle ? Qu'il avait soixante-dix ans quand il est mort, qu'Aïcha « l'aimait bien », qu'il faisait beaucoup d'exercice et possédait une Toyota Land Cruiser. Pas vraiment des motifs de haine, pourrait-on penser. Nous apprenons aussi, plus loin, que ce monstre avait été terrassé par une soudaine et inexplicable dépression. « Ses amis alpinistes l'entouraient, gênés, impuissants devant ce mal. S'il avait fait tant de sport, m'avait-il expliqué une fois, c'était pour s'abrutir, pour s'empêcher de penser. » Tout cela est nouveau (on vient seulement de nous dire que le père avait fait de l'alpinisme) ; et on pourrait penser, puisque Michel est lui-même déprimé, que cela aurait pu être un motif de compassion. Mais c'est tout ce qu'on obtient, et le père disparaît bien vite du récit, comme des pensées de Michel.

Dans le roman, la haine filiale n'est qu'une inexplicable donnée. Cependant, les papotages littéraires (pas toujours à dédaigner) révèlent une interview que Houellebecq a accordée au magazine *Lire* il y a quelques années. Les parents du romancier l'ont abandonné quand il avait cinq ans, le confiant à la garde d'une grand-mère. « Mon père, dit-il, très tôt a développé un sentiment de culpabilité excessif. Il m'a déclaré un jour bizarrement qu'il avait choisi l'activité physique intense parce que ça empêche de penser. Il était guide de haute montagne. »

Aucune raison pour que cette étrange confession ne soit pas utilisée par un auteur de fiction ; mais pour que cela fonctionne, il faut que ce soit étayé par la fiction elle-même. Dans *Plateforme*, le décalage entre « Michel R. » et Michel H. est plus sérieux que ce petit emprunt autobiographique ne pourrait le faire croire. Il y a des problèmes avec la narration, officiellement un récit à la première personne par Michel R., mais qui passe à la troisième personne s'il a besoin de nous dire ce que seul Michel H. peut savoir. (Il y a même une bourde, quand Michel R. nous donne son opinion sur un personnage qu'il n'a pas encore rencontré.) En Michel lui-même, il y a aussi un curieux décalage. Ainsi, il part en vacances avec « deux best-sellers américains » qu'il a « achetés un peu au hasard à l'aéroport » (malgré tout son dédain pour ceux de Forsyth et de Grisham) ; il a aussi le *Guide du routard*. O.K. pour un touriste sexuel, pourrait-on penser. Plus tard, d'une façon un peu surprenante, il s'affole à l'idée de ne rien avoir à lire. Encore plus tard, rentré chez lui, il se révèle être un lecteur assidu d'Auguste Comte et de Kundera ; il cite aussi avec assurance Kant, Schopenhauer et des théoriciens sociaux. Est-ce bien le même personnage, ou quelqu'un qui change pour répondre aux besoins du moment ?

Le sentiment d'avoir affaire à un habile écrivain qui est un moins habile romancier s'impose le plus dans la manière dont le roman traite la question de l'islam. Structurellement, la fonction de ce que Michel appelle « la religion déraisonnable » semble être de prononcer, à la fin, une extrême et meurtrière condamnation des heureux touristes sexuels. Sa présence dans le texte, cependant, se réduit à trois attaques verbales. D'abord, celle d'Aïcha, qui se lance sans qu'on lui ait rien demandé dans une dénonciation de son père dont « il n'y a rien à tirer » depuis son pèlerinage à La Mecque, et de ses frères bons à rien : « Ils se bourrent la gueule au pastis tout en se prétendant les dépositaires de la vraie foi, et ils se permettent de me traiter de salope parce que j'ai envie de travailler plutôt que d'épouser un connard dans leur genre. » Et puis il y a l'Égyptien que Michel a rencontré dans la Vallée des Rois, un généticien extrêmement cultivé et intelligent pour qui les musulmans sont « les minables du Sahara », et pour qui l'islam est une religion née « au milieu de bédouins crasseux qui n'avaient rien d'autre à faire — pardonnez-moi — que d'enculer leurs chameaux ». Et enfin le banquier jordanien rencontré à Bangkok, qui fait remarquer, au cours d'un anathème plus général, que le paradis sexuel promis aux martyrs islamiques peut être obtenu à bien moindre coût dans n'importe quel salon de massage. Extraordinaire que trois rencontres fortuites dans trois continents différents fassent surgir trois véhéments contempteurs de l'islam qui disparaissent du récit juste après que leur rôle est joué. Ce n'est pas tant un auteur qui a son pouce sur un plateau de la balance, qu'un auteur qui grimpe dessus et fait des claquettes. (Parenthèse de papotage littéraire : Houellebecq a dit au magazine *Lire* que sa mère s'était convertie à l'islam, et ajouté qu'il ne supportait pas l'islam.)

Avant que je commence à lire ce roman, un ami français a fait cette remarque inattendue : « Il y a une scène où le narrateur et sa copine et une autre femme font l'amour à trois dans le hammam du centre de thalassothérapie de Dinard. Eh bien, j'y suis allé (a-t-il dit, et son ton s'est durci), et *c'est impossible.* » Ce n'est pas un ratiocineur, et son attitude m'a surpris. Mais maintenant je la comprends. L'insolence romanesque tient de la démarche à haut risque : elle doit, comme dans *Les Particules*, vous contraindre à aller de l'avant, vous convaincre par la force de sa rhétorique et la rigueur de son désespoir. Elle ne devrait pas laisser le temps de penser, par exemple : Attends, ce n'est pas vrai, ou bien : Sûrement les gens ne sont pas si mauvais, ou même : En fait, j'aimerais examiner ce point… *Plateforme*, roman plus nourri d'opinions et de soliloques et de moments de provocation que de véritable narration, laisse de tels doutes et questionnements venir bien trop souvent à l'esprit du lecteur. Le sexe, l'amour, les musulmans, l'humanité sont-ils vraiment comme ça ? Est-ce Michel qui est déprimé, ou le monde qui est déprimant ? Camus, qui a débuté en créant, avec son

Meursault, un des personnages les plus détachés et indifférents du roman d'après-guerre, est mort alors qu'il écrivait *Le Premier Homme*, dans lequel des vies ordinaires sont dépeintes avec la plus riche observation et sympathie. Il semble moins probable que Houellebecq parvienne un jour à surmonter le péché de désespoir.

LE CÔTÉ TROMPEUR DE PENELOPE FITZGERALD

Quelques années avant sa mort, j'ai participé à un colloque à l'université de York avec Penelope Fitzgerald. Je la connaissais un peu, et l'admirais beaucoup. Son attitude était timide et plutôt distraite, comme si la dernière chose qu'elle voulait, c'était d'être prise pour ce qu'elle était : le meilleur auteur de romans anglais vivant ; aussi se comportait-elle comme si elle n'était qu'une inoffensive grand-mère aimant surtout faire des confitures et ne sachant guère se débrouiller dans le monde. Ce n'était pas très difficile, puisqu'elle était en effet une grand-mère, qui — une des révélations mineures de sa correspondance — faisait volontiers des confitures (et du chutney) ; mais ce n'était pas non plus très convaincant, étant donné que de temps à autre, et comme malgré elle, sa rare intelligence et son humour instinctif transparaissaient. Pendant la pause-café, je lui ai demandé de dédicacer ceux de ses romans que je préfère : *Début de printemps* et *La Fleur bleue*. Elle a fouillé pendant un long moment dans le lourd sac en plastique — pourpre, avec un motif floral, je me rappelle — qui contenait ce qu'il lui fallait ce jour-là. Un stylo à encre fut finalement trouvé et, après un temps d'hésitation et de réflexion assez considérable, elle écrivit — sembla-t-il, espérai-je — un message personnel encourageant à un plus jeune romancier, sur chaque page de titre. Je rangeai les livres sans regarder les dédicaces.

Après le colloque, nous fûmes conduits ensemble à la gare de York pour le retour à Londres. Lorsqu'on m'avait invité, on m'avait donné le choix entre une modeste rétribution et un billet de seconde classe, ou pas de rétribution et un voyage en première — ce pour quoi j'avais opté. Le train arriva. Je supposais que l'université n'avait pas pu offrir à une octogénaire d'une telle distinction littéraire autre chose qu'un billet de première classe. Mais quand je me dirigeai vers ce que je présumais être notre voiture, je vis qu'elle allait dans une direction plus modeste. Naturellement, je l'accompagnai. Je ne me souviens pas de quoi nous avons parlé pendant le voyage ; peut-être ai-je mentionné cette curieuse coïncidence que nous avions fait notre première apparition en tant qu'auteurs de fiction dans le même ouvrage (*The Times Anthology of Ghost Stories*, 1975), et sans doute ai-je posé les sottes questions habituelles : à quoi elle travaillait, quand allait paraître son prochain roman (j'ai appris plus tard qu'elle mentait souvent aux interviewers). À King's Cross, j'ai suggéré que nous prenions le même taxi, puisque nous habitions dans le même quartier du nord de Londres. Oh non, a-t-elle répondu, elle allait prendre le métro — après tout, cette splendide carte de transport gratuite lui avait été remise par le maire de Londres (elle disait cela comme si c'était un cadeau personnel, plutôt qu'une chose dont bénéficiait tout retraité). Supposant qu'elle devait sentir encore plus que moi la fatigue du jour, j'ai insisté en faveur de l'autre option, mais elle s'est montrée tranquillement obstinée, et a cru trouver un argument décisif : elle devait acheter une bouteille de lait en allant de la station d'arrivée à son logis et, si elle rentrait en taxi, il lui faudrait ressortir plus tard. Je lui ai tout aussi obstinément fait remarquer qu'elle pourrait très facilement faire arrêter le taxi devant le magasin, le temps d'acheter son lait... « Je n'avais pas pensé à ça », a-t-elle dit. Mais non, je ne l'avais pas convaincue : elle avait décidé de prendre le métro, et voilà tout. Alors j'ai attendu à côté d'elle, dans le hall de la station, pendant qu'elle cherchait sa carte gratuite dans le chaos de son sac ; l'objet devait y être, sûrement — mais non, après une longue fouille, il sembla introuvable. Je commençais à ressentir — et peut-être montrer — une certaine impatience, aussi, l'entraînant, me suis-je approché résolument d'un distributeur de tickets, en ai-je acheté deux, et l'ai-je escortée, via l'escalier mécanique, vers le quai en bas. Tandis que nous attendions la rame, elle a tourné la tête vers moi, avec une expression d'aimable préoccupation. « Oh mon Dieu, a-t-elle dit, il semble bien que je vous aie imposé de médiocres formes de transport ! » Je riais encore quand je suis arrivé chez moi et quand j'ai ouvert ses deux livres pour lire ces dédicaces mûrement réfléchies. Sur la page de titre de *Début de printemps*, elle avait écrit : « amicalement — Penelope Fitzgerald » ; et sur celle de *La Fleur bleue* — une formulation qui avait exigé beaucoup plus de temps encore —, elle avait mis : « amicalement — Penelope ».

Comme sa manière d'être personnelle, sa vie et sa carrière littéraire semblaient destinées à donner le change, à détourner l'attention du fait qu'elle était, ou allait devenir, une grande romancière. Certes, elle était issue d'un milieu cultivé, son père et trois oncles, les frères Knox, étant des érudits aux talents multiples, dont elle écrivit plus tard la biographie commune. Son père dirigeait la revue *Punch* ; sa mère, une des premières étudiantes du Somerville College d'Oxford, écrivait aussi. Penelope y fut elle-même une brillante étudiante : un de ses examinateurs fut si impressionné par les copies qu'elle rendait qu'il demanda à ses confrères s'il pouvait les garder, et plus tard, apparemment, les fit relier de vélin. Mais, après cette marque publique de distinction, pendant ce qui, pour d'autres, aurait pu être leurs meilleures années pour écrire, elle devint une épouse et une mère qui travaillait (à la revue *Punch*, à la BBC, au ministère des Ressources alimentaires, puis dans le journalisme et l'enseignement). Elle avait cinquante-huit ans quand elle publia son premier livre, une biographie du peintre Burne-Jones. Puis elle écrivit un *thriller* comique, *The Golden Child*, pour amuser, dit-on, son mari mourant. Entre 1975 et 1985, elle publia deux autres biographies et quatre autres romans. Ces quatre romans sont courts, et en rapport avec ses propres expériences : gérer une librairie, vivre sur une péniche, travailler pour la BBC en temps de guerre, enseigner dans une école de théâtre. Ils sont habilement écrits, insolites, fort plaisants, mais d'ambition modeste. Et presque tout autre écrivain, pourrait-on penser, ayant puisé dans sa propre vie, et allant sur ses soixante-dix ans, aurait décidé de s'en tenir là. Au contraire : au cours de la décennie suivante, entre 1986 et 1995, elle écrivit les quatre romans — *Innocence*, *Début de printemps*, *La Porte des anges* et *La Fleur bleue* — grâce auxquels elle restera dans les mémoires. Ils sont éloignés de son existence apparente, se passant respectivement dans la Florence des années 1950, le Moscou d'avant la révolution, le Cambridge de 1912 et la Prusse de la fin du XVIIIe siècle. Beaucoup d'écrivains commencent par inventer des histoires éloignées de leur vie, et puis, quand leur matériau se tarit, se tournent vers des sources plus proches et familières. Fitzgerald a fait l'inverse et, en écrivant des romans éloignés de sa propre vie, elle s'est libérée et a atteint la grandeur.

Cependant la reconnaissance publique, quand elle est venue, n'a pas suivi une trajectoire évidente, et a été marquée par un degré prononcé de dépréciation masculine. En 1977 son éditeur pour les œuvres non romanesques, Richard Garnett, lui déclara sottement qu'elle n'était « qu'un écrivain amateur », à quoi elle répondit avec bonhomie : « Je me suis demandé combien de livres il faut écrire et combien de points-virgules il faut éliminer avant de perdre le statut d'amateur. » L'année suivante, après que son roman *La Librairie* eut figuré dans la dernière sélection du Booker Prize, elle demanda à son éditeur pour les œuvres de fiction, Colin Haycraft, si ce serait une bonne idée d'écrire un autre roman. Il répondit jovialement que, si elle continuait dans cette voie, il ne voulait pas en être blâmé, et avait de toute façon déjà trop de romans courts, et finissant tristement, sur les bras. (Sans surprise, elle alla chez un autre éditeur, et Haycraft prétendit qu'il avait été mal compris.) Je me souviens de Paul Theroux me racontant que, membre du jury du Booker en 1979, il s'était lancé dans les lectures préliminaires en traversant la Patagonie en train, et les livres dont il jugeait qu'ils ne valaient même pas qu'on en discute étaient jetés dans la pampa. Quelques mois plus tard, il avait assisté, un sourire poli aux lèvres, à la remise du prix à Fitzgerald pour *À la dérive*. Les responsables d'émissions littéraires à la BBC la traitèrent eux aussi avec condescendance : Frank Delaney (radio) lui dit qu'elle « méritait de gagner parce que [son] livre était exempt d'inconvenances et pouvait être lu par toute la famille » ; Robert Robinson (télévision) lui accorda un temps dédaigneusement court dans son émission *The Book Programme* et dissimula à peine son opinion qu'elle n'aurait pas dû remporter le prix. Et, après sa mort, même son service commémoratif fut gâché par les rengorgements de dindon d'un jeune romancier.

On pourrait peut-être soutenir qu'elle a décroché le Booker avec le « mauvais » roman — ce qui n'aurait rien de révolutionnaire dans l'histoire de ce prix —, mais le vrai déshonneur fut de ne le lui décerner de nouveau pour aucun de ses quatre derniers ouvrages ; *La Fleur bleue*, roman choisi plus souvent que tout autre comme « Livre de l'année » en 1995, ne fut même pas retenu dans la dernière sélection — et le prix alla cette année-là à *The Ghost Road* de Pat Barker. Malgré tout, Penelope Fitzgerald avait quelques bons souvenirs de sa soirée victorieuse : « Le plus beau, ce fut quand le directeur du *Financial Times*, qui était à ma table, jeta un coup d'œil au chèque et dit au président du Booker : "Hmmf, je vois que vous avez changé de trésorier." Leurs deux visages rayonnaient d'intérêt. »

Il y a beaucoup de moments semblables dans ses lettres — des moments où l'observatrice professionnelle d'êtres humains trouve quelque pitance et gratification là où d'autres ne trouveraient peut-être qu'ennui ou rudesse. Sa vie, à en juger par cette correspondance, fut en grande partie familiale et domestique (avec de fréquents changements de domicile), et régulièrement affectée par des crises financières. Le magazine qu'elle dirigea, *World Review*, ne put subsister ; son mari, Desmond, avait un problème de boisson ; la péniche où elle vécut coula non pas une seule fois, mais deux, avec les archives qu'elle possédait (dont toutes ses lettres du temps de guerre à son époux). Une aide vint à un moment sous la forme d'un logement social à Clapham, où elle collectionna des timbres-primes Green Shield, et se servait de sachets de thé pour se teindre les cheveux. Elle écrivait dans les moments de répit que lui laissait sa vie de famille ; et cela ne lui rapporta pas grand-chose jusqu'au succès tardif de *La Fleur bleue* aux États-Unis (où lui fut décerné un National Book Critics Circle Award, la première année où ce prix fut ouvert aux non-Américains). C'était pour elle un motif de fierté mélancolique — et cela devrait servir d'avertissement aux romanciers en herbe — de n'être passée dans la tranche d'imposition supérieure qu'à l'âge de quatre-vingts ans… Elle était aussi sujette aux accidents, tombant d'une échelle ou d'une fenêtre, et aux incidents fâcheux, se retrouvant coincée dans les toilettes, ou plus obscurs (« J'ai été renversée par une file d'attente à un arrêt de bus et j'ai une ecchymose ronde sur le bras, toute pareille à la marque de Caïn »). Elle avait tendance à se reprocher des choses dont elle n'était pas responsable, se sentant même coupable vis-à-vis de ses éditeurs quand ses livres ne se vendaient pas. Elle n'aimait pas offenser non plus — par exemple, à la sortie d'un bureau de vote, une dame du parti conservateur qui la prenait pour une des leurs : « Je n'ai pas voulu lui dire que je votais "libéral" pour ne pas la froisser — elle avait mis un joli chapeau vert et tout — je la vois souvent à l'église. »

Ce « joli chapeau vert » est une pure touche d'écrivain ; et son esprit de fantaisie est souvent prompt à transformer la réalité observée. Ceci est tiré d'une de ses lettres du temps de guerre :

> J'ai eu ici mon frère pendant une semaine de permission. Il dormait dans le couloir, et la cuisinière danoise le considérait manifestement comme un soldat cantonné chez nous et passait le balai mécanique sur lui sans aucun remords.

L'implication logique étant que cela aurait été un comportement tout à fait normal (quoique danois) si son frère avait bien été un soldat cantonné. Il y a, parfois, plus qu'un peu de prosaïsme petit-bourgeois dans la vie qu'elle décrit : « J'ai réparé mes sandales avec du bois plastique (malheureusement Woolie's n'avait que du "vieux noyer") et d'assez bonnes semelles en plastique, aussi de chez Woolie's. » Mais c'est du prosaïsme petit-bourgeois avec une différence : d'abord, il est conscient ; et puis, il y a un zeste de « bohème chic ». Elle savait ce qu'elle faisait, et écrivait. En même temps, *c'était* sa vie.

À côté de la bonhomie et des reproches qu'elle pouvait se faire, cependant, il y avait un clair sens moral et un rejet sévère de ceux qu'elle trouvait déficients. Robert Skidelsky est « cet homme absurdement irritant », la conférence de lord David Cecil sur Rossetti était « exécrable », le dernier roman de Rushdie est « un tas de fadaises ». Et puis il y a « cet horrible Malcolm Bradbury », qui semble « fait de quelque matière plastique ou substance semi-fluide qui mollit ou se transforme dans votre main » et qui se montre condescendant envers son travail (« J'ai eu envie de lui jeter la mayonnaise vert pâle à la figure ») ; ou Douglas Hurd, le président du Booker Prize, avec sa pitoyable conception du roman. À propos de la biographie de Dickens due à Peter Ackroyd, elle note simplement, avec ironie : « Je ne vois pas comment une biographie de Dickens écrite par quelqu'un qui n'a aucun sens de l'humour peut être un succès. » Et la voici au sujet de sa propre réputation littéraire : « On dit que je suis de l'école de Beryl Bainbridge, ce qui est un bon châtiment de la vanité, je suppose. »

« Dans l'ensemble, dit-elle à son éditeur américain en 1987, il me semble qu'on devrait écrire des biographies de gens qu'on admire et respecte, et des romans sur des humains qu'on pense être tristement fourvoyés. » Penelope Fitzgerald est tendre envers ses personnages et leurs mondes, d'une imprévisible drôlerie, et parfois étonnamment aphoristique ; bien qu'il soit caractéristique de sa manière que de telles bribes de sagesse ne semblent pas tant être énoncées par l'auteur que faire partie du texte organiquement, comme de la mousse ou du corail. Ses personnages sont rarement cruels ou délibérément mauvais ; quand les choses tournent mal pour eux, ou lorsqu'ils font du mal aux autres, c'est généralement par malentendu, par manque moins de compassion que d'imagination. Le problème principal est qu'ils ne peuvent pas voir les modalités et conditions attachées à l'existence : en eux la grâce morale et l'incompétence sociale se côtoient souvent. Comme dit Salvatore, le neurologue dans son roman « italien » *Innocence*, « il y a des dilettantes en relations humaines comme il y en a, disons, en politique ». Les membres de la famille aristocratique dans laquelle il doit entrer en se mariant, les Ridolfi, sont « enclins aux décisions téméraires, peut-être toujours destinées à assurer le bonheur des autres ». Ces gens ont tendance à croire que l'amour suffit, et que le bonheur pourrait être sa conséquence méritée. Ils disent ce qu'ils pensent au mauvais moment et de la mauvaise manière ; ils font preuve d'une sorte d'innocence inexorablement pernicieuse. C'est un trait également réparti entre les sexes, mais non reconnu de part et d'autre. Ainsi, Salvatore — qui n'a pas conscience de ses propres formes plus intellectuelles de naïveté — est porté à un certain degré d'exaspération par la force et la pure insouciance de l'innocence qu'il perçoit chez les deux femmes de sa vie :

> Il s'efforça de garder son calme. Il lui semblait que Marta et Chiara profitaient de lui en l'attaquant avec leur ignorance, ou disons innocence. Un adulte pensant sérieux n'avait aucune défense contre l'innocence parce qu'il était obligé de la respecter, alors que l'innocence sait à peine ce qu'est le respect, ou le sérieux.

La profonde compréhension que montre Fitzgerald des complexités et ramifications de l'innocence a pour effet que les enfants de ses romans ne sont pas seulement des personnages convaincants, mais des moteurs de l'intrigue. En 1996 un vieil ami, Hugh Lee, fit l'objection saugrenue qu'il trouvait ces enfants « affectés ». Niant cela, elle répondit : « Ils sont exactement comme mes propres enfants, qui remarquaient toujours tout. » Et, ayant remarqué, énonçaient les vérités dévastatrices de l'innocence. En 1968 la romancière avait rapporté une conversation avec — ou plutôt, une sévère mise en cause par — sa fille cadette :

> Maria m'a bien déprimée en 1) regardant son père et moi et disant : « Quel drôle de vieux couple vous faites ! » et 2) me disant qu'étudier l'art et la littérature n'est qu'une satisfaction personnelle et n'aide pas vraiment l'humanité ni ne mène à grand-chose, et je suppose que c'est vrai : elle l'a dit très gentiment. Ma vie semble tomber en poussière.

C'est dans de tels moments que l'écrivain a un petit avantage sur le non-écrivain : le moment douloureux peut au moins être gardé en réserve pour un usage ultérieur. Vingt ans plus tard, voici Dolly, la toute jeune fille (qui a aussi son franc-parler) de Frank Reid, propriétaire d'une imprimerie dans le Moscou prérévolutionnaire. Quand la femme de Frank, Nellie, abandonne inexplicablement la famille et retourne à Londres, Frank demande à Dolly si elle veut écrire à sa mère. Dolly répond : « Je ne crois pas que je devrais écrire. » Frank, dont l'innocence signifie qu'il est dénué de sentiment de supériorité morale, lui demande alors : « Pourquoi, Dolly ? Tu ne penses sûrement pas qu'elle a mal agi ? » Et Dolly donne une réponse que ni lui ni nous n'attendons : « Je ne sais pas… L'erreur qu'elle a probablement faite, c'est de se marier en premier lieu. »

La réaction initiale de nombreux lecteurs à un roman de Penelope Fitzgerald — en particulier un des quatre derniers — est : « Mais comment sait-elle cela ? » Comment sait-elle (*Début de printemps*) tout cela sur les façons de corrompre la police dans la Russie prérévolutionnaire, et sur les techniques d'imprimerie, et sait-elle que tous les paquets de cartes à jouer étaient confisqués à la frontière ? Comment sait-elle (*Innocence*) tout cela sur la neurologie et la couture et le nanisme et Gramsci ? Comment sait-elle (*La Porte des anges*) tout cela sur la physique atomique et le statut d'infirmière stagiaire et l'ouverture du grand magasin Selfridges ? Comment sait-elle (*La Fleur bleue*) tout cela sur les usages en matière de blanchisserie dans la Thuringe du XVIIIe siècle et le système brownien et la philosophie de Schlegel et les mines de sel ? La première et évidente réponse est : elle a cherché et trouvé. A. S. Byatt lui a posé un jour la dernière de ces questions, et la réponse a été qu'elle avait « lu les archives des mines de sel d'un bout à l'autre, en allemand, pour comprendre comment [son] héros était employé ». Mais quand nous demandons : « Comment savait-elle cela ? », nous demandons aussi en fait : « Mais comment *fait*-elle cela ? » — comment transmet-elle ce qu'elle sait d'une manière aussi compacte, exacte, dynamique et éloquente ? Elle avait une crainte de romancière (et de personne timide) d'ennuyer en informant : « J'ai toujours l'impression que le lecteur est très insulté qu'on lui en dise trop. » Mais c'est plus qu'un simple goût d'économie. C'est l'art d'utiliser les faits et les détails de façon que le tout devienne plus grand que la somme des parties. *La Fleur bleue* s'ouvre sur une fameuse scène de jour de lessive dans une grande maison : tout le linge sale — draps, chemises, sous-vêtements — est jeté par les fenêtres dans la cour. Quand je pense à cette scène et à sa densité d'effet, il me semble toujours que cela doit durer tout un chapitre — même si, dans un roman de Fitzgerald, cela signifie rarement plus de sept ou huit pages —, mais quand je vérifie, je constate que cela dure en fait moins de deux pages — lesquelles, outre la description de cette scène, parviennent aussi à annoncer les thèmes, essentiels dans le roman, de la philosophie romantique allemande et de l'amour difficile. J'ai relu bien des fois cette scène, tentant de découvrir son secret, mais sans jamais y parvenir.

Une maîtrise des sources et un goût de la concision pourraient vous faire supposer que la ligne narrative des romans de Fitzgerald est suprêmement claire. Loin de là : il y a ici une façon de prendre doucement à contre-pied, souvent dès les premières lignes. Voici celles de *Début de printemps* :

> En 1913, le voyage de Moscou à Charing Cross, en changeant à Varsovie, coûtait quatorze livres, six shillings et trois pence, et durait deux jours et demi.

Cela semble d'une clarté presque journalistique, et l'est dans un sens, jusqu'à ce qu'on se fasse la réflexion que presque tout autre romancier aurait commencé un « roman russe » dont la plupart des personnages sont anglais en faisant voyager l'un d'eux — et donc le lecteur aussi — de Londres à Moscou. Penelope Fitzgerald fait l'inverse : elle commence avec un personnage qui quitte l'endroit même où toute l'action va se dérouler. Mais la phrase semble si naturelle qu'on remarque à peine ce qu'on nous fait. Et voici les premières lignes de *La Fleur bleue* :

> Jacob Dietmahler n'était pas si sot qu'il ne pût voir qu'ils étaient arrivés chez son ami le jour de lessive.

Là de même, un autre romancier se serait probablement contenté d'écrire : « Jacob Dietmahler pouvait voir qu'ils étaient arrivés… » — bien plus banal. Une double négation dans la première phrase désarçonne le lecteur qui s'attend à une entrée peu compliquée dans un roman ; en outre, elle engendre la question narrative : « Alors, dans ce cas, quel *était* au juste le degré de sottise de Jacob Dietmahler ? » De surcroît, Fitzgerald écrit « *on the washday* » [le jour de lessive] là où d'autres se seraient contentés d'un plus habituel « *on washday* ». L'article défini évoque discrètement l'allemand derrière — *am Waschtag* — et donne à un Anglais l'impression d'être, à un niveau presque sous-jacent, dans une autre époque, une autre contrée. Ce qui l'aide à se sentir dans une œuvre de fiction. Car c'est un aspect d'abord déconcertant de ces quatre derniers romans : ils ne font pas l'effet d'être des « romans historiques », si ceux-ci sont des ouvrages dans lesquels nous, lecteurs modernes, sommes transportés à une époque antérieure grâce à un écrivain qui nous instruit sur tout ce qu'il convient d'en savoir. Ils font plutôt l'effet de romans dont il se trouve que l'histoire se déroule dans le passé, et dans lesquels nous entrons sur un pied d'égalité avec les personnages que nous y rencontrons : c'est comme si nous les lisions à l'époque où ils se passent, plutôt que maintenant — et pourtant nous restons dans la nôtre.

Cette manière qu'a Fitzgerald de prendre doucement à contre-pied culmine dans des scènes où le monde, tel qu'on le ressent physiquement et qu'on s'y fie, est soudain infléchi. Au début de *La Porte des anges*, un violent déluge met Cambridge sens dessus dessous — « faîtes d'arbres à terre, jambes en l'air, dans une cité universitaire vouée à la logique et la raison » ; et, à la fin du roman, la porte du titre s'ouvre miraculeusement en ce qui pourrait être un moment quasi religieux, ou quelque extravagant stratagème tiré d'une histoire de fantômes — ou, peut-être, les deux. Et il y a cette scène, évoquant une mystérieuse révélation, un peu avant la fin de *Début de printemps*. Dolly se réveille au milieu de la nuit dans la datcha familiale et voit sur la véranda Lisa, la jeune gouvernante (russe) temporaire des enfants Reid, habillée pour sortir ; laquelle, à contrecœur, emmène Dolly avec elle. Elles s'éloignent, le long d'un sentier, de la lumière qui brûle à la fenêtre de la datcha, jusqu'au moment où, « bien que le chemin semble s'étendre tout droit, la lumière finit par disparaître ». La forêt se referme sur elles. Parmi les troncs des bouleaux, Dolly commence à voir ce qui ressemble à « des mains humaines, cherchant à se toucher à travers le blanc et le noir ». Dans une clairière, des hommes et des femmes se tiennent au pied des arbres, chacun adossé à un tronc. Lisa leur explique que, bien qu'elle sache qu'ils sont venus là à cause d'elle, elle ne peut pas rester ; elle doit retourner à la maison avec l'enfant. « Si elle en parle, on ne la croira pas. Si elle peut s'en souvenir, elle comprendra avec le temps ce qu'elle a vu. » Elles rebroussent chemin, et Dolly se recouche ; mais la forêt a envahi la datcha. « Elle pouvait encore sentir la puissante odeur de sève de bouleau, aussi forte à l'intérieur de la maison qu'à l'extérieur. » Dolly comprend-elle ce qu'elle a vu — et le comprenons-nous ? Cette scène — pour laquelle nous n'avons que le point de vue de l'enfant — est-elle un rêve, une hallucination, un souvenir de somnambule ? Sinon, quelle en est la signification ? La forêt s'anime-t-elle, comme dans le poème panthéiste de Selwyn Crane, le rêveur tolstoïen du roman ? Cette scène symbolise-t-elle un éveil féminin ou une libération personnelle, pour Dolly, ou Lisa, ou les deux ? Dolly a-t-elle été fugitivement témoin des préparatifs de quelque rite de printemps païen (quelques pages seulement plus loin, le nom de Stravinsky est discrètement mentionné) ? Ou la réunion secrète dans la forêt pourrait-elle être carrément politique, ou même révolutionnaire (Lisa, découvrons-nous plus tard, trempe dans la politique) ? Certaines de ces interprétations, et même toutes, sont possibles et, mystérieusement, ne sont pas incompatibles les unes avec les autres. Ce bref passage n'occupe que trois pages, mais, comme avec la scène du jour de lessive dans *La Fleur bleue*, il prend une bien plus grande ampleur dans la mémoire. Et de nouveau nous nous demandons : comment fait-elle cela ?

Un de nos romanciers les plus connus a comparé l'expérience de lire un roman de Fitzgerald à celle de rouler dans une voiture de la meilleure qualité et de s'apercevoir, au bout d'un ou deux kilomètres, que « quelqu'un jette le volant par la fenêtre » ; un autre, tout en faisant l'éloge de *Début de printemps*, l'a qualifié d'« un peu fou ». Ces jugements me semblent profondément erronés. Dans *Début de printemps*, il y a une scène dans laquelle Frank Reid réfléchit brièvement au système russe de corruption. Un intrus, un étudiant, est entré par effraction dans l'imprimerie ; il a tiré deux coups de pistolet sur Reid, qui l'a appréhendé, mais a décidé de ne pas signaler l'incident à la police. Cependant, il a négligé de donner au gardien de nuit, qui a entendu les coups de feu, une centaine de roubles, « quelque chose entre un dessous-de-table et un pot-de-vin », pour s'assurer de son silence. Résultat, le gardien de nuit est allé dire ce qu'il savait à la police :

> De celle-ci, il avait dû obtenir beaucoup moins, mais il avait vraisemblablement un besoin immédiat de cet argent. Sans doute était-il pris dans le réseau serré de petits emprunts, dettes, remboursements et saisies qui tenait la ville, quartier après quartier, dans ses rets, aussi sûrement que les lignes de tramway…

Les romans sont comme des villes : certains sont organisés et agencés avec la clarté de plans colorés de transports publics, chaque chapitre constituant une avancée d'une station à la suivante, jusqu'à ce que tous les personnages aient pu être amenés à leur terminus thématique. D'autres, les plus subtils et les plus sages, n'évoquent pas de tels plans immédiatement lisibles. Au lieu de faire voyager à travers la ville, ils vous jettent dans la ville elle-même, et la vie elle-même : vous êtes censés trouver votre chemin. Et leur structure et leur intention peuvent ne pas être immédiatement apparentes, étant fondées sur le réseau tacite d'« emprunts, dettes, remboursements et saisies » qui régit les relations humaines. De tels romans n'avancent pas non plus mécaniquement ; ils errent çà et là, marquent des pauses, vont à leur rythme, comme fait la vie, mais avec un plus grand dessein et une structure cachée. Un prêtre, dans *Début de printemps*, cherchant à affirmer la lisibilité du dessein de Dieu dans le monde, dit : « Il n'y a pas de rencontres fortuites. » La même chose est vraie de la meilleure fiction. De tels romans ne sont pas difficiles à lire, étant si pleins de détails et d'incidents et du mouvement de la vie, mais ils sont parfois difficiles à comprendre. C'est parce que l'auteur en retrait a la hardiesse de présumer que le lecteur sera aussi subtil et intelligent que lui. Les romans de Penelope Fitzgerald en sont d'excellents exemples.

HOMMAGE À HEMINGWAY :

une nouvelle

I. LE ROMANCIER À LA CAMPAGNE

Ils étaient assis sans cérémonie autour d'une table de cuisine en pin décapé. Derrière lui il y avait un buffet assorti, en face de lui une fenêtre panoramique à travers laquelle il pouvait voir un petit troupeau de moutons humides, puis des pâturages en pente douce qui disparaissaient dans les nuages bas ; il n'avait pas cessé de pleuvoir depuis cinq jours qu'ils étaient là. Il n'était pas sûr que ce genre de vie en commun, qui avait paru si plaisant et démocratique dans la brochure, était pour lui. Bien sûr, les élèves étaient censés s'occuper des repas, de la vaisselle et du ménage, mais, puisque la moitié d'entre eux étaient plus âgés que lui, il aurait semblé par trop guindé de ne pas donner un coup de main. Alors il empilait les assiettes, préparait les toasts, et avait même promis de leur faire un grand ragoût d'agneau le dernier soir. Après le dîner, ils mettaient leurs impers et suivaient le chemin boueux sur plus d'un kilomètre jusqu'au pub. Chaque soir, il semblait avoir besoin d'un peu plus d'alcool pour se maintenir d'aplomb.

Il aimait bien ses élèves, avec leur bonne volonté et leur optimisme, et il leur avait demandé de l'appeler par son prénom.

Tous le faisaient sauf Bill, un ex-militaire plutôt bourru, qui préférait lui donner du « Chef ». Certains d'entre eux, il est vrai, aimaient la littérature plus qu'ils ne la comprenaient, et imaginaient que la fiction était une simple autobiographie un peu arrangée.

« Je dis seulement que je ne comprends pas pourquoi elle l'a fait.

— Eh bien, les gens ne comprennent souvent pas pourquoi ils font ce qu'ils font.

— Mais nous, en tant que lecteurs, devrions le savoir, même si le personnage lui-même ne le sait pas.

— Pas forcément.

— Je suis d'accord. Je veux dire, on ne croit plus au… comment avez-vous appelé ça, Chef ?

— Narrateur omniscient, Bill.

— C'est ça.

— Tout ce que je dis, c'est qu'il y a une différence entre ne pas croire à un narrateur omniscient et ne pas comprendre ce qui se passe dans la tête d'un personnage.

— Et moi je dis que les gens ne comprennent souvent pas pourquoi ils font ce qu'ils font.

— Mais écoute, Vicky, tu écris l'histoire d'une femme qui a deux jeunes enfants et ce qui semble être un mari tout à fait convenable, et qui décide soudain de se tuer.

— Et alors ?

— Et alors peut-être — peut-être — y a-t-il une question de vraisemblance… »

Il sentait que les esprits s'échauffaient, mais il était peu enclin à intervenir. Il préférait songer à cette question de vraisemblance. Dans son propre cas, par exemple ; ou plutôt, leur cas à Angie et lui. Ils avaient vécu sept ans ensemble, elle avait partagé chaque jour de sa lutte pour devenir écrivain, il avait écrit son premier roman, elle l'avait vu publié et bien accueilli par la critique — il avait même reçu un prix —, sur quoi elle l'avait plaqué. Il comprenait que des femmes quittent des hommes parce qu'ils échouent, mais le quitter, lui, parce qu'il réussissait ? Où était la logique là-dedans ? Où était la vraisemblance ? Conclusion, une parmi bien d'autres : n'essayez pas de mettre votre propre vie dans une œuvre de fiction. Ça ne marchera pas.

« Alors tu dis que mon histoire est invraisemblable ?

— Pas exactement, je...

— Tu ne crois pas que de telles femmes existent ?

— Eh bien...

— Parce que, permets-moi de te le dire, elles existent. Elles *existent !* » La voix de Vicky tremblotait maintenant. « Cette femme, cette femme que tu ne trouves pas vraisemblable, cette femme est *ma mère*, et je t'assure qu'elle était vraisemblable à mes yeux dans la vie réelle, quand elle vivait encore. »

Il y eut un long silence. Tous le regardaient, s'attendant à le voir prendre les choses en main. Ce qu'il allait faire, bien sûr, mais pas en rendant un jugement, plutôt en leur racontant une histoire. C'était un stratagème qu'il avait conçu le premier matin : injecter dans chaque séance une anecdote, un souvenir, une longue plaisanterie, voire un rêve. Il n'expliquait jamais pourquoi il le faisait, mais chaque intervention de ce genre était destinée à les inciter à se demander : Est-ce une histoire ? Sinon, comment pourrions-nous en faire une histoire ? Que devons-nous rejeter, garder, développer ?

Et donc il leur parla d'un voyage en Grèce, peut-être une douzaine d'années auparavant, vers la fin des années 60. C'était la première fois qu'il allait dans un pays dont il ne comprenait pas du tout la langue. Des amis avaient loué une maison à Naxos pendant trois semaines. C'était en plein été, et, après six heures sur le pont supérieur d'un ferry parti du Pirée, un bon coup de soleil l'avait rendu nauséeux et il avait dû passer ses deux premiers jours de vacances à l'abri. Les quelques autres étrangers dans l'île étaient aussi voyants que devait l'être son petit groupe d'Anglais. Il se souvenait en particulier d'un Américain, un type trapu avec des cheveux blancs et une barbe coupée court ; il portait une chemise blanche flottant sur un short muni d'une ceinture et conduisait une jeep ou un buggy blanc qui semblait aussi à l'aise sur la plage que sur la route côtière. Cet homme passait bruyamment à toute allure, une jambe sur le marchepied et un bras enlaçant une femme — dans les trente-huit ans, peut-être — à la peau olivâtre et aux cheveux teints, d'un blond peu convaincant. C'était manifestement une autochtone, et le jeune Anglais collet monté qu'il était alors (mais n'était implicitement plus) en avait conclu que c'était la putain de l'île, louée à la semaine au même prix peut-être que la jeep ; voire *avec* la jeep, en une sorte de forfait. De temps en temps, ses amis et lui voyaient le couple dans un bar ou un restaurant, mais le plus souvent ils étaient en mouvement, à frimer. Le type avait visiblement pris modèle sur Hemingway, et le jeune Anglais collet monté, à la fois impressionné et dégoûté par cette frime de *macho*, l'avait détesté d'emblée. Chaque fois que la jeep passait sur la plage, même si c'était loin de lui, elle semblait lui envoyer du sable dans la figure.

Il s'en tint là, en espérant que ses élèves réfléchiraient aux conjectures que nous faisons machinalement sur les gens — et même à la possibilité que ces deux-là aient été des touristes heureusement mariés, et que le mari se fût toujours habillé et eût toujours porté sa barbe comme ça… Il espérait aussi qu'ils réfléchiraient à l'influence de la vie sur l'art, et de l'art sur la vie. Et s'ils avaient posé la question, il aurait répondu que, pour lui, le Hemingway romancier était comme un athlète dopé aux stéroïdes.

« Bien, vous tous, maintenant dites-moi ce qui cloche dans la phrase suivante : "Sa voix était si belle et elle lui rappelait tant Pablo Casals au violoncelle." »

Il ne leur dit pas que c'était tiré de *Au-delà du fleuve et sous les arbres*, un roman qui incarnait à ses yeux le pire d'Hemingway. À l'université, ses amis et lui avaient pris l'habitude de se moquer de cette phrase en y glissant d'autres attributs physiques et les noms d'autres musiciens et d'autres instruments : « Ses seins étaient si beaux et ils lui rappelaient tant Stéphane Grappelli au violon jazz », et ainsi de suite. Le jeu avait duré longtemps.

« Je trouve ça plutôt chouette. J'aimerais bien que quelqu'un dise ça à mon sujet…

— C'est de la frime, comme s'il voulait nous en mettre plein la vue avec sa grande culture.

— Ai-je dit que cela a été écrit par un homme ?

— C'est évident. N'importe quelle femme peut le deviner. »

Il hocha la tête comme pour dire : « Touché. »

« Pourquoi l'auteur dit-il "Pablo" ? Pourquoi pas seulement "Casals" ?

— Peut-être pour le distinguer de Rosie Casals ?

— Qui est Rosie Casals ?

— Une joueuse de tennis.

— Pardon, mais est-ce qu'elle jouait aussi du violoncelle ? »

Et ils passèrent ainsi la matinée. Ils formaient une jolie petite bande, tous les huit : cinq femmes et trois hommes. Un ami poète lui avait donné à entendre que les cours de création littéraire étaient quasiment des cours d'épanouissement sexuel, où le prof jouissait automatiquement du *jus primae noctis*… Mais peut-être les aspirants poètes étaient-ils différents de leurs homologues prosateurs. Il y avait une jeune femme dans le groupe à laquelle il aurait volontiers donné des leçons particulières, mais il avait renoncé à l'idée après l'avoir vue bras dessus bras dessous avec Sans-talent Tim, qui défendait son emploi régulier du cliché en disant : « Ce n'est pas un cliché, c'est vernaculaire. »

Ce soir-là, ils s'installaient dans le pub, quand Bill fit claquer sa paume sur la table.

« Eh, Chef, ça me vient à l'esprit... Et si c'*était* Hemingway lui-même, dans cette île grecque ?

— À condition que les suicidés puissent revenir à la vie. »

Oh merde, pensa-t-il en jetant un coup d'œil autour de lui pour voir si Vicky avait entendu. Heureusement, elle passait la commande au bar pour eux tous. Essayant de prendre un air dégagé, il demanda si certains d'entre eux avaient lu Hemingway. Il n'y eut que deux *oui*, masculins. Mais chacun savait quelque chose sur la vie de l'écrivain — corridas, chasse au gros gibier, expatrié à Paris, correspondant de guerre, nombreux mariages, alcoolisme, suicide — et donc chacun, sachant cela, avait une opinion sur l'œuvre. Le consensus était qu'Ernest Hemingway était un écrivain dépassé, dont les opinions étaient maintenant surannées. Vicky se lança dans une longue tirade sur la cruauté envers les animaux et, naturellement, Bill ne manqua pas de lui demander si ses chaussures étaient en cuir.

« Oui, mais ce cuir-là ne venait pas de l'arène. »

Il écoutait et souriait et buvait un peu plus. Au pub, il cessait d'être un prof ; ils pouvaient dire ce qu'ils voulaient.

Le dernier soir, il fit un ragoût géant et fournit tant de bouteilles de vin qu'ils n'eurent pas besoin du pub. En réponse à leurs éloges, il leur fit part de sa théorie sur les écrivains et la cuisine. Les romanciers, qui travaillent sur la durée, sont équipés par tempérament pour mijoter et braiser, pour le lent amalgame de nombreux ingrédients, tandis que les poètes doivent être doués pour la friture. Et les nouvellistes ? demanda quelqu'un. Steak frites. Auteurs dramatiques ? Ah, eux, les sacrés veinards, sont au fond surtout des orchestrateurs des talents des autres, et se contenteraient de secouer nonchalamment un cocktail pendant que les cuistots préparent la tambouille.

Ça leur plut, et ils se mirent à imaginer quel genre de nourriture serviraient des écrivains célèbres. Jane Austen, ces petits pains aux raisins appelés *Bath buns*. Les Brontë, cette crêpe salée appelée *Yorkshire pudding*. Il y eut même une discussion animée quand Virginia Woolf et les sandwiches au concombre furent associés. Mais sans nul désaccord ils placèrent Hemingway devant un énorme barbecue avec de hautes piles de steaks de marlin et de tranches de buffle, une bière dans une main et une spatule démesurée dans l'autre, des invités tourbillonnant autour de lui.

Le lendemain matin, ils allèrent ensemble à la gare du coin en minibus. La pluie n'avait toujours pas cessé. À Swansea, ils se serrèrent la main ou s'embrassèrent timidement sur la joue, et la jeune femme qui lui avait plu lui lança un regard qui semblait dire : non, n'avez-vous donc pas vu, ce n'était pas Tim que j'aurais choisi, j'ai seulement glissé mon bras sous le sien parce que je le plaignais ; tout ce que vous aviez à faire, c'était me regarder comme il faut, m'adresser quelque signe. Il se demanda si c'était une conclusion correcte, fondée sur son imagination intuitive, ou simplement une folle vanité. Mais, de toute façon, elle était maintenant dans un autre train, en route vers une autre vie, tandis que, assis seul près de la fenêtre du sien, il regardait défiler l'humide paysage du Pays de Galles. Il se prit à penser que, conducteur à part, un buggy de plage blanc avait quelque chose d'incontestablement *glamour*... Si on en conduisait un dans Londres, les gens penseraient sans doute qu'on est un membre d'un groupe de rock, plutôt qu'un simple prosateur. Malheureusement, il ne pouvait pas se permettre une telle acquisition. Tout ce qu'il pouvait avoir, c'était une Morris Minor d'occasion.

II. LE PROFESSEUR DANS LES ALPES

Il était assis au haut bout d'une longue table sombre de chaque côté de laquelle, à intervalles réguliers, prenaient place six étudiants. À six mètres de lui, à l'autre bout, se trouvait Guenther, son assistant, dont les épaules larges et le gai chandail occultaient en partie la vue dehors : forêt, câbles détendus, hautes montagnes. C'était la mi-juillet : les magasins de ski et boutiques de location étaient fermés, ainsi que la moitié des restaurants. Il y avait quelques touristes, quelques groupes de randonneurs ; et ce cours d'été dans un établissement qui l'avait invité à enseigner — en anglais, heureusement — pendant six jours. Voyage en classe affaires, rémunération correcte, indemnités journalières confortables, et usage du minibus de l'école quand il était libre. Sa seule autre obligation était de donner une lecture publique le dernier soir. Il y pensait sans déplaisir : les écrivains de sa génération avaient su répondre à l'attente du public et des médias en devenant des sortes d'acteurs autant que des chercheurs et diseurs de vérité solitaires... Il était à l'aise avec les journalistes, utilement provocateur sur les questions politiques — surtout lorsqu'il publiait un nouveau livre — et un peu putassier au micro. Ah, l'attrait de l'impromptu préparé... Cette facette de lui-même avait été une surprise plaisante pour lui, moins pour Lynn, sa femme, qui venait de le quitter. Ça n'avait pas été une période agréable dernièrement. « Et n'écris pas un bouquin sur nous comme tu l'as fait avec Angie » avait été une de ses nombreuses phrases d'adieu. Il avait levé les mains, paumes en avant, comme pour dire que non seulement il ne ferait jamais ça, mais que, clairement, ç'avait été une erreur dans le premier cas. Même si le roman s'était retrouvé dans deux ou trois sélections finales pour les prix. Même si la fiction était, comme il aimait à le dire, omnivore et foncièrement amorale.

« Mais qu'en pense Herr Professor ?

— J'aimerais entendre d'abord ce que les autres ont à en dire. Mario ? Dieter ? Jean-Pierre ? »

Il avait besoin de plus de temps pour réfléchir. C'était un cours de l'après-midi, destiné à couvrir un plus grand nombre de sujets. Le matin, ils discutaient de textes au programme de leur futur examen ; l'après-midi, il était censé leur ouvrir l'esprit, évoquer de plus amples liens culturels, discuter de questions sociales et politiques. Ç'aurait dû être du gâteau, mais il y avait des moments où leurs esprits continentaux, leur aisance naturelle avec l'abstrait et le théorique, donnaient à son pragmatisme anglais l'apparence d'une négligence mentale. Malgré tout ils l'aimaient bien, et il les aimait bien, notamment parce qu'ils semblaient attribuer son manque de rigueur à la richesse de son imagination. Ils n'oubliaient jamais qu'il était Herr Professor, celui qui avait écrit les livres. Et, si tout le reste échouait, il pouvait toujours leur raconter une anecdote, un rêve, un souvenir, une histoire fantaisiste. Ils étaient très polis, et avaient bien sûr entendu parler du fameux sens de l'humour anglais, alors tout ce qui dans ses propos pouvait paraître bizarre ou incohérent était accueilli avec un rire respectueux.

Mais Jean-Pierre et Mario et Dieter avaient exposé leurs opinions, et maintenant c'était à lui de jouer.

« Certains d'entre vous connaissent-ils la musique de Sibelius ? »

Seulement deux : parfait.

« Eh bien, il faut me pardonner si je ne peux pas l'expliquer dans le langage musicologique approprié. Je ne suis qu'un amateur. Quoi qu'il en soit, O.K., Sibelius : 1865, approximativement, à 1957, approximativement. » Il savait que c'étaient les dates exactes — c'était ce qu'il voulait dire par « putassier »... « Sept symphonies, un concerto pour violon, des poèmes symphoniques, des mélodies, un quatuor à cordes intitulé *Voces intimae*, “Voix intimes”. Prenons les symphonies. » Surtout parce qu'il n'avait rien à dire sur les autres œuvres. « Elles commencent — les deux premières — avec une grande effusion mélodique. On y entend pas mal de Tchaïkovski, un peu de Bruckner, Dvořák, peut-être, bref, la grande tradition symphonique européenne du XIXe siècle. Puis la *Troisième* — plus courte, tout aussi mélodique, et pourtant plus mesurée, retenue, allant dans une nouvelle direction. Puis la grande *Quatrième*, austère, âpre, granitique, l'œuvre où il s'engage le plus dans le modernisme. » Il avait chipé cette formule à un pianiste autrichien qui, interviewé à la radio, avait dit : « Non, Sibelius ne m'intéresse pas trop, sauf sa *Quatrième*, où il s'engage dans le modernisme. » « Puis la *Cinquième*, la *Sixième*, et ce modèle de compression qu'est la *Septième*. À mes oreilles assurément faillibles, une des choses que demande Sibelius, de la *Troisième* à la *Septième*, est : Qu'est-ce que la mélodie ? Jusqu'où peut-on la compresser, la réduire à une phrase, même, mais en rendant cette phrase aussi riche et mémorable que quelque Grand Air du bon vieux temps ? Une musique qui semble se remettre fondamentalement en question tout en vous séduisant. J'aimerais pouvoir vous en faire entendre...

— Herr Professor, il y a un piano dans la salle de conférence.

— Merci, Guenther. »

Il fronça les sourcils comme si le fil de ses pensées avait été interrompu. Son assistant cherchait toujours des façons de l'assister, ce qui était logique, et pourtant, parfois, déconcertant. Mais enfin, Guenther était très doué pour bousculer sans vergogne une file d'attente afin d'apporter au Herr Professor le café demandé.

« Alors je suppose que ce que j'essaie de dire, c'est : qu'est-ce qu'un récit ? Qu'est-ce que cette chose — cette très ancienne et merveilleuse chose — qu'on appelle une histoire ? C'est une question qu'a posée le modernisme, et que, pourrait-on dire, nous avons encore tous besoin de poser. Alors quand je considère cette question simple, essentielle — "Qu'est-ce qu'un récit ?" —, je me surprends souvent à me tourner vers le puissant Finlandais. Sibelius, ajouta-t-il au cas où ils n'auraient pas su que le compositeur était finlandais. Oui, Sibelius. Eh bien, une pause, peut-être, et, oui, merci, Guenther, et sans lait. »

À la reprise du cours, vingt minutes plus tard, l'assistant arriva avec un tourne-disque et plusieurs vieux 33 tours.

« J'ai la *Première Symphonie*, la *Quatrième* et la *Septième*, Herr Professor.

— Guenther, vous êtes un magicien ! Comment avez-vous fait ? »

Son assistant sourit timidement. « J'ai trouvé le nom d'un professeur de musique du bourg. Il était ravi de vous prêter ses disques. Il vous envoie ses salutations respectueuses. Le tourne-disque appartient à l'école. »

Il était conscient que ses étudiants le regardaient d'un air d'expectative.

« Eh bien alors… Le premier mouvement de la *Quatrième*, si vous voulez bien. »

Et donc il s'assit et pensa qu'il était merveilleux d'être payé pour écouter Sibelius, même si ce n'était que pendant dix minutes et cinquante-trois secondes. Que cette musique était belle, si sombrement orphique dans ce paysage alpin — grands arbres, air pur, ciel bleu. Sa vie était un gâchis, son dernier roman avait été traité comme de la merde par tous les merdeux de Londres, il doutait qu'il écrirait un jour quelque chose d'une valeur durable, et pourtant — avec ces cordes passant craintivement du grave à l'aigu et les cuivres semblant se racler la gorge comme pour faire quelque grande déclaration qui n'était finalement jamais faite — il y avait encore des moments de transcendance dans cette pauvre existence.

Quand le mouvement se termina, d'un hochement de tête il fit signe à Guenther d'enlever le pick-up. Et il resta là sans mot dire, mais en essayant de suggérer : C.Q.F.D. Plus tard, à la table du dîner, où tout le monde s'asseyait pêle-mêle, quelques étudiants lui dirent à quel point ils avaient aimé cette musique. Eût-il été d'une autre humeur qu'il aurait peut-être interprété cela comme une manière détournée de lui dire qu'ils n'aimaient pas autre chose — sa façon d'enseigner ou de s'habiller, ses opinions, ses livres, sa vie —, mais la musique avait instillé en lui, sinon une sérénité, du moins un moment de paix. Et de plus en plus il lui semblait que c'était ce qu'on pouvait espérer de mieux dans la vie : une sorte de pause.

Le lendemain après-midi, il décida de leur parler d'Hemingway. Il commença par l'homme dans la jeep blanche de Naxos, qui au fil du temps était devenu pour lui un emblème de ce qui arrive quand la vie d'un écrivain en vient à l'emporter sur son art. Pourquoi quelqu'un voudrait-il jouer les sosies d'Hemingway ? demanda-t-il. Il ne pensait pas qu'il y avait eu jadis des pseudo-Shakespeare en Angleterre, des ersatz de Goethe en Allemagne, de *faux** Voltaire en France… Cela les fit rire et, s'il avait connu le mot italien pour « faux », il aurait ajouté Dante pour faire plaisir à Mario.

Puis il leur dit que pendant longtemps il n'avait pas fait grand cas d'Hemingway mais qu'il en était venu, depuis quelques années, à l'admirer grandement. Les nouvelles, plutôt que les romans : à son avis, Hemingway était meilleur sur la courte distance. Après tout, c'était la même chose avec James Joyce. *Gens de Dublin* était un chef-d'œuvre, mais *Ulysse*, malgré tout son génie novateur, était au fond une nouvelle grotesquement dopée aux stéroïdes… Il aimait bien cette opinion personnelle, et cette façon qu'elle avait toujours de provoquer un certain trouble — ici encore plus que d'habitude, remarqua-t-il.

Mais il voulait attirer l'attention de ses étudiants sur une nouvelle intitulée, opportunément, *Hommage à la Suisse*. Pas une des plus célèbres nouvelles d'Hemingway, mais une de ses plus inventives sur le plan formel. Elle était divisée en trois parties. Dans chacune d'elles, un Américain expatrié attend un train dans une gare suisse différente. Les trois hommes attendent le même train et, bien qu'ils aient des noms différents, ce sont des versions du même homme, ou même peut-être — pas littéralement, mais métaphoriquement, *fictionnellement* — le même homme. Il attend au buffet de la gare, parce que le train est en retard. Il boit, il fait des propositions à la serveuse, taquine les autochtones. On est amené à penser qu'il s'est passé quelque chose dans sa vie. Peut-être est-il épuisé ; peut-être son mariage est-il en ruine. La destination du train est Paris : il a peut-être fui quelque chose, et y retourne maintenant. À moins que sa destination finale ne soit l'Amérique. C'est donc une histoire sur la fuite et le retour ; aussi, peut-être, une fuite loin de soi-même et un retour possible, espéré, à soi. Et la façon dont les trois parties de l'histoire — les hommes, les buffets de gare, le train — se chevauchent nous fait penser à la manière dont nos propres vies se chevauchent aussi ; dont nous sommes tous reliés les uns aux autres, tous complices.

Il y eut un silence quand il se tut. Étrange, pensa-t-il, comme il est plus facile de parler de quelque chose quand on ne l'a pas relu depuis un bon moment... On ne s'enlise pas autant dans les détails — les vérités plus générales de l'œuvre semblent émerger naturellement à mesure qu'on en parle.

Finalement, Karin, une jeune Autrichienne discrète mais résolue, rompit le silence.

« Alors, Herr Professor, vous nous dites qu'Hemingway est comme Sibelius ? »

Il sourit énigmatiquement et fit à Guenther le petit signe qui signifiait « café ».

III. LE MAESTRO DANS LE MIDWEST

Les fenêtres ne donnaient que sur d'autres salles de classe et des bureaux, mais, si l'on collait son front à une vitre, on pouvait voir un peu d'herbe découragée en bas et le ciel en haut. Dès le début, il avait refusé de prendre la place qui lui revenait naturellement au haut bout des trois tables métalliques vaguement assemblées. Il y plaçait l'étudiant dont le travail était en cours de discussion, le critique ou commentateur principal étant à l'autre bout. Il s'asseyait lui-même à un tiers de la longueur sur un côté — ce qui voulait dire : je ne suis pas l'arbitre de la vérité, parce qu'il n'y a pas de vérité définitive en matière de jugement littéraire. Bien sûr, je suis votre professeur, et j'ai publié plusieurs romans, alors que vous n'avez à votre actif que des œuvrettes imprimées dans des revues universitaires ; mais cela ne fait pas forcément de moi votre meilleur critique ; il se peut très bien que le plus utile évaluateur de votre travail se trouve parmi vos camarades…

Ce n'était pas de la fausse modestie. Il aimait bien ses étudiants, tous et toutes, et pensait que le sentiment était réciproque. Il avait aussi été surpris de voir comme chacun d'eux, indépendamment du talent, écrivait d'une manière et avec une voix personnelles. Mais les sympathies critiques de chacun ont une limite. Ce « Pistolero », comme il l'appelait à part lui, par exemple, qui ne produisait que des histoires aussi localisées dans le temps — génération désenchantée des années 80 — que dans l'espace — les quartiers durs de Chicago — et qui, lorsqu'il n'aimait pas le travail de quelqu'un d'autre, tendait deux doigts pour simuler un revolver et « tirait » sur l'auteur, ajoutant un effet de recul pour plus de réalisme… Non, il ne serait jamais le meilleur lecteur de Pistolero.

Ç'avait été une bonne idée de venir dans cette université du Midwest, pour se remémorer tout ce que la vie américaine avait de normal et d'ordinaire. De loin, la tentation était toujours de ne voir qu'un pays trop souvent fou de pouvoir et sujet aux violents éclats d'un quidam dopé aux stéroïdes… Ici, à bonne distance des lieux et des politiciens qui lui donnaient cette mauvaise réputation, la vie ressemblait beaucoup à ce qu'elle était ailleurs. Les gens se tracassaient au sujet des petites choses habituelles, qui pour eux étaient les grandes choses. Comme dans ses romans. Et ici il était traité comme un hôte bienvenu — pas un paria, pas un raté, mais quelqu'un avec sa propre vie qui avait peut-être vu deux ou trois choses qu'ils n'avaient pas vues. Parfois il y avait une certaine incompréhension : la veille, il déjeunait au comptoir d'un snack, lorsqu'un voisin lui avait demandé cordialement : « Alors quelle langue ils parlent en Europe ? » Mais de tels détails seraient utiles pour son roman américain.

S'il l'écrivait un jour. Non, bien sûr qu'il l'écrirait. La question était : quelqu'un le publierait-il un jour ? Il avait accepté ce job en partie pour échapper à la honte de voir son dernier roman, *Une sorte de pause*, refusé par douze éditeurs. Et pourtant il savait que ce n'était pas un mauvais livre. Tout le monde disait qu'il était aussi bon que tous ceux qu'il avait écrits — et c'était bien là le problème… Ses ventes stagnaient depuis des années ; il était un auteur blanc entre deux âges, sans nul autre trait distinctif — chroniqueur de télé infatué, par exemple — pour rehausser son profil. À son avis, le roman — de fait, le Roman — livrait ses rares vérités grâce à l'habile mélange de voix intimes ; mais à présent les gens voulaient quelque chose de plus tonitruant. « Il faudrait peut-être que je tue ma femme et que j'écrive un livre là-dessus », se plaignait-il dans ses moments d'apitoiement sur soi. Mais il n'avait pas de femme, seulement une ex-femme, envers laquelle il éprouvait maintenant des sentiments plus nostalgiques que meurtriers. Non, la vérité était que ses romans étaient bons, simplement pas assez bons… Un éditeur avait dit à son agent que *Une sorte de pause* était « un roman classique et bien écrit de la catégorie “ventes moyennes”, le seul ennui étant que cette catégorie-là n'existe plus ». Son agent, avec peut-être une franchise excessive, lui avait transmis ce verdict.

« Maestro ? » C'était Kate, la plus futée du groupe, même s'il y avait trop de chiens dans ses histoires. Une fois, il avait écrit au stylo rouge dans la marge : « Tuez le chien. » L'histoire suivante qu'elle avait présentée à la classe était intitulée *L'immortel teckel.* Ça lui avait plu. La taquinerie peut être aussi bonne que l'amour, parfois meilleure.

« Je pense que vous avez discuté de toutes mes remarques et objections », leur dit-il. Son objection principale, s'il avait été assez sévère pour la formuler, aurait été : « Pourquoi cette évocation masculine de l'angoisse existentielle rappelle-t-elle tant toutes les autres que tu as soumises ? » Mais il ne disait pas ce genre de chose ; il ressentait la vulnérabilité de ses étudiants comme si c'était la sienne. Alors, puisqu'ils étaient presque à la moitié des trois heures de cours, il lança simplement : « Pause-cigarette. »

Souvent, il se joignait aux trois autres fumeurs de la classe autour d'une poubelle dehors. Ce jour-là, il s'éloigna comme s'il avait à faire ailleurs. Eh bien, c'était le cas… Il se dirigea vers la limite la plus proche du campus, qui était construit sur une éminence, et contempla le vaste paysage agricole, plat et quelconque. Il n'eut même pas besoin d'allumer une cigarette. La vue et sa grande banalité valaient bien la nicotine. Quand il était jeune, il prenait plaisir à s'imaginer différent des autres, potentiellement spécial ; maintenant, il était réconforté par des rappels de sa propre — notre propre — insignifiance. Ils le calmaient.

Maestro. Il grogna intérieurement. Le premier jour, un des étudiants l'avait appelé « Professeur ». Il avait renâclé — après tout, il n'était pas un universitaire, et préférait se considérer comme un écrivain parmi d'autres écrivains. D'un autre côté, il ne voulait pas qu'ils l'appellent par son prénom ; une certaine distance était nécessaire. Et « Mister » ne semblait pas approprié non plus.

« Et si on vous appelait "Maestro" ? » avait suggéré Kate.

Il avait ri. « Seulement si vous le faites ironiquement. »

Il grogna encore. Parfois, le mot faisait mal. Comme il avait été fier de voir son nom sur la jaquette et la page de titre d'un livre, année après année, mais qu'est-ce que cela signifiait ? Le nom de Jane Austen n'avait été imprimé que deux fois de son vivant — et cela dans des listes de souscription pour des livres d'autres gens. Oh, assez, assez.

De temps à autre, pour varier un peu l'ordinaire de la classe, il leur distribuait une nouvelle qui, espérait-il, les aiderait, ou du moins leur donnerait un sens des proportions. Et donc, plus tard cet après-midi-là, il distribua des photocopies de *Hommage à la Suisse.*

« Oh, Maestro, dit Kate, je sens que je vais être absente pour cause de maladie la semaine prochaine…

— Vous voulez dire que vous avez des préconceptions ?

— Appelons-les des postconceptions. »

Il aimait sa façon de tenir tête. « Par exemple ? »

Elle soupira. « Oh, le dernier vrai homme blanc… Papa Hemingway. La célébration du machisme. Jeux de garçons. » Elle regarda délibérément Pistolero, qui, tout aussi délibérément, visa dans sa direction et tira.

« Bien. Maintenant, lisez la nouvelle. » Et, au cas où elle en aurait pris ombrage, il ajouta : « Tueuse de toutous. »

La semaine suivante, il leur parla d'abord du clone d'Hemingway dans l'île grecque ; puis des Alpes suisses où on lui avait demandé s'il comparait Hemingway à Sibelius. Mais cela suscita peu de réactions, soit parce qu'ils n'avaient pas entendu parler de Sibelius, soit — plus probablement — parce qu'il ne l'avait pas bien expliqué. Bon, à eux maintenant.

Ça le déprima de voir comme la classe se divisait vite en fonction de l'un et l'autre sexe. Steve, qui avait les adverbes en horreur de toute façon, appréciait l'économie stylistique d'Hemingway ; Mike, dont les joyeusetés formelles dissimulaient souvent une pauvreté de contenu, approuvait la structure ; Pistolero, déplorant peut-être l'absence d'armes à feu, dit que la nouvelle était « pas mal », mais pas renversante. Linda parla du regard masculin et se demanda pourquoi Hemingway n'avait pas donné de noms aux serveuses ; Julianne trouvait cela répétitif. Kate, sur laquelle il avait compté, essaya d'en dire du bien, mais même elle conclut d'un air las :

« Je ne vois pas ce qu'il a à nous dire.

— Alors essayez de mieux écouter. »

Il y eut un silence choqué. Il s'en était pris à sa préférée ; pis encore, il était sorti de son personnage. Il y avait ici un poète de grande taille qui avait la réputation d'humilier ses étudiants en détruisant leurs poèmes ligne après ligne ; mais chacun sait que les poètes sont fous et mal élevés... Les prosateurs, surtout étrangers, étaient censés se montrer courtois.

« Pardon. Excusez-moi. » Mais il y avait une tension dans les traits de Kate et il se sentait coupable. Ce n'est pas votre problème, c'est le mien, voulait-il dire. Il songea à tenter d'expliquer quelque chose qu'il avait remarqué récemment en lui-même : si quelqu'un l'insultait, ou insultait un de ses amis, il n'en était pas vraiment affecté — pas beaucoup, en tout cas. Alors que si quelqu'un insultait un roman, une nouvelle ou un poème qu'il aimait, quelque chose de viscéral et de volcanique se passait en lui. Il ne savait pas trop ce que cela pouvait signifier — sauf peut-être que, pour lui, la vie et l'art étaient maintenant tout mélangés et inversés.

Mais il ne leur dit pas ça. Au lieu de cela, il reprit du début, comme pour la première fois. Il parla de la légende de l'écrivain, et dit que ce n'était pas seulement le lecteur qui se retrouvait pris au piège de cette légende, mais parfois l'écrivain lui-même — auquel cas on devrait ressentir de la compassion plutôt que de la réprobation à son égard. Jusqu'où et pendant combien de temps punissons-nous tel ou tel égarement ? Il cita Auden suggérant que le temps pardonnerait à Kipling ses opinions — « *And will pardon Paul Claudel / Pardons him for writing well* ». Il avoua sa propre antipathie initiale pour Hemingway, et expliqua qu'il lui avait fallu des années pour lire les mots sans voir l'homme — de fait, cela pouvait bien être l'exemple le plus extrême de la légende occultant la prose —, tant cette prose était différente de ce qu'elle semblait être : elle paraissait simple, voire simpliste, mais était dans sa plus belle expression aussi subtile et profonde que tout écrit de Henry James. Il parla de l'humour d'Hemingway, trop peu remarqué. Et ajouta que, avec ce qui pouvait sembler de la fanfaronnade, il y avait parfois en lui une modestie et un manque d'assurance surprenants. Peut-être était-ce la clef du personnage et de l'écrivain. Les gens croyaient qu'il était obsédé par le courage viril, par le machisme et les *cojones*. Ils ne voyaient pas que, souvent, son vrai sujet était l'échec et la faiblesse. Non le héros de la corrida, mais l'humble aspirant torero blessé à mort par un taureau fait d'une chaise et de deux couteaux de cuisine. « Les grands écrivains, leur dit-il, comprennent la faiblesse. » Il marqua une pause, puis revint à *Hommage à la Suisse*. « Remarquez que l'expatrié américain "trois-en-un", malgré son esprit, son raffinement et son argent, est moralement inférieur aux simples serveuses suisses et porteurs de gare, qui sont d'une robuste honnêteté, qui ne fuient pas la réalité. Regardez le bilan moral, insista-t-il, regardez le bilan moral.

— Mais pourquoi ne donne-t-il pas de noms aux femmes ? » demanda Linda.

Qu'est-ce qui l'emportait maintenant chez lui, l'irritation ou la déprime ? Peut-être y avait-il des écrivains qui seraient toujours lus et incompris pour les mauvaises raisons, qui étaient, en fait, impossibles à sauver. Auden, révisant plus tard son œuvre, avait coupé ces fameux vers sur Kipling et Claudel. Peut-être en était-il venu à les juger faux, et à penser finalement que le temps ne pardonne pas.

« Ce sont des serveuses. L'histoire est racontée du point de vue du voyageur américain.

— Qui veut seulement coucher avec elles en les payant… comme si elles étaient des prostituées.

— Ne voyez-vous pas qu'elles ont l'avantage moral ?

— Alors pourquoi ne pas donner au moins à l'une d'elles son propre nom ? »

Il songea un instant à leur raconter l'histoire de sa vie : comment Angie l'avait quitté parce qu'il réussissait, et puis Lynn à son tour parce qu'il échouait. Mais il ne leur dit pas cela. Il se tourna vers Kate, en une dernière tentative pour… il ne savait même pas trop quoi, et lui demanda : « Et si j'écrivais quelque chose sur tout cela et donnais mon nom, mais pas le vôtre, est-ce que ce serait vraiment mal ?

— Oui, répondit-elle, et il lui sembla qu'elle avait maintenant moins bonne opinion de lui.

— Et si je laissais de côté mon nom et donnais le vôtre, est-ce que ce serait mieux ?

— Oui », dit-elle.

Ce qu'il fit donc. Il essaya d'écrire tout cela, simplement et honnêtement, avec de claires lignes morales.

Mais, malgré cela, personne ne voulut le publier.

LORRIE MOORE PREND SON ESSOR

Lorrie Moore s'y connaît en plaisanteries douteuses. Elle s'y connaît en bonnes plaisanteries, aussi, et en fait beaucoup. Mais les bonnes plaisanteries sont le signe d'un certain contrôle sur le monde ou, du moins, d'une vision bien établie, le genre de vision qu'a un écrivain. Les bonnes plaisanteries ne sont en définitive que des plaisanteries, alors qu'une plaisanterie douteuse est plus révélatrice d'un caractère ou d'une situation. Calembours boiteux, bons mots tape-à-l'œil, répliques d'une alacrité inappropriée : tout cela ne dénote pas nécessairement un manque d'humour, mais plutôt une façon de s'en tirer crânement lorsqu'on découvre que le monde n'est pas « un endroit propre et bien éclairé » ; ou qu'il l'est pour certains, mais pas pour vous, car la lumière tombe mal sur vous et ne projette mystérieusement aucune ombre.

Birds of America[1], le troisième recueil de nouvelles de Lorrie Moore, est habilement conçu. Une première moitié comprenant sept histoires, du genre où elle a toujours excellé : histoires pleines de sagacité et plutôt sombres de femmes au bord de l'effondrement, des femmes intelligentes dont les situations ne

1. Publié en France sous le titre *Déroutes*, traduction d'Annick Le Goyat.

seraient pas si mauvaises si elle n'étaient pas sans espoir… La fille au mariage branlant qui voyage en voiture en Irlande avec sa mère apparemment hyper-efficace ; la timide bibliothécaire qui essaie de vivre avec un militant politique et qui trouve l'engagement affectif personnel aussi difficile et étrange que la plus large sorte d'engagement ; l'avocate qui va passer en famille un Noël inévitablement assombri par d'interminables jeux de société et les dysfonctionnements de sa fratrie ; l'épouse et mère qui tente une thérapie après la mort de son chat, ayant traversé « toutes les étapes du deuil : colère, déni, marchandage, Häagen-Dazs, rage ».

« Elle était démunie face aux rêves de quiconque. » « On ne lui avait pas donné les outils qu'il faut pour se construire une vraie vie, voilà tout. On lui avait donné une boîte de jus de viande, une brosse à cheveux, et on lui avait dit : "Vas-y." » « Le *vide* est au chagrin ce que la forêt est à l'établi » (ceci venant, naturellement, d'une employée au Bureau des examens). « Elle regarda Joe. Tout arrangement dans la vie portait en soi la tristesse, l'ombre sentimentale, de ne pas être autre chose que lui-même. » Le critique est tenté de s'en tenir à des citations pour évoquer ce territoire émotionnel, dans lequel des femmes à l'esprit vif et hardi ou, du moins, d'une lucidité désabusée, s'éprennent d'hommes plus lents, généralement bien intentionnés mais finalement médiocres. La vie refuse constamment de montrer à ces femmes le scénario de l'histoire, ou de leur donner un assez grand rôle, ou de leur permettre de porter assez de maquillage dans le chœur pour ne pas être reconnues. L'amour ? L'amour se révèle semblable à un « dodo incapable de voler », et ses lignes de faille ont beau être familières, elles n'en sont pas moins douloureuses. Lorsque Olena la bibliothécaire (déjà son prénom est l'anagramme d'*alone*, « seule ») découvre que son amant a une liaison, la justification de celui-ci est si faible qu'elle en devient presque touchante : « Je suis désolé... C'est un truc des années 60. » Simone, un des personnages féminins les plus robustes, pense que les histoires d'amour « ressemblent aux ratons laveurs dans la cheminée ». Comment cela ?

> « Parfois nous avons des ratons laveurs dans la cheminée... Un jour, nous avons essayé de les enfumer. On a allumé un feu, sachant qu'ils étaient là, mais on espérait que la fumée les ferait détaler par le toit et qu'ils ne reviendraient plus. Au lieu de ça, ils ont pris feu et dégringolé dans notre salon, tout roussis et en flammes et courant partout avant de tomber raides morts. » Simone boit une gorgée de vin. « Les histoires d'amour sont comme ça, dit-elle. Elles sont toutes comme ça. »

Il y a une vraie souffrance dans certaines de ces histoires (un enfant a une fibrose cystique, un autre, le syndrome de Down), mais elles se concentrent sur les tourments — amers, virant parfois au doux-amer — de la femme du Middle West âgée d'une trentaine d'années. Le plus sévère critique, mollement assis au premier rang comme un producteur qui fait passer une audition, peut être tenté de grommeler : « Pas mal, mais que pouvez-vous faire d'autre ? » Sur quoi Lorrie Moore entreprend de nous le montrer. Les deux histoires suivantes sont racontées d'un point de vue masculin (juste au cas où on se serait posé la question) : un aigre dîner d'universitaires (« Albert leur indique leur place à table, alternant masculin et féminin, comme pour les noms des ouragans »), et un périple en voiture, celui d'un avocat aveugle et d'un peintre en bâtiment incompétent, en route vers le Sud. À partir de là, les histoires deviennent plus sombres (« Il y avait en lui un pragmatisme si prononcé que les autres le prenaient à tort pour du bon sens ») et invitent à une plus large extrapolation.

Avant de peindre ses *Oiseaux d'Amérique*, nous rappelle-t-on, Audubon les tuait. Il y a eu des oiseaux çà et là dans tout le livre, se cognant aux vitres, se révélant coriaces dans l'assiette, incarnant l'amour tel un dodo incapable de voler… Brièvement, ils se dandinent à présent au centre de la scène, sous les yeux du couple voyageur qui assiste à la fameuse « parade des canards » de l'hôtel Peabody à Memphis, et regarde « ces canards *riches* et *heureux* » défiler sur leur tapis rouge entre la fontaine du hall et l'ascenseur. Et que met en évidence cette existence choyée ? Que « tous les autres oiseaux du monde — les faucons galeux, les poules sans coq, les oies stupides — mènent des vies misérables et exténuantes, errant ici et là, au nord, au sud, cherchant un endroit où se reposer ».

La tonalité devient plus sombre encore dans les trois dernières nouvelles, ponctuées de claires vérités affolantes. Une femme cancéreuse en phase de rémission traumatisée ; un bébé qui a aussi un cancer ; une femme qui a tué accidentellement un enfant et s'est réfugiée dans un mariage hâtif. Mais le mariage n'a jamais eu grand-chose d'un havre en pays moorien, comme le confirment ceux et celles qui l'endurent. « La clef du mariage, concluait-elle, c'est de ne pas prendre les choses trop à cœur. » « Le mariage, pensait-elle, était un bon arrangement d'une façon générale, à ceci près qu'on ne le vit jamais d'une façon générale. On le vit d'une façon très, très spécifique. » « Le mariage, note un autre personnage, est une institution — comme dans *mental institution*, hôpital psychiatrique. » Quant au cancer : cela nous rappelle cette nouvelle, dans le dernier recueil de Moore, où un docteur dit à une femme que le grain de beauté qu'elle avait dans le dos est précancéreux. « *Pré*-cancer, répète-t-elle. N'est-ce pas comme… la vie ? »

Ici les gens sont tous comme ça est la nouvelle que j'étais le plus désireux, mais que j'appréhendais aussi le plus, de relire. Désireux parce que le sujet — un bébé qui a une tumeur cancéreuse — entraîne Lorrie Moore sur son terrain le plus ardu, où chaque nuance de ton, et plus encore toute plaisanterie, bonne ou douteuse, semblent le plus exposées au danger. Appréhension parce que, quand le *New Yorker* a publié cette nouvelle, ils ont choisi de l'illustrer avec une très grande et séduisante photographie de Lorrie Moore elle-même ; et puisque, dans l'histoire, la mère (non nommée) du bébé est un écrivain et une enseignante vivant dans le « Middle West moderne », comme Moore, le magazine incitait ses lecteurs, malgré la mention « fiction », à y voir une « histoire vraie ». Cela faussait un peu la nouvelle et ne rendait pas service à l'auteur. Dans *Birds of America*, elle est rendue entièrement à la fiction ; le reste du livre la soutient, de fait, s'élabore vers elle.

Ce qui ne la rend nullement moins véridiquement poignante. Après tout, qu'est-ce qui pourrait ressembler davantage à une mauvaise plaisanterie cosmique que le monde d'« Onc' Pedi », cette guillerette et démystificatrice abréviation d'« Oncologie pédiatrique » ? Il y a là des parents qui se préparent à enterrer des petits enfants, sans pouvoir prendre sur eux la souffrance de leurs petits garçons chauves (statistiquement, ce sont surtout des garçons), oscillant entre sentiment de culpabilité et terreur, entre des moments de détente tourmentée dans une salle de repos étriquée, le Salon Tiny Tim (qui aurait peut-être été plus spacieux si le fils du chanteur Tiny Tim avait survécu au lieu de mourir dans cet hôpital), et le jargon professionnel du personnel médical : « C'est une tumeur rapide mais timide », dit l'oncologue pour rassurer. Réfléchissant à l'expérience, la mère se demande : « Comment décrire cela ? Le voyage et le récit du voyage sont toujours deux choses différentes. » Vrai, comme ailleurs ; et Moore ajoute quelques légers enjolivements métafictionnels pour le souligner. Mais l'histoire ne peut fonctionner — comme elle le fait puissamment — que si elle est fidèle à la tonalité du voyage originel, en exprimant ses terreurs et ses banalités, son côté fastidieux et ses plaisanteries défiant la mort.

Lorrie Moore a toujours été un écrivain habile et spirituel. La tendance expérimentale de ses débuts semble actuellement en suspens ; *Birds of America* est, quant à la forme, traditionnel (dans une seule de ces nouvelles l'histoire principale est entrecoupée d'un récit secondaire). En revanche, son registre émotionnel s'est étendu et approfondi, et les croquis incisifs de ses premières œuvres ont cédé la place au plus riche récit de trente ou quarante pages. Le talent et la promesse restent souvent cela, tout au long d'une carrière : Truman Capote a été remarquablement talentueux et prometteur toute sa vie. Lorrie Moore a toujours l'œil d'aigle qu'elle avait dans ses premiers livres, et un sens immuable des relations humaines ; elle est par bonheur toujours habile et spirituelle, mais sa profondeur de perception s'est accrue, et avec elle son sérieux émotionnel. J'hésite à appliquer l'adjectif « sage » à quelqu'un de son âge. Mais voir un écrivain parvenir à une pleine maturité est toujours captivant. Un décollage à tire-d'aile est amusant ; mais la vue d'un artiste qui prend son essor réjouit le cœur.

EN SOUVENIR D'UPDIKE,
EN SOUVENIR DE RABBIT

1

En apprenant la mort de John Updike, j'ai eu deux réactions immédiates, ordinaires. La première était une protestation — « Mais je croyais qu'il serait encore là parmi nous une dizaine d'années » ; la seconde, un sentiment de déception à l'idée que Stockholm ne l'avait jamais honoré. Dans ce dernier cas, c'était un regret pour lui, et pour la littérature américaine ; dans le premier, un regret pour moi, pour nous, pour ses admirateurs dans le monde. Quoique ce ne fût pas comme s'il ne nous avait pas laissé assez à lire. Depuis longtemps déjà, son éditeur Knopf se contentait d'approximations sur les rabats de jaquettes. Vers le milieu des années 90, en une charmante association de progéniture, le romancier était « le père de quatre enfants et l'auteur de plus de quarante livres ». À la parution de *The Early Stories* en 2003, on le présentait — un peu à la manière de quelqu'un qui, dépassé, lève les mains en l'air — comme « l'auteur d'une cinquantaine d'ouvrages précédents ». Et, avec *Endpoint*, son dernier recueil de poèmes, on lui reconnaît la paternité de « plus de soixante livres ». Pourquoi demander dix années et dix livres de plus, alors que même les plus fervents Updikiens n'ont probablement lu que la moitié ou les deux tiers de son œuvre ? (J'ai rencontré une seule personne — un journaliste culturel anglais — qui avait réellement lu *tous* les livres d'Updike.) L'hommage de Nicholson Baker, *U & I* (1991), reposait imprudemment sur l'aveu qu'il n'avait certes pas tout lu de lui, ni gardé en mémoire tout ce qu'il avait lu — et non, il n'allait pas en lire davantage avant de rendre cet hommage. C'était une approche insolite, que les autres Updikiens pouvaient comprendre ; même si elle invitait dangereusement à l'imitation. J'ai apprécié le livre de Baker, sans me sentir obligé de tout le lire.

Mais Updike était — en tant qu'homme et en tant qu'écrivain — aussi courtois que fécond. Son œuvre romanesque ne voulait jamais dérouter ou intimider — même s'il pouvait certainement intimider. Philip Roth, avec une mémorable générosité faussement affligée, a dit au sujet de *Rabbit Is Rich* :

> Updike sait tant de choses, sur le golf, la pornographie, les enfants, l'Amérique… Je ne sais rien sur rien. Son héros est un concessionnaire Toyota. Updike sait tout sur le fait d'être un concessionnaire Toyota. Ici je vis à la campagne et je ne connais même pas les noms des arbres. Je vais renoncer à écrire.

Toutefois Updike traitait toujours le lecteur comme un coassocié dans le processus artistique, un égal adulte avec qui la curiosité et l'enchantement du monde pouvaient être partagés. En partant, il nous a laissé non pas un seul livre supplémentaire, mais deux. C'était un acte de courtoisie, mais aussi une nécessité ; tant qu'il a respiré, il a écrit, et son attention passionnée au monde n'a cessé qu'avec sa mort. Ses derniers mots, des poèmes précisément datés du « 02/11/08 » au « 22/12/08 », parlent de vie hospitalière, de pneumonie, d'amis disparus, de biopsie, de scanographie, de « point final » ; et le ton et la sincérité de la parole associée à cet ultime regard à la ronde —

Quelques jours plus tard, les résultats arrivèrent simplement :
La glande, après biopsie, révélait des métastases

— sont à la fois exemplaires pour tout écrivain et infiniment touchants pour tout lecteur fidèle.

Après le choc de la mort vint la réflexion que même un prix Nobel ne peut jamais garantir qu'une permanence temporaire. (Dans *Bech Is Back*, Izzy demande à Bech s'il a parfois voulu être un juré littéraire. « Non, avoue Bech. Je l'évite toujours. — Moi aussi. Alors qui accepte ? Des nains. Alors qui choisissent-ils pour le prix ? Un autre nain. ») Puis commença une prudente et provisoire évaluation parmi les Updikiens pour tenter de déterminer lesquels de ces « plus de soixante livres » résisteraient à l'inévitable épreuve du temps. Le cycle Rabbit et les nouvelles, s'accorde-t-on généralement à dire. Au-delà de ça, il y a peu d'unanimité. Si *Couples* est son plus célèbre roman autonome, c'est aussi le plus contesté ; les détracteurs pourraient soutenir que *The Maple Stories* constituent une plus vive et sobre analyse du mariage américain à la même époque. Il y a des suffrages pour *Of the Farm* et *The Coup* (le mien irait à *Roger's Version*). L'auteur lui-même a dit (en 1985) que son préféré était le très atypique (car indiscrètement métaphorique) *The Centaur*. Ses derniers ouvrages ont été plutôt sous-estimés, et parfois outrageusement critiqués ; peut-être *In the Beauty of the Lilies* [*Dans la splendeur des lis*] subsistera-t-il, ou *Terrorist* (2006). Ce dernier roman est aussi audacieux que *Le Complot contre l'Amérique* de Roth, même si l'un et l'autre montrent la même réticence à pousser le récit jusqu'à sa conclusion logique (celui de Roth se terminerait alors avec la création du premier camp de concentration américain, celui d'Updike, avec la destruction réussie du Lincoln Tunnel). Comme a dit Lorrie Moore, Updike est « peut-être notre plus grand écrivain sans un seul grand roman » — une question de particularité plutôt que d'un quelconque déshonneur.

Les nouvelles d'Updike étaient généralement plus proches de sa propre existence que ses romans ; et son dernier recueil, *My Father's Tears*, contient de nombreuses données, circonstances et situations familières. Le bambin assis sur un tapis ou du linoléum, entouré de crayons de couleur et d'adultes géants ; l'enfant d'une famille quadrangulaire (deux parents, deux grands-parents) qui le choie et le protège ; le garçonnet qui perd la main de sa mère dans un grand magasin et mouille son pantalon ; la mère artiste mais capricieuse, et le père béotien mais stoïque ; le déménagement crucial, de la ville (domaine du père) à la ferme (celui de la mère) ; la fuite nécessaire, de la famille à l'université, puis la vie professionnelle et le mariage ; l'engendrement de quatre enfants ; l'année passée à vivre seul à Boston ; le divorce, suivi d'un second mariage sans enfant ; le jeune homme souffrant de psoriasis qui devient l'homme âgé à la peau abîmée par le soleil ; l'adulte dont le bégaiement revient dans les moments de crise ou d'embarras ; celui qui ne manque aucune réunion d'anciens élèves au lycée ; le grand-père qui a tendance à se perdre, aussi bien dans des villes étrangères que dans son environnement autrefois familier, maintenant à jamais changé. Tout cela est si cohérent que lorsque, dans *Blue Light* (grand-père ex-psoriasique à la peau abîmée par le soleil), Updike propose un protagoniste qui a eu *trois* femmes et seulement *trois* enfants, nous renâclons, moins incrédules que légèrement vexés. Croit-il qu'on peut s'y laisser prendre ? De toute façon, trois plus trois ou deux plus quatre font toujours six, non ?

En même temps, l'existence même de données aussi solides fait espérer aux Updikiens que leur homme aura des biographes non réducteurs ; c'est ce qu'il fait avec ces données, non la possibilité de les identifier, qui compte. Ainsi, *Blue Light* commence par une visite de Fritz Fleischer à un dermatologue qui conseille un nouveau traitement pour éliminer les cellules précancéreuses. Mais chaque détail déterminant évoque les plus amples thèmes de l'histoire — dégâts et leurs durables conséquences (« la peau se souvient », avait dit à Fleischer son précédent dermatologue), souffrance infligée, héritage génétique et vieillissement (avec les cellules précancéreuses, « "maturation" semblait être un euphémisme pour "mort" »). Cela devient une histoire sur l'« archéologie personnelle » (comme dit un autre titre du recueil), sur la mémoire et la famille, l'innocence et la vieillesse, l'égoïsme et ses conséquences. Les deux dernières phrases referment l'histoire avec une suture bien nette : « Il ne pouvait imaginer ce que ses petits-enfants feraient dans le monde, comment ils gagneraient leur vie. C'étaient des cellules immatures, des foyers de souffrance potentielle. »

Le jeune écrivain est avide du monde, et de sa description ; l'écrivain plus âgé, quoique encore avide de description, est plus sceptique au sujet du monde — à la fois ce qu'il est et pour qui il peut bien être : « Il avait fallu le poids des ans, songe le narrateur de *The Full Glass*, pour me faire comprendre que le monde existe pour les jeunes. » Mais l'écrivain plus âgé a aussi pris conscience de l'étendue et des limites de sa propre « cagnotte à mythes », et appris comment en tirer le mieux parti. Ces souvenirs de jeunesse qui reviennent dans le vieil âge sont trop précieux pour être gâchés dans une histoire à un seul niveau, du genre « hé-écoutez-ce-que-je-viens-de-me-rappeler ». L'écrivain plus âgé (du moins, un écrivain plus âgé tel qu'Updike) a aussi appris comment se mouvoir dans le temps, une tâche bien plus ardue dans la nouvelle que dans le roman ; a appris non seulement les techniques de l'avancée rapide et du rembobinage, de l'arrêt sur image et du gros plan, mais aussi la psychologie de : comment les souvenirs de la vive jeunesse s'accordent avec — ou perturbent — les plus lents rouages du vieil âge, comment nous ne vivons pas seulement au présent de l'indicatif mais aussi au mode passif, au conditionnel et au subjonctif (*German lessons*), comment la culpabilité agit à la longue, comment, d'une façon inattendue, certaines choses nous émeuvent encore alors que d'autres ne déclenchent rien du tout, et jusqu'à quel point nous pouvons admettre que nos plus profondes et plus plaisantes certitudes étaient souvent erronées.

Le monde d'Updike a souvent l'aspect d'un lieu superficiellement stable : banlieues aisées où vit principalement une classe moyenne en majorité blanche, maisons, familles, enfants, golf, alcool et, bien sûr, adultère — la façon la plus conventionnelle, comme a dit Nabokov, de s'élever au-dessus du conventionnel. Mais, de même qu'Hemingway, le chantre supposé du courage viril, écrit mieux encore sur la lâcheté, John Updike, le peintre de l'Amérique conventionnelle, écrit constamment sur la fuite. Pour le bambin sur le tapis, Lee, doté d'une mère dominatrice, dans *The Guardians*, « le coloriage était sa façon de lui échapper ». Plus tard viendra la vraie et nécessaire évasion (voir la formidable nouvelle antérieure *Flight*), un acte menant généralement au mariage et donc à une nouvelle famille. Cela se serait arrêté là pour la génération des parents d'Updike : dans l'Amérique d'avant Elvis, d'avant la pilule, encore puritaine, la fuite était théoriquement envisageable, mais rarement possible. Pour la génération suivante, ce n'est pas seulement un rêve occasionnel, mais une possibilité constante — quoique jamais simple. Le jeune Lee, par exemple, est rassuré par le fait que ses parents et grands-parents ne meurent pas avant qu'il soit « à bonne distance » à l'université. C'est, peut-être, le rêve sous-jacent et paradoxal des personnages d'Updike : être loin, et pourtant en sécurité. Le cycle Rabbit commence et finit par une fugue instinctive de Harry Angstrom vers le sud : sa fuite affolée, au volant de la Ford 1955, loin de son foyer et de son existence familiale, dans *Rabbit, Run*[1] (« Le titre peut être lu comme un conseil », nota Updike dans sa préface à l'édition en un volume de la tétralogie) ; et, en écho, dans *Rabbit at Rest*, son voyage migratoire final, au volant de la Toyota Celica, vers la Floride pour trouver l'endroit où mourir. Le couple marié type d'Updike (les Maple) essaie d'abord la façon la plus facile de fuir le mariage, l'adultère, puis l'autre, le divorce. Mais qu'y a-t-il au-delà ? Un second mariage, peut-être d'autres rêves de départ, et ainsi de suite, jusqu'à l'ultime évasion, la mort. Si Lee, à la fin de *The Guardians*, trouve une consolation temporaire dans le fait que son ADN au moins lui promet une longue vie, Martin Fairchild, dans *The Accelerating Expansion of the Universe*, sait qu'en termes cosmologiques, « nous chevauchons une explosion vers nulle part ».

Ce à quoi on ne peut échapper, et qui court tout au long de ce dernier recueil de nouvelles, c'est la mémoire. L'évadé doit toujours revenir, mentalement ou physiquement, sinon les deux. Dans *The Road Home*, David Kern (auquel la plupart des données familières s'appliquent) retourne vers la ferme de sa mère et la ville de son père, des lieux dont « lui seul » parmi tous les

1. Publié en français sous le titre *Cœur de lièvre* ; les trois autres titres de la tétralogie étant *Rabbit rattrapé, Rabbit est riche* et *Rabbit en paix*.

membres de sa famille « s'est échappé ». Il a l'hésitante nostalgie de celui qui retourne finalement au bercail, et aussi la culpabilité : si l'endroit a changé d'une façon inacceptable, alors lui-même, par son absence choisie, sera complice de son déclin. Le passé est là où l'on se perd, littéralement et figurativement : notre souvenir est partiel, et l'endroit a en effet changé. Et soi aussi : Kern, un citadin chic qui craint que les champs détrempés ne salissent ses souliers et son pantalon, découvre que la « terre ancestrale », pour lui, n'est « que de la boue ». Et parfois, même pas cela. Le garçon qui, d'une manière humiliante, avait vendu des fraises au bord de la route, voit comment les fruits sont à présent cultivés : sous du plastique défiant les saisons, à plus d'un mètre du sol, et à l'aide de substances nutritives coulant goutte à goutte de tuyaux. Si le mot « ancestral » a perdu son sens, le mot « terre » n'en a plus non plus.

Les ultimes paradoxe et contradiction de la fuite sont exposés dans *Free*. Henry et Leila, adultères de petite ville qui ne sont jamais partis ensemble, se retrouvent à soixante ans passés. La femme de Henry est morte ; et Leila, son troisième mariage insatisfaisant maintenant derrière elle, vit en Floride dans un appartement plein « de meubles en métal et d'aquarelles achetées au centre commercial ». Lui rendant visite après trois décennies — et une heure plus tard que prévu, puisque Henry, un personnage masculin typique de l'Updike vieillissant, perd le sens de l'orientation —, il la trouve toute ridée et desséchée par le soleil, plus caustique et vulgaire qu'il ne s'en souvenait, et plus impertinente que spirituelle. Il est, aussi, déconcerté qu'il y ait à la fois plus de temps et plus de conversation qu'à l'époque où « *Nique et file* avait toujours été son style ». Ces circonstances changées le rendent indécis, et lorsque, vaincu, il laisse entendre qu'il ferait mieux de retourner à son hôtel, Leila doit l'attirer dans son lit en disant : « Tu rentrais toujours au bercail... mais tu es libre maintenant. » Cependant, avec le temps, vient non seulement le souvenir, mais la réévaluation. Et ensuite, lorsqu'il se prépare à un long trajet en voiture dans le crépuscule, Henry demande : « C'est quoi, être libre ? [...] Je suppose que c'est un état d'esprit. Nous, à l'époque... peut-être que c'était être aussi libre qu'on peut l'être. »

Voici donc venir les désolantes consolations de la vieillesse. La fuite peut ne pas mener à la liberté ; la peau se souvient ; le corps regimbe. Même l'adultère, cette vieille « valeur sûre », devient une impulsion moins impérieuse, perd aisément de son attrait. Dans *Outage*, une quasi-infidélité pendant une coupure de courant est comiquement déviée quand l'électricité revient, et avec elle la lumière et divers petits bruits gênants d'appareils ménagers. Dans *The Apparition*, Henry Milford, un professeur septuagénaire à la retraite, gagné par l'ennui pendant un voyage culturel en Inde, noue une « alliance par défaut d'ignorance volontaire » avec une plus jeune femme mariée. Mais — peut-être à cause d'une vie passée à enseigner « les statistiques et les probabilités » — il se contente de savourer « la folie du désir » à distance ; les plaisirs de la chair étant illustrés plutôt par la statuaire érotique d'un temple hindou.

Tout n'est pas que rétrospectif : *Varieties of Religious Experience* (nouvelle d'abord publiée dans *The Atlantic* en novembre 2002) est la réponse initiale d'Updike aux attaques du 11 septembre, et annonce donc en partie *Terrorist*. Dan Kellogg, un épiscopalien de soixante-trois ans qui séjourne chez sa fille à Brooklyn Heights, a la révélation que Dieu n'existe pas à l'instant où il voit tomber la tour sud. Il était intrigué par l'épaisse fumée qui émanait des bâtiments « lorsque, aussi brusquement qu'une fille laissant tomber sa robe de soie, tout le gratte-ciel se dépouilla de son fourreau et disparut, avec un bruit de vibrations métalliques ». C'est une analogie que peu d'autres écrivains auraient remarquée, et moins encore osé faire ; et, si la comparaison n'est pas vraiment confirmée par la séquence filmée — le revêtement de la tour serait son « fourreau », qui ne tomba pas séparément comme pour révéler le corps du bâtiment ; de plus, quand celui-ci s'effondra, la fumée qui s'éleva dissimula rapidement sa chute —, elle n'est pas une excentricité, mais une image qui a une résonance thématique. Qu'il puisse y avoir une beauté (et, pour certains, de l'érotisme) dans la destruction est incontestable ; et ce moment renvoie directement au deuxième épisode de l'histoire, un *flashback* montrant un des futurs pirates de l'air attisant, à moitié ivre, son propre fanatisme dans une boîte de strip-tease en Floride. Après les points de vue imaginés de deux victimes (un homme dans une des tours, une femme à bord du quatrième avion implorant le Seigneur de la sauver), nous retrouvons Kellogg, six mois plus tard, et constatons qu'il a perdu son athéisme comme il avait perdu sa foi. Pourquoi ? Parce que la conscience humaine tient toujours à la narration et au sens — et donc, chez lui, à la foi. Cette nouvelle a en partie pour thème les niveaux de croyance — semblables aux étages d'un gratte-ciel —, du *ground zero* de l'athéisme à un espace proche de l'invisible divinité.

Dans un de ses derniers poèmes (*Peggy Lutz, Fred Muth*), Updike évoque à la fois ses vieux amis et tout ce qui a constitué son matériau littéraire :

> *Chers amis d'enfance, camarades de classe, merci,*
> *petite centaine que vous fûtes, d'avoir fourni*
> *suffisamment de types humains : l'être beau,*
> *despotique, parasite, naturel, le jumeau*

et l'obèse — tout ce dont un écrivain a besoin,
là-bas à Shillington, avec ses tramways et
ses petites usines, champs de maïs et arbres,
feux de feuilles, flocons de neige, potirons,
et cartes de la Saint-Valentin.

Une corroboration (s'il en est besoin) vient dans la nouvelle qui donne son titre au recueil, *My Father's Tears*, dans laquelle la seconde épouse de Jim (enclin à fuir son foyer/père de quatre enfants/deux fois marié/ne manque aucune réunion d'anciens élèves au lycée) lui dit qu'il n'a jamais complètement échappé à son milieu d'origine. « Sylvia [...] comprend que je n'ai jamais vraiment quitté la Pennsylvanie, que c'est là qu'est resté le *moi* que j'estimais, si rarement que j'aille vérifier son état... » Une bonne partie de ce volume peut être perçue comme une « vérification » variée de l'état de cet être initial et, malgré tout, persistant. L'endroit où vivait ce Jim-là — Alton après la guerre — contenait deux bâtiments emblématiques : la vieille gare « où les bancs à haut dossier avaient l'air aussi dignes que des bancs d'église », et « la majestueuse bibliothèque Carnegie, à deux rues de Franklin Street ». L'une et l'autre, bien sûr, étant des lieux d'évasion. Et l'une et l'autre « avaient été construites pour l'éternité, quand les chemins de fer et les livres semblaient être avec nous pour toujours ». Et pourtant, moins de dix ans plus tard, la gare d'Alton, « comme bien d'autres gares dans tout l'Est, allait être cadenassée et condamnée », attendant son oblitération.

Les allusions à la Mort du Livre, ici seulement évoquée, sont explicitées d'une façon pessimiste dans *The Author Observes His Birthday, 2005* :

Une vie versée dans des mots — apparent gaspillage
destiné à préserver la chose consumée.
Car qui, dans cet inconcevable avenir
où je ne serai plus, lira ? La page imprimée
ne fut que le bref prodige d'un demi-millénaire...

Peut-être ; mais il y a bien trop de vitalité chez Updike (et dans la vie, et la littérature, et le livre calomnié — et le lecteur) pour ça. *My Father's Tears* passe promptement à la maison de ferme, au cœur du Vermont, appartenant à la famille de la première femme de Jim, où, jeune marié, il avait observé un phénomène à la fois ordinaire et assez rare :

> L'unique salle de bains était une pièce longue, aux murs de plâtre et plancher nus, hantée par un petit mais intense arc-en-ciel, qui se déplaçait sur le mur à mesure que, au cours de la journée, le soleil était réfléchi à un angle variable par le bord biseauté du miroir de l'armoire à pharmacie. Lorsqu'on se donnait la peine de faire chauffer assez d'eau sur le poêle à pétrole pour un bain en plein jour, cet arc-en-ciel prismatique tenait compagnie au baigneur ; il tressautait légèrement quand des pas, ou une rafale de vent, faisaient trembler la maison.

Pour Jim ce phénomène évoquant Ariel, le génie de l'air, a une résonance supplémentaire, car c'était là, dans cette maison de ferme, que son épouse d'alors était tombée pour la première fois enceinte : « Ce microscopique événement dans le ventre de ma jeune femme devint associé dans mon esprit au petit arc-en-ciel sur le mur de la salle de bains, notre farfadet familier de réfraction. »

Lorsque Updike et John Cheever apparurent ensemble dans le *Dick Cavett Show* en 1981 (leur unique apparition commune à la télévision), leur sincère admiration mutuelle eut pour conséquence une émission d'un calme inaccoutumé : Updike fit à un moment la remarque que Dick Cavett devait regretter de ne pas avoir invité plutôt Mailer et Vidal. Lorsque Cavett poussa les deux auteurs, qu'on mettait parfois par ignorance dans le même sac, à décrire leurs différences, Cheever dit qu'Updike était le seul écrivain de sa connaissance qui « donnait un sentiment » d'existences américaines vécues dans un environnement d'une grandeur qui leur échappait. En réponse et contre-éloge, Updike souligna le fait que Cheever était un transcendantaliste, qui ressentait et transmettait un rayonnement que lui, Updike, était incapable de ressentir et de transmettre. Comparativement, c'est le cas ; mais, au fond, Updike est, sinon un transcendantaliste, du moins un « transformationniste », cherchant l'arc-en-ciel dans la salle de bains, le farfadet de réfraction.

Dans sa toute dernière nouvelle, *The Full Glass* (publiée dans le *New Yorker* le 26 mai 2008), un ancien agent d'assurances devenu ponceur de parquets, allant maintenant sur ses quatre-vingts ans, revoit sa vie à travers le prisme de l'eau (la mer, la composition du corps, les larmes, le verre de ce qu'il faut pour avaler ses « pilules de prolongation de vie »). La plupart des gens ont tendance à voir, selon leur tempérament, la vie comme un verre à moitié plein ou à moitié vide. Ce narrateur à la première personne (pour une fois non nommé) préfère se souvenir en termes de « sentiment occasionnel que le verre est plein ». La dernière phrase de la nouvelle, dans laquelle le narrateur prend un peu de recul et se regarde lui-même — ou Updike prend un peu de recul et regarde le narrateur, ou Updike prend un peu de recul et se regarde lui-même —, dit : « Si je peux lire correctement dans les pensées de cet étrange vieillard, il porte un toast au monde visible, et au diable son imminente disparition de ce monde. »

Impossible de ne pas songer avec émotion et compassion à Updike tapant cette phrase et puis ajoutant son tout dernier point final de romancier et nouvelliste. Impossible, également, de ne pas l'honorer et le remercier en levant un verre de lecteur, plein à ras bord — quoique, de préférence, pas d'eau.

2

Quand un écrivain qu'on admire meurt, le relire semble être un acte normal de courtoisie et d'hommage. Parfois, il peut être prudent de résister à l'envie de le faire : lorsque Lawrence Durrell est mort, j'ai préféré rester avec mes souvenirs, vieux de trente ans, du *Quatuor d'Alexandrie*, plutôt que me risquer de nouveau dans une telle luxuriance. Et parfois la nature de l'œuvre crée un problème de choix. C'était le cas avec John Updike. Devait-on choisir un de ses livres encore jamais ouverts (dans mon cas, une bonne vingtaine) ? Ou bien un autre, qu'on soupçonnait d'avoir mal lu, ou sous-estimé, des années plus tôt ? Ou un roman, comme *Couples*, qu'on avait peut-être lu pour des raisons quelque peu non littéraires ?

La décision a finalement coulé de source. J'avais lu le cycle Rabbit pendant l'automne 1991, dans ce qui me semblait être des circonstances quasi parfaites. J'étais en tournée de promotion aux États-Unis, et j'avais acheté le premier volume, *Rabbit, Run* (édition Penguin), à l'aéroport de Londres. J'ai acheté les autres dans différentes villes américaines, en livres de poche Fawcett Crest mastoc, et les ai lus en parcourant le pays en tous sens, marquant les pages avec les talons de cartes d'embarquement. Quand j'étais libéré de mes obligations promotionnelles, ou bien je me réfugiais dans la prose d'Updike, ou bien j'allais marcher dans des rues américaines ordinaires. Cela donnait à ma lecture, me semblait-il, une sorte de profondeur stéréoscopique. Et même quand, trop épuisé pour marcher ou lire, je me rabattais sur le minibar et la télévision de l'hôtel, je m'apercevais que je ne faisais que reproduire la manière dont Harry « Rabbit » Angstrom préférait ingérer la politique et les événements du moment. Au bout de trois semaines, Harry et moi nous retrouvâmes en Floride, « l'État favori de la mort », comme il le dit dans le dernier volume, *Rabbit at Rest*. Harry mourut ; le livre s'achevait ; mon voyage était fini.

Je suis rentré convaincu que le cycle Rabbit était le meilleur roman américain de l'après-guerre. Presque vingt ans plus tard, Updike venant de mourir, et un autre voyage outre-Atlantique approchant, c'était le moment de vérifier le bien-fondé de ce jugement. Ces quatre volumes avaient alors, après une ultime révision de l'auteur, été réunis dans une édition reliée de 1516 pages, sous le titre général *Rabbit Angstrom*. Si le surnom du protagoniste [« Lapin »] évoque une créature zigzaguante soumise à des impulsions et des appétits, le *angst* de son patronyme scandinave suggère qu'il porte aussi un fardeau plus métaphysique. Non pas qu'il en soit plus que fugitivement conscient ; et le fait qu'il ne l'est pas le rend encore plus emblématiquement américain.

Harry est un Américain type, ex-champion de basket-ball au lycée, employé subalterne de centre commercial, puis opérateur de linotype, et finalement concessionnaire Toyota dans la petite ville industrielle déclinante de Brewer, Pennsylvanie (Updike s'est inspiré de Reading, dans le même État, qu'il avait connu enfant). Jusqu'à ce que Rabbit commence à hiberner en Floride dans le dernier volume, il quitte à peine Brewer — un lieu choisi pour représenter l'« Amérique moyenne » par une société de production cinématographique new-yorkaise dans *Rabbit Redux*. Harry est un provincial plutôt rustaud, concupiscent, passif, patriote, il a le cœur dur et des préjugés, il est indécis et anxieux. Pourtant sa fréquentation nous le rend sympathique — en raison de son humour, son obstination, sa franchise, sa curiosité et ses jugements erronés (par exemple, il préfère Perry Como à Sinatra). Mais Updike fut déçu quand des lecteurs allèrent jusqu'à affirmer qu'ils trouvaient Rabbit très attachant : « Mon intention n'a jamais été de rendre ce personnage — ni aucun autre — très attachant. » Harry est, bien plutôt, typique, et c'est à un étranger qu'il revient de le lui dire. Un médecin australien à qui Janice demande ce qui cloche avec le cœur patraque de Rabbit répond : « Le problème habituel, madame. Il est fatigué et durci et encrassé. C'est un cœur américain typique, pour son âge et son statut économique *et caetera*. » Ce rôle discret d'Américain emblématique est publiquement confirmé dans *Rabbit at Rest* lorsqu'il est choisi pour son second bref moment de gloire — costumé en Oncle Sam pour une parade en ville.

En relisant la tétralogie, j'ai été frappé par la place qu'y tient le thème de la fuite : Harry, Janice et Nelson s'enfuient tous à différents moments, et reviennent tous, vaincus. (Updike a expliqué que *Rabbit, Run* était en partie une riposte au *Sur la route* de Kerouac, et conçu comme une « démonstration réaliste de ce qui arrive quand un jeune père de famille américain prend la route » — à savoir, que la famille souffre, et le déserteur rentre furtivement chez lui.) J'avais oublié combien, le plus souvent, le sexe y relève d'une âpre transaction ; à quel point Rabbit devient cocasse en vieillissant (Reagan le fait penser à Dieu en ce qu'« on ne sait jamais ce qu'il peut bien savoir, rien ou tout », tandis que le judaïsme « doit être une grande religion, une fois passée la circoncision ») ; avec quelle maestria Updike emploie le style indirect libre, nous faisant aisément entrer dans la conscience des personnages principaux, puis en sortir ; et comment, au lieu de faire de chaque suite romanesque une simple suite, il complète constamment les livres précédents avec de nouvelles informations (l'exemple le plus extrême étant que le passé sexuel « pré-Rabbit » de Janice ne nous est révélé que dans l'épilogue, paru en 2000, *Rabbit Remembered* — quarante ans après qu'on aurait pu apprendre cela).

Ce que je n'avais pas oublié, c'est l'audace du point de départ d'Updike. Harry n'a que vingt-six ans, mais sa jeunesse est bien finie : ses quelques années de gloire sportive sont derrière lui, et sa femme Janice l'ennuie déjà. Dès la deuxième page, il parle de lui-même comme de quelqu'un qui « vieillit » — et il y a encore plusieurs centaines de milliers de mots à venir. Même lorsqu'il parvient à la réussite matérielle et à un contentement bovin, dans *Rabbit Is Rich*, c'est dans un contexte général de choses déjà finies avant d'avoir vraiment commencé. Chaque récit est délibérément situé vers la fin d'une décennie — des années 50 aux années 80 —, de sorte qu'on n'y a guère un sentiment de nouveaux commencements : l'Amérique des *Sixties* de *Rabbit Redux* n'est pas un havre de paix plein d'amour et d'espoir, mais voit monter la haine, la violence et la folie tandis que la décennie tourne à l'aigre et meurt. Peut-être est-ce l'Amérique elle-même qui meurt, ou qui, du moins, se voit devancer par le reste du monde : c'est ce que Harry, et le roman, se demandent. Qu'est donc la puissance américaine si elle peut être vaincue par le Viêt-cong ; qu'est donc l'inventivité américaine si elle peut être surpassée par celle des Japonais ; qu'est donc la richesse américaine quand la dette nationale s'amoncelle ? Dans *Rabbit Redux*, Harry a le sentiment d'être « arrivé à la fin » du rêve américain, au moment où « le monde se ratatine comme une pomme qui se gâte » ; au début de *Rabbit Is Rich*, il pense que « la grande chevauchée américaine se termine » ; à la fin de *Rabbit at Rest*, « le monde libre tout entier s'étiole ».

Alors qu'à la première lecture j'avais été subjugué par la joie descriptive d'Updike, par son attention passionnée à des détails tels que « le bruit sourd de succion de la porte du réfrigérateur s'ouvrant et se fermant » — par ce qu'il appelait, dans la préface de ses *Early Stories*, « rendre justice à la beauté de l'ordinaire » —, à ma seconde lecture, j'étais de plus en plus conscient de ce sentiment sous-jacent de choses finissant ou déjà finies, de cette touche de dépérissement et de mort. Ainsi, toute la trajectoire de la vie de Janice est une tentative d'expier le péché d'avoir accidentellement, sous l'emprise de l'alcool, noyé son bébé, une petite fille. Et, si Harry se voit lui-même comme un cordial et inoffensif « agent de vie », les autres le voient bien différemment. « Bon sang, tu portes vraiment la mort, hein ? lui dit sa maîtresse vaguement prostituée, Ruth, à la fin de *Rabbit, Run*. Attends. Bouge pas. Je te vois très clairement tout à coup. Tu es mister Mortus lui-même ! » Le fils de Harry, Nelson, est d'accord avec son analyse. Dans *Rabbit Redux*, Harry s'est laissé entraîner dans une autre escapade sexuelle lorsque sa maison brûle, tuant Jill, la jeune hippie en fugue ; après quoi l'adolescent Nelson, lui aussi entiché de la fille, considère son père comme un meurtrier. Et dans *Rabbit at Rest*, Harry craint que la malédiction fatale au sexe féminin dont il est porteur ne frappe une troisième fois lorsque son Sunfish loué chavire et qu'il ne voit nulle part sa petite-fille Judy. Il se trouve que, cette fois, le mauvais sort est inversé : Judy se cache seulement sous la voile, et la frayeur déclenche la première crise cardiaque de Rabbit, une préfiguration de sa mort.

Et après la mort ? Les signes chez Harry d'une aspiration, non à l'immortalité, mais à quelque transcendance divine, sont plus visibles à la relecture. Updike a dit qu'il ne pouvait pas renoncer tout à fait à la religion, parce que, sans la possibilité ou le rêve de quelque chose au-delà et au-dessus de nous, notre vie terrestre devient insupportable. Rabbit a le même besoin résiduel. « Je ne suis pas *non* croyant », assure-t-il à Thelma, son amante mourante, qui répond : « Ce n'est pas tout à fait suffisant, je le crains, mon cher Harry. » Mais c'est tout ce à quoi il peut parvenir : « Bon Dieu, ce que je pense de la religion c'est... c'est que sans un peu de foi, on coule. » Mais ce « peu » ne se trouve ni ne s'exprime, comme le faisait celui d'Updike, dans une pratique religieuse. Les croyants, dans le cycle Rabbit, ont tendance à être des dingos comme Skeeter, des fanatiques, ou de pieux fainéants passés par les « Narcotiques Anonymes », comme Nelson. Harry n'est pas vraiment un penseur accompli, mais il a un esprit parfois en quête d'autre chose, un sentiment de ce que cela pourrait être s'il y avait quelque chose au-delà de notre lourde existence sublunaire. Il est peut-être significatif que le sport dans lequel il excellait, et auquel il s'adonne dans les premières et les dernières pages de la tétralogie, implique que l'on s'élève du sol vers quelque chose de plus haut, même si ce n'est qu'un panier de basket. Un plus grand essor est illustré par le programme spatial américain, dont les succès (et les échecs, comme la mission *Challenger*) émaillent le livre ; Harry a une fascination de téléphage de canapé pour ce programme — comme pour le sort du dalaï-lama, avec lequel, bizarrement et d'une façon héroï-comique, il s'identifie. Mais il y a aussi des moments où il peut reconnaître plus précisément ses aspirations. À côté de la grande maison appartenant aux parents de Janice poussait un grand hêtre pourpre, qui avait longtemps ombragé la chambre de Harry et de sa femme. Lorsque Nelson prend possession de la demeure familiale, dans *Rabbit at Rest,* il fait couper l'arbre. Harry ne proteste pas ; il ne peut non plus « dire au garçon que le son de la pluie dans ce grand hêtre avait été l'expérience la plus religieuse de sa vie ; cela, et un coup parfait au golf ». Dans de tels moments, Rabbit incarne une sorte de panthéisme suburbain, rendant justice à la spiritualité de l'ordinaire.

Rabbit Angstrom a ses imperfections. Le deuxième volume est généralement tenu pour le plus faible des quatre ; et il est vrai que le harcèlement verbal, par Skeeter l'Afro-Américain, de Rabbit le Blanc dure trop longtemps, avec un effet décroissant ; une faiblesse peut-être imputable au plaisir, chez l'auteur, d'avoir trouvé la voix appropriée, et puis au fait d'être entraîné par son sujet. Et il y a un changement de registre après le premier volume, où le côté un peu joycien de son mode initial — lorsqu'il se considérait comme un nouvelliste et un poète, mais pas encore comme un romancier à part entière — est apparent. (Updike ne s'est pas rendu compte qu'il allait vers une tétralogie avant d'avoir terminé le deuxième volume.) D'un autre côté, il est rare qu'une œuvre de cette longueur devienne encore meilleure, comme elle le fait, à mesure qu'elle se prolonge, *Rabbit at Rest* étant le plus puissant et le plus riche des quatre livres. Dans la dernière centaine de pages, je me suis pris à ralentir délibérément, non pas tant parce que je ne voulais pas que le livre finisse, que parce que je ne voulais pas que Rabbit meure. (Et quand il meurt, ses dernières paroles, à son fils gémissant, sont, peut-être, aussi adressées d'une manière consolante au lecteur : « Tout ce que je peux te dire, c'est que ce n'est pas si dur. ») Tout futur historien désirant avoir une compréhension et une perception approfondies de la vie en col bleu-blanc dans l'Amérique ordinaire entre les années 50 et les années 90 n'aura pas besoin de beaucoup plus que du cycle Rabbit. Mais cela n'évoque qu'une vertu sociologique, plutôt qu'artistique. Alors répétons-le : encore le plus grand roman américain de l'après-guerre.

TRADUIRE *MADAME BOVARY*

Si vous allez sur la page web du restaurant L'Huîtrière (3 rue des Chats-Bossus, Lille) et cliquez sur « traduire », l'automate zélé que vous avez sollicité en donnera aussitôt une version anglaise — y compris l'adresse, qui devient : *3 street cats humped* [trois chats de rue niqués]. La traduction est manifestement une tâche trop importante pour être confiée à des machines. Mais à quelle sorte d'humain devrait-elle être confiée ?

Supposons que vous vous apprêtiez à lire un grand roman français pour la première fois, et ne puissiez le lire que dans votre langue maternelle, l'anglais. Le livre a été écrit il y a plus de cent cinquante ans. Que souhaiteriez-vous, devriez-vous souhaiter ? L'impossible, bien sûr. Mais quel genre d'impossible ? D'abord, vous ne voudriez probablement pas avoir l'impression de lire une traduction ; vous voudriez que cela se lise comme si ç'avait été écrit originellement en anglais — quoique, nécessairement, par un auteur ayant une profonde connaissance de la France. Vous ne voudriez pas que cela cliquette et bourdonne en rendant consciencieusement la moindre nuance, transformant le texte en une analyse du roman plutôt qu'une version du roman lui-même. Vous voudriez que cela provoque en vous à peu près les mêmes réactions que chez un lecteur français (tout en souhaitant un certain sentiment d'étrangeté, et le plaisir d'explorer un monde différent). Mais quelle sorte de lecteur français ? Un lecteur de 1860, ou de 2015 ? Voudriez-vous que ce roman produise son effet originel, ou un effet coloré par l'histoire ultérieure de la littérature romanesque française, y compris les conséquences de l'existence même de ce roman ? Idéalement, on voudrait comprendre chaque référence d'époque — par exemple, les « puddings à la Trafalgar », ou les Frères ignorantins, ou *Mathieu Laensberg* — sans avoir besoin de consulter les notes. Et enfin, si vous voulez le livre en anglais, quel genre d'anglais préférez-vous ? Pour le dire simplement : au début du roman, voulez-vous que le pantalon du collégien Charles Bovary soit maintenu par des *braces* britanniques, ou par des *suspenders* yankees ? Les décisions, et la coloration, sont irrévocables.

Ainsi pourrions-nous imaginer le traducteur de nos rêves : quelqu'un, naturellement, qui admire le roman et son auteur, et qui compatit avec son héroïne ; une femme, peut-être, pour nous aider à mieux appréhender les codes sexuels de l'époque ; quelqu'un qui maîtrise le français et surtout l'anglais, avec peut-être aussi quelque expérience de traduction dans l'autre sens. Puis nous prenons une décision cruciale : ce traducteur doit-il être ancien ou moderne ? Un contemporain de Flaubert ou le nôtre ? Après quelque réflexion, nous pourrions opter pour une Anglaise du temps de Flaubert, dont la prose serait inévitablement exempte d'anachronismes et d'autres discordances stylistiques. Et ne pourrions-nous pas, dans ce cas, raisonnablement imaginer l'auteur lui venant en aide ? Allons plus loin : cette traductrice non seulement connaît l'auteur, mais vit chez lui et peut observer sa façon de parler, aussi bien que d'écrire, le français ; ils peuvent travailler côte à côte sur le texte aussi longtemps qu'il le faut. Et allons plus loin encore : cette traductrice anglaise pourrait devenir la maîtresse du Français — ne dit-on pas toujours que c'est sur l'oreiller qu'on apprend le mieux une langue ?

Il se trouve que ce rêve fut jadis une réalité. La première traduction connue de *Madame Bovary* fut entreprise, à partir d'une version finale du manuscrit, par Juliet Herbert, la préceptrice de la nièce de Flaubert, Caroline, en 1856-1857. Il est tout à fait possible qu'elle ait été la maîtresse de Gustave ; il est certain qu'elle lui a donné des leçons d'anglais. « Dans six mois, se vanta-t-il, je lirai Shakespeare dans le texte. » Et ensemble ils traduisirent en français *The Prisoner of Chillon* de Byron. (En 1844, Flaubert avait affirmé à son ami Louis de Cormenin qu'il avait traduit *Candide* en anglais.) En mai 1857, Flaubert écrit à Michel Lévy, l'éditeur parisien de *Madame Bovary*, qu'une traduction anglaise qui le satisfait « pleinement » est faite sous ses yeux et que, s'il doit en paraître une en Angleterre, il veut que ce soit celle-là et nulle autre. Et, cinq ans plus tard, il qualifiera la traduction de Juliet Herbert de « chef-d'œuvre ». Mais, à ce moment-là, son ouvrage et elle-même commençaient à disparaître de l'histoire littéraire. Bien que Flaubert eût prié Lévy de s'arranger avec un éditeur anglais, et qu'il ait cru avoir écrit à Richard Bentley & Sons à ce sujet, aucun courrier de ce genre ne se trouve dans les archives de la maison Bentley (peut-être parce que Lévy était secrètement opposé à cette idée, et préféra s'abstenir). Le manuscrit fut perdu, et Juliet Herbert disparut aussi plus ou moins, jusqu'à sa résurrection en 1980 grâce à Hermia Oliver et son *Flaubert et une gouvernante anglaise*.

Le lecteur anglais dut donc attendre pendant trois décennies — jusqu'en 1886, six ans après la mort de l'auteur — la première traduction publiée de *Madame Bovary*. Celle-ci fut faite aussi par une femme, Eleanor Marx-Aveling (la fille de Marx — une douce ironie, si l'on songe aux opinions caustiques de Flaubert sur la Commune) ; comme la dernière en date, due à la nouvelliste américaine — et traductrice de Proust — Lydia Davis. La plupart des dix-neuf ou vingt traductions publiées entre-temps ont été faites par des hommes, dont les plus connus sont Francis Steegmuller et Gerard Hopkins ; et, si Steegmuller a bien écrit quelque fiction — dont des romans à énigme sous le pseudonyme de David Keith —, il ne fait guère de doute que Davis est le meilleur auteur de fiction qui ait traduit le roman. Ce qui suggère une autre question à ajouter à la liste : préféreriez-vous que votre grand roman soit traduit par un bon écrivain ou un moins bon ? Ce n'est pas une question aussi vaine qu'elle en a l'air. Le parfait traducteur doit être un écrivain capable de se fondre dans le texte et l'identité du plus grand écrivain. Les écrivains-traducteurs ayant leurs propres style et conception du monde pourraient s'irriter de la nécessaire abnégation ; d'un autre côté, se muer en un autre écrivain est un acte d'imagination, et peut-être plus facile pour le meilleur écrivain. Alors si Rick Moody nous dit que Lydia Davis est « notre meilleure styliste américaine », et Jonathan Franzen que « peu d'écrivains en activité rendent les mots sur la page plus essentiels », est-ce que cela fait d'elle une personne mieux ou moins bien équipée pour traduire une œuvre du meilleur styliste français du XIXe siècle en anglais du XXIe siècle ? Les nouvelles de Davis, généralement d'une longueur de deux ou trois lignes à deux ou trois pages, n'ont vraiment rien de flaubertien dans leur étendue et leur portée ; elles varient de l'épisode mêlant humour désabusé et intense rêverie à la très brève histoire légèrement espiègle ; et s'il y a là une influence française, elle provient d'une époque ultérieure (ainsi *La Course des motocyclistes patients* semble redevable à Jarry). Sa propre vie est manifestement à l'origine de certaines nouvelles, alors que l'esthétique de Flaubert était notoirement fondée sur l'exclusion du *moi*. D'un autre côté, l'œuvre de Davis est dotée de vertus flaubertiennes : compression, ironie et un sens extrême du contrôle. Et si Flaubert, dans son monachisme et son opiniâtreté, est ce que nous appelons un « *writer's writer* », c'est-à-dire un écrivain par excellence aux yeux d'autres écrivains, un « écrivain pour écrivains », un romancier américain m'a récemment décrit Lydia Davis comme un « *writer's writer's writer* ». Le fait que sa traduction de *Madame Bovary* ait été jugée digne d'une publication en feuilleton par le magazine *Playboy* — qui présente carrément, sur la couverture, le livre comme « le roman le plus scandaleux de tous les temps » — est d'une ironie plus bruyante qui aurait bien pu susciter l'approbation de Flaubert... Le bandeau publicitaire de l'édition américaine présente de son côté Emma comme « *The original Desperate Housewife* », ce qui, si tarte que cela paraisse, n'est pas si loin de la vérité. *Madame Bovary* est beaucoup de choses — un parfait mécanisme romanesque, l'apogée du réalisme, le coup de grâce porté au romantisme, une étude complexe de l'échec —, mais c'est aussi, après tout, le premier grand roman moderne du genre « shopping-et-baise ».

Au moins aucun de ces dix-neuf ou vingt traducteurs n'a eu besoin de chercher un autre titre. Les problèmes commencent plutôt avec le sous-titre, *Mœurs de province*. On trouve « *Provincial Manners* » (Marx-Aveling), « *Life in a Country Town* » (Hopkins, 1948), « *A Tale of Provincial Life* » (Alan Russell, 1950), « *Provincial Lives* » (Geoffrey Wall, 1992) ou « *Provincial Ways* » (Lydia Davis) ; personne, à ma connaissance, n'a adopté le sous-titre, apparenté, de *Middlemarch* : « *A Study of Provincial Life* ». Plusieurs traducteurs — dont, d'une façon assez surprenante, Francis Steegmuller (en 1957) — le suppriment tout simplement. Les sous-titres peuvent paraître superflus et démodés (ainsi, l'édition Penguin actuelle de *Middlemarch* se passe des cinq mots « accessoires » de George Eliot), mais l'omission semble un peu abusive. Beaucoup de traducteurs (ou d'éditeurs) suppriment aussi les quelques mots suivants : la dédicace à maître Sénard, l'avocat qui permit à Flaubert d'échapper à l'accusation d'outrager la morale et la religion alors que son roman était encore publié en feuilleton. Lydia Davis, dans son impressionnant souci de ne rien omettre, inclut à la fois cette dédicace et celle, plus importante, de la première édition, au compagnon littéraire de Flaubert, Louis Bouilhet. Quoique, même ici, le traducteur entre dans un monde de micro-didactisme, car il y a un choix à faire : le désir d'authenticité pourrait préférer la première édition, qui commence par la dédicace à Bouilhet (en fait, laissée là par mégarde par l'imprimeur), tandis que le bon sens préférera l'édition corrigée de 1873, qui commence par l'hommage à Sénard.

Mais la traduction implique autant un micro-didactisme que l'usage illimité quoique contrôlé de l'imagination linguistique. La phrase la plus simple est pleine de périls ; souvent les options disponibles semblent relever du choix entre différents pourcentages de perte. Il n'est pas surprenant qu'il ait fallu trois ans à Lydia Davis pour traduire *Madame Bovary* — certaines traductions demandent autant de temps qu'il en a fallu pour écrire le livre lui-même, et quelques-unes encore plus. La version magistrale de *La Regenta* de Leopoldo Alas — une sorte de *Bovary* espagnole —, due à John Rutherford, a consumé, selon les calculs de ce dernier, cinq fois plus de son temps de vie que l'auteur n'en avait eu besoin pour écrire son œuvre. « La traduction est une étrange affaire (nota-t-il dans son introduction), que les gens sensés évitent sûrement. » Prenez un simple détail dans les premières pages du roman de Flaubert. Les parents du jeune

Charles Bovary le laissent courir et vagabonder dans le village et les environs. Il suit les laboureurs, jette des mottes de terre aux corbeaux, garde les dindons avec une gaule et sonne parfois les cloches de l'église avec le bedeau. Flaubert accorde un paragraphe à ces activités, puis résume les conséquences de cette vie préadolescente en deux courtes phrases qu'il isole intentionnellement en un paragraphe distinct :

> *Aussi poussa-t-il comme un chêne. Il acquit de fortes mains, de belles couleurs*.*

Le sens est très clair ; il n'y a pas de pièges cachés ni de faux amis. Si vous voulez essayer de tourner vous-même cela en anglais d'abord, ne regardez pas tout de suite ci-dessous. Voici six tentatives, faites au cours des cent vingt-cinq dernières années, pour traduire sans trahir :

> 1) Meanwhile, he grew like an oak ; he was strong of hand, fresh of colour.
>
> 2) And so he grew like an oak-tree, and acquired a strong pair of hands and a fresh colour.
>
> 3) He grew like a young oak-tree. He acquired strong hands and a good colour.
>
> 4) He throve like an oak. His hands grew strong and his complexion ruddy.
>
> 5) And so he grew up like an oak. He had strong hands, a good colour.
>
> 6) And so he grew like an oak. He acquired strong hands, good colour.

Toutes les versions contiennent les mêmes informations, mais seuls les mots « *he* », « *like* » et « *strong* » se retrouvent tels quels dans les six. Certaines des questions que ces traducteurs ont dû se poser (sur un mode allant de la réflexion pertinente au sentiment instinctif) sont celles de savoir :

- S'il vaut mieux composer ce bref paragraphe de deux phrases, comme dans l'original, ou d'une seule ; et, dans ce dernier cas, si la coupure doit être marquée par une virgule ou un point-virgule.
- S'il vaut mieux, d'ailleurs, en faire un paragraphe distinct pour commencer : ainsi 1) choisit de mettre cela à la fin du paragraphe précédent, ce qui rend son effet récapitulatif moins percutant.
- Si *poussa* suggère plus de vigueur que l'anglais « *grew* » ; d'où le « *throve* » de 4) et l'ajout du « *up* » intensif de 5).
- Si *acquit* est mieux rendu par un mot neutre tel que « *had* » ou « *was* », ou si c'est un verbe indiquant une sorte d'action, employé pour le parallèle avec *poussa*. D'où « *acquired* » ou « *grew* » — mais, si on met « *grew* » ici, on a besoin d'un autre verbe dans la première phrase, d'où « *throve* ».
- Si l'on doit — ou peut — conserver l'équilibre de *de fortes mains, de belles couleurs*. Seul 1) le fait en mettant tout au singulier ; les autres introduisent un déséquilibre de nombre.
- Que faire de ces *belles couleurs*. Ces six traducteurs sont d'avis qu'il n'est pas possible de garder le pluriel. Mais a) faut-il expliciter un peu, et indiquer que le garçon acquiert « *a fresh colour* », voire « *a ruddy complexion* » [un teint rubicond] (ce qui décrète que le mot *couleurs* ne s'applique qu'au visage — bien qu'il ait été fait allusion, au tout début du roman, à ses « poignets rouges ») ; ou b) ce qui se passe — ce qui arrive à l'épiderme d'un garçon à la campagne — est-il assez évident pour qu'un vague « *good* » fasse écho à un vague « *belles* » ?

Ces six traductions de *Madame Bovary* ont leurs vertus ; aucune n'est manifestement supérieure. La 1re est d'Eleanor Marx-Aveling, une traduction qui, comme le note Lydia Davis dans son introduction, « provoqua l'indignation de Nabokov dans ses annotations marginales, mais à laquelle il eut recours pour parler du roman à ses étudiants » ; la 2e est de Russell ;

la 3e de Hopkins ; la 4e qui, même au vu de ce bref extrait, a l'air plus libre que les autres, est de Steegmuller ; la 5e est de Wall, et la 6e de Davis. Wall et Davis sont ceux qui se rapprochent le plus de la syntaxe du texte original et qui sont le moins « interprétatifs ».

Il y a ce mot légèrement prétentieux qu'emploient chez nous les amateurs de vin, dégustateurs ou chroniqueurs : *mouthfeel*, sensation en bouche. (Il est aussi légèrement déroutant — où donc pourrait-on avoir cette sensation, sinon dans la bouche ? Sur le pied ?) L'*Oxford Companion to Wine* le définit comme « un terme non spécifique, employé particulièrement pour les vins rouges, désignant ces nuances de texture, comme le moelleux, qui produisent des sensations tactiles sur la surface de la cavité buccale ». Il existe quelque chose de semblable en matière de traduction. La tendance générale dans ce domaine, depuis plus d'un siècle, a été de s'éloigner du *moelleux* pour aller vers l'authenticité, de s'éloigner du penchant à l'interprétation réorganisatrice qui vise à privilégier le flux naturel de la prose anglaise pour se rapprocher d'une fidélité au texte — goûtez ces tanins ! — qui cherche à rendre la saveur de la langue originale. Nous n'utilisons plus le verbe « *to English* » — il semble trop possessif, voire impérialiste — mais, à l'époque où on commençait à traduire Flaubert, il était encore en usage : ainsi la première édition londonienne et new-yorkaise de *Salammbô* — publiée en 1886, la même année que la *Madame Bovary* de Marx-Aveling — nous informe sur sa page de titre que le roman a été « *Englished* » par (tenez-vous bien) « M. French Sheldon ». Cet éloignement de l'« *Englishing* » est perceptible dans les six versions citées plus haut des deux lignes sur la manière dont Charles grandit (ou pousse). De même, dans la traduction des œuvres de Tchekhov, Ronald Hingley a succédé à Constance Garnett, sans la supplanter pour autant : certains d'entre nous continuent de lire les traductions de Garnett. Surtout parce qu'elles vous transportent aussitôt dans le temps et vous donnent mieux l'illusion d'être un lecteur de l'époque, plutôt qu'un lecteur d'aujourd'hui examinant un texte d'autrefois à l'aide d'instruments d'optique de précision. Il se peut toutefois qu'il y ait là autre chose, ou qui s'ajoute au reste : une sorte d'empreinte mentale. La première traduction que nous lisons d'un roman classique, comme la première interprétation que nous entendons d'un morceau de musique classique, « est » et reste ce roman, cette symphonie. Des traducteurs et interprètes ultérieurs peuvent avoir une meilleure maîtrise de la langue ou jouer le morceau sur des instruments d'époque, mais cette version initiale n'est pas aisément remplacée.

Rendre fidèlement la moindre nuance de sens ne peut pas être l'unique but de la traduction. Parce que cela risque de mener à cet acte de défi excentrique qu'est l'*Eugène Onéguine* de Nabokov. Dans son poème de 1955 *Traduire Eugène Onéguine*, Nabokov, s'adressant à Pouchkine, parle de traduire

Votre strophe en forme de sonnet
Dans mon honnête et rustique prose —
Tout épines, mais cousine de votre rose.

Quand la version de Nabokov parut en 1964, c'était en effet de la prose en vers, plus proche de la tige ligneuse que de l'épine. Il est conseillé au lecteur d'*Eugène Onéguine* en anglais d'avoir sous la main les deux volumes de commentaires professoraux de Nabokov en appréhendant la musique de l'œuvre à travers, disons, la version de Charles Johnston. Un exemple encore plus étrange de fidélité menant à la perversion est la traduction d'Hérondas par Dillwyn Knox (1929) pour la Loeb Classical Library. La brillante nièce de « Dilly » Knox, Penelope Fitzgerald, décrit le résultat dans *Les Frères Knox* avec une sorte de bienveillante allégresse :

> La langue des *mimes* est précieuse, émaillée d'irritants archaïsmes affectés, et une honnête traduction, semblait- il à Dilly, doit en être le reflet. Cloîtré dans son bureau [...] Dilly travaillait à son équivalent anglais d'Hérondas. « *La no reke hath she of what I say, but standeth goggling at me more agape than a crab* » est une phrase typique, tandis que la simple question : « *Why can't you tell me what they cost ?* » devient sous sa plume : « *Why mumblest ne freetongued descryest the price ?* » Satisfait, Dilly corrigea les épreuves ; il lut les critiques — qui toutes louaient l'exactitude du texte mais jugeaient la traduction complètement ratée — avec indifférence. « Si je suis inintelligible, écrivit-il, c'est parce que Hérondas l'était. »

Lydia Davis, dans son introduction, note que la version de Gerard Hopkins a « ajouté des éléments dans presque chaque phrase » ; tandis que Steegmuller a produit « une agréable version joliment écrite, plus fluide que le texte de Flaubert, avec un réagencement régulier des phrases et de judicieux ajouts et omissions ». Cela paraît-il un rien condescendant envers le plus grand Flaubertien américain ? Voici un ajout (ou plutôt, une substitution) caractéristique qui pourra servir à tester la réaction du lecteur. Quand Léon va retrouver Emma dans la cathédrale de Rouen, il doit passer près du suisse qui se tient sur le seuil, au milieu du portail à gauche, sous ce que Flaubert appelle la « *Marianne dansant* ». C'était le nom populaire de la figure de bas-relief représentant Salomé dansant sur les mains devant Hérode. Que faites-vous de ça ? Presque tous les traducteurs anglais optent pour « *Marianne Dancing* » ou « *The Dancing Marianne* ». Si vous ne mettez aucune note, les lecteurs imagineront naturellement quelque joyeuse scène folklorique ; si vous en mettez une, vous détournerez l'attention du lecteur vers un commentaire de guide touristique — aussi gênant que le suisse, de plus en plus importun, va se révéler l'être pour Léon et Emma. (Vous pouvez résoudre à moitié le problème, comme le fait Lydia Davis, en mettant les notes à la fin mais sans indication de leur existence dans le texte ; ainsi les lecteurs peuvent trouver la solution, mais sans doute pas au bon moment.) Ou bien, comme seul Steegmuller le fait, dans sa traduction sans notes, vous pouvez aller droit au but et écrire : « ... *standing in the left doorway, under the figure of the dancing Salome.* » C'est immédiatement compréhensible, et cela a la vertu supplémentaire de mettre en évidence cette image de lascivité sous laquelle passe Léon en allant à son rendez-vous d'amour. (Dans la cathédrale, ce thème est repris : quand le suisse en vient à leur montrer le tombeau du comte de Brézé, il présente solennellement Diane de Poitiers comme une veuve éplorée, alors que, pour nous tous, elle est d'abord la maîtresse d'un roi — et, comme Emma va bientôt l'être, celle d'un homme plus jeune qu'elle.) Étant donné que plus personne à Rouen, vraisemblablement, n'appelle cette figure de pierre la *Marianne dansant*, il y a beaucoup à dire en faveur de la solution de Steegmuller. Mais certains la jugeraient trop interventionniste.

La caractéristique essentielle de la traduction de Lydia Davis est une grande attention portée à la grammaire et à la syntaxe de Flaubert, et une volonté de les préserver en anglais. Par exemple, le respect de la « virgule-conjonction », celle qui remplace le « et » pour relier deux propositions principales, ou bien de subtils changements de temps imperceptibles pour d'autres (et parfois imperceptibles en anglais). Dans l'exemple déjà cité (*Il acquit de fortes mains, de belles couleurs**), elle écrit : « *He acquired strong hands, good colour* » là où Wall avait écrit : « *He had strong hands, a good* *colour* » ; la suppression de l'article préserve l'équilibre de la phrase originale. Dans son introduction, elle reproche à certains de ses prédécesseurs d'avoir voulu « raconter cette histoire captivante à leur propre manière ». Interviewée par *The Times*, elle s'est étendue sur la question : « J'ai constaté que [les versions] qui ne sont pas dénuées d'élégance et de vie ne sont pas si proches que cela de l'original ; et celles qui sont le plus fidèles peuvent être un peu gauches… » C'est tout le paradoxe et le dilemme de la traduction. Si être « fidèle » est être « gauche », alors c'est être aussi infidèle, parce que Flaubert n'était pas un écrivain « gauche ». Il passe d'un registre à l'autre ; il taille dans le lyrique avec le prosaïque ; mais c'est une langue dont chaque phrase, chaque mot, chaque syllabe a été maintes fois soumise à l'épreuve du « gueuloir ». Flaubert a dit qu'une ligne de prose devait être aussi rythmée, sonore et immuable qu'une ligne de poésie. Il a dit qu'il ne visait qu'à la beauté, et qu'il a écrit *Madame Bovary* parce qu'il détestait le réalisme (affirmation d'un homme exaspéré qui se leurre lui-même, mais quand même). Il a comparé la prose à une chevelure qui brille quand on la peigne ; il maniait sans cesse le peigne. Quant à ces traducteurs imprécis qui insufflent néanmoins de l'« élégance » et de la « vie » dans leur version : d'où proviennent habituellement cette élégance et cette vie, sinon du roman lui-même ? Davis conclut : « Alors ce que j'essaie de faire est ce qui n'a pas, je pense, été fait : produire une traduction bien écrite qui est aussi très proche du français, très fidèle. » C'est une noble ambition, mais je doute que tous ces traducteurs précédents aient pensé qu'ils tâchaient de faire quelque chose de très différent.

Cette volonté de Lydia Davis d'être « très proche du français, très fidèle » donne les meilleurs résultats quand la phrase flaubertienne est simple et assertive. Prenez ce grand moment d'amère prise de conscience : « *Emma retrouvait dans l'adultère toutes les platitudes* *du mariage**. » La phrase de Davis : « *Emma was rediscovering in adultery all the platitudes of marriage* » reproduit exactement le français, et produit le même effet. On pourrait penser que c'est la traduction évidente, jusqu'à ce qu'on la compare avec les autres versions. Steegmuller et Hopkins réduisent la phrase en la reformulant, et même Wall, le plus proche ici de Davis, omet le nécessaire intensifiant « *all* ». À côté de cela, une page ou deux plus loin, il y a cette autre phrase clef : « *Tout et elle-même lui étaient insupportables**. » C'est une phrase inhabituelle. Une phrase plus habituelle pourrait être : « *Tout lui était insupportable, y compris elle-même**. » Flaubert accole délibérément *Tout* et *elle-même*, et c'est une erreur de les disjoindre, comme le fait Davis en écrivant : « *Everything seemed unbearable to her, even herself* » (ce qui ajoute la gaucherie d'un « *her* » répété). Wall se fourvoie aussi ici : « *It was quite unbearable, beginning with herself.* » Hopkins développe peut-être trop : « *She hated everything and everyone, including herself.* » Steegmuller s'en sort le mieux, avec : « *She loathed everything, including herself.* » Mais même cela ne produit pas tout l'effet de ce simple *et* — qui est de suggérer une séparation entre *elle-même* et le monde, laquelle culminera dans l'acte qui la séparera finalement pour de bon du monde.

La distinction que fait L. Davis, parmi les traducteurs précédents, entre les élégants approximatifs et les balourds fidèles, n'est donc guère convaincante ; pas plus que son effort proclamé pour gagner sur les deux tableaux. Deux autres exemples :

1) Après la séduction d'Emma par Rodolphe, il y a un paragraphe décrivant son expérience post-coïtale semi-panthéiste de la nature environnante, avec laquelle elle se sent pour le moment en harmonie. Mais, avec la dernière phrase, Flaubert rompt brutalement cette humeur : « *Rodolphe, le cigare aux dents, raccommodait avec son canif une des deux brides cassée**. » Ce grand moment

antiromantique est celui où Rodolphe se tourne à la fois vers un autre plaisir physique (comme le fait Gourov avec sa pastèque dans *La Dame au petit chien* de Tchekhov) et vers une activité masculine pratique. Toutes les versions citées ici commencent, sans surprise, par :

> *Rodolphe, a cigar between his teeth...*

Wall continue ainsi :

> *was mending one of the two broken reins with his little knife.*

Steegmuller :

> *was mending a broken bridle with his penknife.*

Hopkins :

> *was busy with his knife, mending a break in one of the bridles.*

Davis :

> *was mending with his penknife one of the bridles, which had broken.*

Bridle ou *rein* ? *Knife*, *little knife*, ou *penknife* ? La différence est mince ; toutes les versions contiennent les mêmes informations. La phrase de Flaubert fait son travail en n'attirant pas l'attention sur elle-même ; sa sobriété même est pertinente, après la prose plus rhapsodique qui l'a précédée. Wall, Steegmuller et Hopkins rendent bien cela. Pas Lydia Davis, qui reste

« fidèlement » au plus près de la structure de la phrase française. Mais la grammaire anglaise n'est pas la grammaire française, et donc le discret « *cassée** » (qui, malgré toute sa discrétion, évoque aussi la « cassure » d'Emma par Rodolphe) doit devenir « *which had broken* » — des mots qui paraissent maintenant passablement superflus, car que raccommoderait-il, sinon quelque chose de cassé ? La phrase a une gaucherie qui est importée plutôt que fidèlement transmise, et bien peu flaubertienne.

2) Lorsque Charles et Emma vont voir un opéra à Rouen — la plus grande des trois scènes du roman construites en contre-chant —, les sentiments intimes d'Emma, ses espoirs et ses souvenirs, sont présentés en contrepoint des émotions théâtralement extériorisées de *Lucie de Lammermoor*. Dans ce tourbillon de pensées et de sentiments, Emma en vient à se dire à un moment donné que l'art et la vie, à leur manière différente, ne peuvent suffire au bonheur. C'est une phrase clef du roman : « *Elle connaissait à présent la petitesse des passions que l'art exagérait**. » Une phrase pondérée, équilibrée, en trois parties, avec une triple allitération en *p*, la partie contenant le deuxième et le troisième *p* constituant le syntagme central. Le choix de traduction pour *petitesse* se réduit normalement à « *paltriness* » et « *pettiness* », qui ne sont parfaits ni l'un ni l'autre, ayant une coloration légèrement plus dépréciative que le mot français. La version de Wall a le poids et le rythme de l'original :

> *For now she knew the pettiness of the passions that art exaggerates.*

Hopkins déplace l'allitération :

> *She knew now the triviality of those passions which art paints so much larger than life.*

Steegmuller conserve la triple allitération en *p* :

> *Now she well knew the true paltriness of the passions that art painted so large.*

Davis écrit :

> *She knew, now, how paltry were the passions exaggerated by art.*

Elle transforme inutilement le premier substantif en adjectif, puis inverse la syntaxe de la dernière proposition. Mais le défaut principal de la phrase, c'est ce « *knew, now, how* » du début — aussi fâcheux du point de vue de l'assonance que du rythme, et bien loin de l'original.

Une traduction ne peut être lue avant l'époque où elle est faite : c'est à la fois évident et bien embêtant. Et elle ne peut pas — ou, du moins, ne devrait pas — être un pastiche de l'époque de l'œuvre originale. Elle doit être écrite pour le lecteur contemporain, tout en donnant à celui-ci la même impression (ou à peu près) d'aisance ou de difficulté qu'un des premiers lecteurs aurait eue. Et, de même qu'il peut y avoir une coupable imprécision, il peut y avoir un malencontreux excès d'exactitude. Il est très difficile (sauf dans des notes ou une introduction) d'évoquer le contexte littéraire général dans lequel un livre a été écrit et qui, pour l'auteur, était crucial. Les livres sont souvent écrits *contre* — contre le romantisme, contre la présence et l'intervention abusives de l'auteur dans son œuvre, contre l'idée que certains thèmes sont plus « nobles » que d'autres. Il y a aussi un contexte linguistique : ainsi Michael Hofmann, présentant sa traduction de *La Métamorphose*, cite Klaus Wagenbach selon qui « la pureté caractéristique de Kafka, la sobre construction de ses phrases et la pauvreté de son vocabulaire ne peuvent être comprises que si l'on garde à l'esprit que son allemand était celui de Prague ». En outre, les grammaires de deux langues sont toujours différentes, et leurs vocabulaires divergent (l'anglais offre un choix de mots bien plus vaste que le français). Même la ponctuation n'a pas toujours le même poids d'une langue à l'autre : ainsi, le point d'exclamation anglais étant plus « criard » que le français, il faut parfois supprimer ceux de Flaubert ; Wall le fait plus que Lydia Davis, qui en ajoute un çà et là. Les langues n'évoluent pas non plus de concert au fil du temps. Si bien que, dans le cas de *Madame Bovary*, on jongle avec toutes sortes de choses, l'écrivain français de l'époque, le lecteur français passé et présent, le traducteur anglais d'aujourd'hui, le lecteur anglais passé et présent...

Au moins, de nos jours, les livres sont généralement traduits avec moins de décalage temporel (*La Regenta* fut publiée en 1884-1885, et n'a pas été traduite en anglais avant 1984). Le traducteur peut interroger l'auteur sur ce qu'il a voulu dire au juste, par courriel, ou même en personne : Don Delillo a réuni à Londres tous ses traducteurs européens d'*Underworld*, dont les problèmes commençaient comme le roman lui-même commence : par soixante pages de base-ball. Mais la traduction n'est pas toujours seulement une question de réduction maximale des pertes. Quand mon roman *Le Perroquet de Flaubert* fut traduit en allemand, mon éditeur à Zurich suggéra modestement quelques enjolivures : par exemple, un jeu de mots sur « l'ours à puces » Flaubert et une expression argotique allemande pour désigner la masturbation dont le sens littéral est à peu près « secouer le palmier ». Comme Flaubert, à ce point de mon roman, se faisait masturber en Égypte, cela semblait être un judicieux apport. Un ajout de ce genre pour les lecteurs allemands paraissait tenir de la juste compensation. Mais cet avantage comporte un nouveau danger : celui de voir l'écrivain anticiper cet aimable échange avec le traducteur ou l'éditeur étranger. Je me souviens d'avoir entendu un romancier britannique avouer, dans une interview radiophonique, qu'à un moment donné il avait songé à la souffrance qu'il pouvait infliger à ses traducteurs scandinaves, et décidé de leur faciliter la tâche. Outre que c'est un reniement de sa propre langue, cela peut aisément mener au genre de prose internationale qui ressemble à un repas de compagnie aérienne : cela alimente tout le monde, n'empoisonne vraiment personne, mais n'est pas sensiblement nourrissant.

Comparer plusieurs versions différentes de *Madame Bovary* n'est pas observer un processus d'accumulation, quelque progression graduelle mais inévitable vers la certitude et l'autorité (sauf lorsqu'une erreur manifeste est corrigée) ; c'est bien plutôt contempler une succession d'approximations, de flottements. Comment pourrait-il en être autrement, quand presque chaque mot français peut être rendu de plusieurs façons différentes ? Prenez le moment où Emma, Charles et Léon mangent des glaces à la terrasse d'un café sur le port, étant sortis du théâtre avant la scène finale de *Lucie*. Charles suggère naïvement que sa femme reste en ville pour voir la représentation suivante — une suggestion qui va hâter le début de sa liaison avec Léon. Charles s'adresse à Emma en l'appelant (et la banalité de l'expression contraste avec les récentes extravagances de Donizetti) « *mon petit chat* ». Eleanor Marx-Aveling écrit « *pussy* », Mildred Marmur (1964) « *my kitten* », Wall « *my pussy-cat* », Hopkins « *darling* », Steegmuller « *sweetheart* », Russell et Davis « *my pet* ». Le terme d'affection choisi par Marx-Aveling [*pussy*, « chatte »] ne serait hélas plus possible ; celui de Marmur est bien ; celui de Wall introduit le parfum légèrement indésirable d'une réplique de

Dean Martin dans un mauvais film ; Hopkins et Steegmuller esquivent délibérément la félinité (on pourrait soutenir qu'il n'y en a plus guère dans l'expression française de toute façon) ; tandis que Russell et Davis, mêlant banalité et vague animalité, ont trouvé la meilleure solution. Probablement. Du moins, pour le moment. On comprend pourquoi Rutherford a dit de la traduction que c'est une « étrange affaire » que les « gens sensés » feraient mieux d'éviter.

La *Madame Bovary* de Lydia Davis est une version linguistiquement soigneuse, dans le style moderne, écrite dans un anglais discrètement américain. Ce qu'elle a de meilleur rend bien la précision — certains diraient la sécheresse — de la prose de Flaubert dans ce roman ; et sa fidélité syntaxique au français nous rapproche parfois davantage de Flaubert. Ce qu'elle a de moins bon nous éloigne trop de l'anglais, et nous rend moins conscients de la prose de Flaubert que de la conscience qu'a Davis de la prose de Flaubert. Et de tels défauts peuvent provenir de quelque chose d'ordinaire mais de surprenant : un manque d'amour suffisant pour l'œuvre traduite. Dans son interview avec *The Times*, Lydia Davis a expliqué :

> On m'a demandé de traduire le Flaubert, et il était difficile de dire non à un autre grand livre — supposé… Je n'aimais pas vraiment *Madame Bovary*. Je trouve ce qu'il fait avec le langage très intéressant, mais je ne peux pas dire que le livre me passionne… Et j'aime une héroïne qui pense et ressent… en fait, je ne trouve pas Emma Bovary admirable ou aimable — mais Flaubert ne la jugeait pas mieux. Je fais un tas de choses qu'un traducteur ne fait pas dans l'esprit des gens. Ils pensent : « Elle aime *Madame Bovary*, elle l'a lu trois fois en français, elle a toujours voulu le traduire et elle incite les éditeurs à publier une autre traduction, et elle a lu tout ce qu'il y a à lire sur le sujet » — mais rien de tout cela n'est vrai.

Peut-être est-ce en partie l'équivalent, pour un traducteur, de la réaction du fantassin heureux d'être démobilisé — trois années de rudes tribulations dans la France occupée, pas étonnant qu'elle jette son calot en l'air à l'idée d'en être sortie vivante… Mais que veut dire Lydia Davis lorsqu'elle suggère qu'Emma Bovary ne « pense » ni ne « ressent » ? Il n'est question dans ce roman que des dangers de certaines pensées (peu judicieuses) et de certains sentiments (faux, ou peu sagement dirigés). Peut-être veut-elle dire « ne pense ni ne ressent d'une façon que j'approuve ». Quant au regret qu'Emma ne soit ni « admirable ni aimable », cela ressemble à la plus simpliste objection de groupe de lecture. La *Madame Bovary* de Lydia Davis montre qu'il est possible de produire une version plus qu'acceptable d'un livre pour lequel on a relativement peu d'inclination. Dans ce sens, elle confirme que la traduction requiert un acte d'imagination autant qu'une compétence technique. Si vous voulez une traduction plus libre, Steegmuller est le bon choix ; pour une version plus rigoureuse, tournez-vous vers Wall. Et peut-être qu'un jour le « chef-d'œuvre » perdu de Juliet Herbert sera retrouvé, et nous pourrons le comparer avec tout ce qui a été fait ensuite — et découvrir une nouvelle façon de rester nécessairement en deçà de la perfection.

FAIRE FACE AU CHAGRIN

Dans son essai *The Proper Means of Regulating Sorrow* (*The Rambler*, 28 août 1750), Samuel Johnson soulignait l'affreuse particularité du chagrin parmi les passions humaines. Les désirs ordinaires, vertueux ou vicieux, recèlent en eux-mêmes la possibilité théorique de leur satisfaction :

> L'avare imagine toujours qu'il existe une certaine somme qui comblera son cœur ; et tout homme ambitieux, tel le roi Pyrrhus, a dans l'idée de venir à bout de ses entreprises, après quoi il passera le reste de sa vie dans l'aisance ou la gaieté, dans le repos ou la dévotion.

Mais l'affliction, le « chagrin », est d'un ordre bien différent. Même avec les passions douloureuses telles que la peur, la jalousie ou la colère, la nature suggère toujours une solution, et avec elle une fin possible d'un sentiment oppressant.

> Mais, pour le chagrin, il n'est point de remède fourni par la nature. Il est souvent causé par des accidents irréparables, et porte sur des objets qui ont perdu ou changé leur existence. Il veut ce qu'il ne peut espérer — que les lois de l'univers soient abrogées, que les morts reviennent, ou que le passé soit ressuscité.

À moins d'avoir une croyance religieuse qui envisage la résurrection totale du corps, nous savons que nous ne reverrons jamais l'être aimé perdu tel que nous l'avons connu : ne le reverrons, ne lui parlerons et ne l'écouterons, ne le toucherons et ne l'étreindrons plus jamais. Au cours du quart de millénaire qui s'est écoulé depuis que Johnson a décrit la souffrance à nulle autre pareille du chagrin, nous — nous dans l'Occident de plus en plus laïque, du moins — sommes devenus moins aptes à affronter la mort, et donc ses conséquences émotionnelles. Bien sûr, à un certain niveau nous savons que nous mourrons tous ; mais la mort en est venue à être considérée plus comme un échec médical que comme une norme humaine. Elle survient de plus en plus hors du foyer, à l'hôpital, et est prise en charge par une série de spécialistes extérieurs — une affaire de professionnels. Mais ensuite nous, les amateurs, les affligés, devons l'affronter — cette chose unique, banale — du mieux que nous pouvons. Et il y a maintenant moins de rites sociaux entourant et soutenant l'affligé ; très peu de chose est transmis d'une génération à la suivante sur cette épreuve. Nous sommes censés souffrir en relatif silence ; être « fort » est le modèle à suivre ; gémir et pleurer est le signe d'un « abandon au chagrin » qui est tenu par certains pour une mauvaise façon de « faire face ». Certes, il y a l'amour des proches et des amis, mais ils n'en savent pas forcément autant que nous, et leurs expressions de sollicitude — « Cela finit vraiment par aller mieux » ; « Deux ans, c'est ce qu'on dit » ; « Tu *as* l'air davantage toi-même » — sont souvent fondées sur une autorité incertaine et un vague optimisme général. On vous conseille de voyager à l'étranger, ou d'adopter un chien... D'autres cas prétendument analogues de perte et d'affliction sont obligeamment cités ; parfois ils semblent insultants, mais, le plus souvent, juste hors de propos. Comme l'a écrit Forster dans *Howards End* : « Une mort peut s'expliquer, mais elle ne jette aucune lumière sur une autre mort. »

La mort passe les gens au crible : aussi bien les affligés que leur entourage. Tandis que la vie du survivant est réagencée de force, les amitiés sont souvent mises à l'épreuve ; certains passent le test, d'autres échouent. Les hommes sont généralement plus maladroits, plus silencieux, plus inutiles que les femmes. D'étranges phénomènes se produisent ; des affligés peuvent se complaire dans une sorte de compétitivité du deuil : « Je l'aimais plus que vous, et avec ces larmes je le prouve. » Ceux qui restent — veuf ou veuve, compagne ou compagnon — peuvent devenir d'une susceptibilité maladive, aisément irrités par trop d'indiscrétion, ou trop de discrétion ; par trop de mots, ou trop peu. Ils peuvent aussi éprouver un semblable sentiment étrangement compétitif : un besoin irrationnel de prouver (à qui ?) que leur chagrin est plus grand, plus lourd, plus pur (que celui de qui ?).

Un de mes amis, devenu veuf alors qu'il était sexagénaire, m'a dit : « C'est un âge merdique pour ça. » Voulant dire par là, je pense, que si la catastrophe était arrivée dix ans plus tard, il aurait pu se résigner à son sort et attendre la mort ; alors que si c'était arrivé dix ans plus tôt, il aurait peut-être pu refaire sa vie. Mais tout âge est un « âge merdique » pour ça, et il n'y a pas de réponse correcte au jeu de la préférence. Comment comparer le chagrin d'un jeune parent qui reste seul avec de jeunes enfants et celui d'une personne âgée amputée de l'être qui partageait sa vie depuis cinquante ou soixante ans ? Il n'y a pas de hiérarchie du chagrin, sauf en termes d'intensité. Une amie devenue veuve en un instant après cinquante ans de mariage — l'attroupement de voyageurs près du carrousel à bagages d'un aéroport s'était révélé entourer son mari mort subitement — m'a écrit : « La nature est si exacte que la souffrance est exactement proportionnelle à la valeur de ce qu'on a perdu. »

Joan Didion était mariée avec John Gregory Dunne depuis quarante ans lorsqu'il mourut au milieu d'une phrase alors qu'il en était à son second whisky avant le dîner, un soir de décembre 2003. Joyce Carol Oates et Raymond Smith vivaient ensemble depuis « quarante-sept ans et vingt-cinq jours » quand Smith, hospitalisé mais se rétablissant apparemment bien après une pneumonie, fut emporté par une infection secondaire en février 2008. Chaque couple littéraire était très soudé, mais non compétitif, travaillant souvent dans le même espace, et rarement séparé : dans le cas de Didion-Dunne, pendant « une semaine ou deux ou trois çà et là quand l'un [d'eux] écrivait un article » ; dans le cas de Oates-Smith, jamais plus d'un ou deux jours. Didion se rendit compte après la mort de son mari qu'elle n'avait « aucune lettre de John, pas une seule » (elle ne dit pas s'il en avait d'elle) ; de même, Oates et Smith n'avaient « aucune correspondance » : ils ne s'étaient jamais écrit. Les analogies continuent : dans chaque couple, la femme était la star ; chacun des défunts maris était un catholique qui avait cessé de pratiquer ; ni l'une ni l'autre épouse ne semble avoir imaginé sa transformation en veuve ; et chacune laissa la voix de son mari sur le répondeur pendant quelque temps après sa mort. En outre, chaque survivante décida de rédiger la chronique de sa première année de veuvage, et chacun de leurs livres fut achevé au bout de ces douze mois.

Pourtant, *A Widow's Story*[1] de J. C. Oates et *The Year of Magical Thinking*[2] de Joan Didion ne pourraient être plus différents. Bien que les premières lignes (dont la quatrième est : « La

1. *J'ai réussi à rester en vie*, traduit par Claude Seban.
2. *L'Année de la pensée magique*, traduit par Pierre Demarty.

question de l'apitoiement sur soi ») de Didion aient été jetées sur le papier un ou deux jours après la mort de Dunne, elle attendit huit mois avant de commencer à écrire. Le livre de J. C. Oates est largement composé de notes de journal intime, la plupart datant des premiers mois de son année ; si bien que, dans un livre de 415 pages, on constate qu'à la page 125 on n'a couvert qu'une semaine de son veuvage, et qu'à la page 325 on n'en est encore qu'à la huitième semaine. Si les deux ouvrages sont bien autobiographiques, Didion écrit plutôt en essayiste concise — cherchant des points de comparaison extérieurs, essayant d'inscrire son cas dans un plus large contexte. Oates écrit en romancière prolixe, passant de la première à la troisième personne, tentant (pas toujours avec succès) de s'objectiver dans le rôle de « la veuve » ; et bien qu'elle invoque parfois Pascal, Nietzsche, Emily Dickinson, Crashaw et William Carlos Williams, elle se concentre essentiellement sur le sombre chaos psychologique du chagrin. L'une et l'autre, autrement dit, écrit conformément à ses points forts.

Que Didion et Oates limitent leur livre à la première année de leur veuvage est logique. Les couples depuis longtemps mariés en viennent à doter d'un certain rythme, d'une certaine gravité et coloration, le cycle annuel ; et donc ces douze premiers mois proposent à chaque instant un choix terrible : entre faire la même chose que l'année précédente, mais, cette fois, tout(e) seul(e), ou délibérément ne pas faire la même chose, et se sentir ainsi peut-être encore plus seul(e). Cette première année contient de nombreuses stations de la Croix : apprendre à rentrer dans une maison silencieuse et vide ; apprendre à éviter ce que J. C. Oates appelle des « gouffres » — ces « lieux chargés de souvenirs viscéraux » ; apprendre à équilibrer nécessaire solitude et nécessaire sociabilité ; et comment réagir quand des amis semblent étrangement incapables de mentionner le nom du conjoint perdu ; ou quand des collègues ne trouvent pas les mots appropriés, comme cette « connaissance de Princeton » qui déconcerte Oates en lui disant « d'un ton de reproche enjoué » : « On écrit toujours avec fureur, hein, Joyce ? » Ou lorsqu'une amie veut la consoler en affirmant que le chagrin est « neurologique » : « Les neurones finissent par changer de "circuit". Je me disais que, si c'est vrai, tu pourrais accélérer le processus rien qu'en le *sachant*. » L'intention est bonne ; l'effet, condescendant. Oh, alors il ne s'agit que d'attendre que ses neurones changent de circuit ? Et puis il y a les problèmes pratiques : par exemple, le jardin dont votre mari s'occupait avec amour, mais qui suscite en vous moins d'intérêt ; vous pouviez prendre plaisir au résultat, mais vous l'accompagniez rarement à la jardinerie. Alors continuez-vous fidèlement le même travail, ou laissez-vous infidèlement le jardin prendre soin de lui-même ? Ici, Oates trouve une judicieuse troisième voie : là où Ray ne mettait que des plantes annuelles, elle ne met que des plantes vivaces, demandant au pépiniériste « n'importe quoi exigeant un minimum de travail et assuré de survivre ».

Ce qui est bien le problème auquel est confrontée la veuve : comment survivre à cette première année, comment se muer en plante vivace. Cela implique de surmonter des peurs et des anxiétés qu'on n'apprend pas à affronter. Auparavant, c'était pour Oates « la plus exquise des intimités » que de pouvoir occuper le même espace que Ray pendant des heures sans avoir besoin de parler ; désormais, il y a un ordre de silence bien différent. « Ce que je suis, écrit-elle, commence à être révélé maintenant que je suis seule. Dans une telle révélation est la terreur. » À un moment, elle songe « presque sérieusement » à envoyer à des amis un mail leur demandant si elle pourrait engager l'un d'eux « à condition qu'il surmonte les scrupules de l'amitié et accepte une rémunération quelconque — pour qu'il me maintienne en vie pendant au moins un an ». Elle veut être une « bonne veuve » et assure qu'elle fera « ce que Ray voudrait [qu'elle] fasse », tout en reprochant — classiquement — à Ray de l'avoir mise dans cette situation ; elle est insomniaque et irritable ; elle appréhende une décennie de douleur et d'insomnie, tout en doutant que son affliction soit « réelle ». Elle songe aussi au suicide, quoique d'une manière plus théorique que pratique — tout en sachant que « penser sérieusement au suicide détourne du suicide ». Elle s'aperçoit que, lorsqu'elle veut écrire, cela vient bien plus difficilement, notant au sujet d'une nouvelle que « cela prendra littéralement des semaines » (une plainte qui fera rire la plupart des autres écrivains). Et, comme beaucoup d'affligés, elle craint pour sa propre santé mentale : « La plupart du temps, je me dis que je dois être complètement folle. » Oates exprime excellemment le hiatus entre le *moi* intérieur chaotique et la personne qui, vue de l'extérieur, fonctionne normalement (et elle se remet assurément à fonctionner avec une remarquable rapidité — corrigeant des épreuves, et travaillant à une nouvelle, moins d'une semaine après la mort de Smith, et de retour sur le « manège promotionnel » moins de trois semaines après). Elle maîtrise sûrement moins la situation qu'elle ne semble le faire, mais probablement plus qu'elle n'en a l'impression. Les affligés agissent fréquemment d'une façon qui pourrait paraître à moitié sensée ou à moitié folle, mais se donnent rarement le bénéfice du doute. Par exemple, le lendemain du jour où Ray est mort, Oates ouvre la penderie de leur chambre et jette non les vêtements de son mari, mais la moitié de *ses* propres vêtements. Elle le fait pour se punir de sa vanité, et parce que ces toilettes évoquent tous les moments où elle les a portées gaiement avec Ray — elles n'ont donc plus ni sens ni mérite. C'est dans de tels moments de rationnelle irrationalité que la nature du chagrin nous est rendue plus évidente.

La plupart des affligés souffrent — surtout dans les premiers mois — d'une terreur d'oublier l'être perdu. Souvent le choc de la mort efface la mémoire d'époques antérieures, et il y a une peur morbide de ne jamais la retrouver : une peur que l'être perdu sera deux fois perdu, deux fois tué. Joyce Carol Oates ne semble pas avoir éprouvé cette peur, mais elle en éprouve une plus rare, plus intéressante et potentiellement plus corrosive — celle de ne jamais avoir pleinement connu son mari en premier lieu. Smith et elle se sont mariés en janvier 1961, et la description qu'elle fait de leurs premières années ensemble — la période où les secrets sont échangés, où la concentration sur l'autre est à son maximum, où les caractéristiques et les règles de la relation sont établies — est à la fois vivante et touchante. C'est aussi une relation plus colorée par les années 50 que par les années 60. Oates avait huit ans de moins que Smith ; il y avait une réserve entre eux, même dans le mariage ; selon ses propres dires, elle a toujours évité de le contrarier, et plus encore de se disputer avec lui. Ainsi, par exemple :

> Il m'avait fallu des années pour trouver le courage de faire comprendre à Ray que je n'aimais pas vraiment certains des disques qu'il passait souvent sur notre chaîne stéréo — des compositions « épico-machos » comme l'*Alexandre Nevski* de Prokofiev, ou la fin chorale de la *Neuvième Symphonie* de Beethoven avec ses impitoyables *Freude*, *Freude*, *Freude*, tels des clous enfoncés à coups de marteau dans le crâne, et une bonne partie de Mahler…

Heureusement, il semble que Smith n'ait été en contact avec le côté « épico-macho » de la masculinité que lorsqu'il abaissait une tête de lecture sur une galette de vinyle. Il apparaît comme un homme d'intérieur discret et loyal ; un cuisinier, un zélé jardinier et un méticuleux directeur de l'*Ontario Review*. Il lisait la plupart des essais et chroniques de sa femme, mais très peu de ses romans. C'est, bien sûr, une œuvre notoirement volumineuse (près de soixante romans, plus des centaines de nouvelles) ; mais le lecteur est tout de même surpris lorsque J. C. Oates écrit : « Je ne crois pas que Ray ait lu mon premier roman *With Shuddering Fall.* » Qu'est-ce qui est le plus étonnant : qu'il ne l'ait pas lu, qu'elle n'en soit pas sûre, ou qu'elle n'exprime ni contrariété ni déception à l'idée qu'il ne l'ait pas fait ? Mais ses opinions sur les relations entre les sexes sont plutôt inhabituelles :

> Car pour une femme l'homme est par essence inconnaissable, insaisissable.

> Dans notre mariage, nous avions pour habitude de ne pas partager tout ce qui était perturbant, déprimant, démoralisant, ennuyeux — à moins que ce ne fût inévitable.

> Les femmes sont enclines à consoler les hommes — toutes les femmes, tous les hommes, en toute circonstance sans exception.

> Le mariage idéal est celui d'un écrivain et de son éditeur.

> Une épouse doit respecter la famille de son mari même — comme cela arrive parfois — quand son mari ne la respecte pas entièrement lui-même.

> Une épouse doit respecter l'*altérité* de son mari — elle doit accepter de ne jamais le connaître totalement.

Cela ressemble à une réserve élevée au niveau d'un principe conjugal ; et cela comporte le risque que, lorsque l'épouse devient veuve et lit les papiers de son mari, elle ne découvre des choses qu'elle ne soupçonnait guère. Dans le cas de Ray Smith :

une dépression nerveuse, une liaison amoureuse dans un sanatorium, une description de psychiatres qui l'avaient jugé « sevré d'amour », et d'autres indices d'une relation difficile, distante avec son père. « J'avais beau bien connaître Ray, conclut-elle, je ne connaissais pas son *imaginaire.* » Pas plus, peut-être, qu'il ne connaissait celui de sa femme, puisqu'il lisait rarement ses romans. Mais il était « le premier homme dans [sa] vie, le dernier homme, le seul homme ».

À certains égards, les témoignages autobiographiques d'affliction sont irréfutables, et on ne peut donc en faire la critique selon des critères habituels. Le livre est répétitif ? Le chagrin aussi. Le livre est obsessionnel ? Le chagrin aussi. Le livre est parfois incohérent ? Le chagrin aussi… Des phrases telles que : « Mes amis ont la merveilleuse attention de m'inviter chez eux » sont des platitudes ; mais le chagrin est plein de platitudes. Le chapitre intitulé « Fureur ! » commence par :

> Puis, soudain, je suis en colère.
> Je suis terriblement en colère, furieuse.
> Je suis malade de fureur, comme un animal blessé.
> Une décharge d'adrénaline au cœur, un cœur qui se met à cogner avec fureur, comme un poing contre une surface qui lui résiste — une porte fermée, un mur.

Si un étudiant en création littéraire écrivait cela dans une nouvelle, le professeur pourrait faire usage de son stylo rouge ; mais si ce même professeur tient un journal-*flot-de-conscience* sur le chagrin, le paragraphe devient étrangement justifié. *C'est* l'effet que ça fait, et qu'est parfois le chagrin, sinon un carambolage de clichés ? Quelques pages plus loin, Oates réfléchit au fait qu'elle a maintenant une identité privée en tant que « Joyce

Smith » ou « Mrs. Smith », veuve officielle, et une identité publique sous son nom d'écrivain :

> « Oates » est une île, une oasis, vers laquelle, en cette matinée agitée, je peux ramer, comme à bord d'un frêle esquif, munie d'une pagaie incommode — la progression est difficile, non parce que l'eau est profonde, mais parce que, encombrée d'algues, elle l'est peu au contraire et que le fond de l'esquif risque de heurter les rochers dessous. Et pourtant — une fois que j'ai atteint cette île, cette oasis, ce noyau de calme dans le chaos de ma vie —, une fois que je suis à l'université...

L'image de l'esquif et d'une traversée est morte et difficile à ressusciter, si étoffée qu'elle soit ? Peu importe. Cette phrase est peut-être la première dans la littérature mondiale où l'auteur imagine qu'on peut pagayer vers une oasis ? Mais vous ne comprenez pas : l'incohérence des images est une juste représentation de l'esprit éperdu, égaré, fracassé. Vous voulez dire qu'elle ne l'a même pas remarqué en lisant les épreuves ? De nouveau, peu importe qu'elle l'ait remarqué ou non. Vous demandiez quel effet ça fait : *voilà* quel effet ça fait.

Le chagrin désorganise à la fois l'espace et le temps. L'affligé se retrouve dans une nouvelle aire géographique, où les cartes des autres ne sont qu'approximatives. Le temps aussi cesse d'être fiable. C. S. Lewis, dans son essai *A Grief Observed*, décrit l'effet qu'a eu sur lui la mort de sa femme :

> Jusqu'à ceci j'ai toujours eu trop peu de temps. Maintenant il n'y a que du temps. Presque du temps pur. Durée vide.

Et ce manque de fiabilité du temps ajoute à la confusion, dans l'esprit de l'affligé, quant à la question de savoir si le chagrin est un état ou un processus. C'est loin d'être une question théorique ; elle est au cœur de l'interrogation : Est-ce que ce sera toujours comme ça ? Est-ce que cela ira mieux plus tard ? Pourquoi serait-ce le cas ? Et si ça l'est, comment pourrai-je m'en rendre compte ? C. S. Lewis avoue que, lorsqu'il a commencé à écrire son livre, il a cru qu'il pourrait

> décrire un *état* ; établir une carte du chagrin. Le chagrin, cependant, s'avère être non un état mais un processus. Il a besoin non d'une carte, mais d'une histoire.

Sans doute a-t-il besoin des deux en même temps. On pourrait essayer de régler la question en disant que le chagrin est l'état, et le deuil, le processus ; mais, pour la personne endurant l'un ou l'autre ou les deux, les choses sont rarement aussi claires, et c'est un « processus » où l'on retombe souvent dans la paralysie de l'« état ». Il y a divers jalons objectifs : le moment où les larmes — les larmes habituelles, quotidiennes — cessent ; celui où le cerveau revient à un fonctionnement quasi normal ; celui où l'on peut se défaire de certains biens ; celui où les souvenirs plus anciens de l'être perdu commencent à revenir. Mais il ne peut y avoir de règles générales, ni de laps de temps standard. On ne peut tout simplement pas compter sur ces fichus neurones.

Que se passe-t-il ensuite, quand l'état et le processus sont, sinon et certes pas révolus, du moins établis et reconnaissables ? Qu'arrive-t-il à notre cœur ? Là aussi, il y a ces voix pleines d'assurance alentour (depuis « Comment pourrait-il/elle se remarier après avoir vécu avec elle/lui ? » jusqu'à « On dit que les gens qui ont été heureux dans leur mariage se remarient rapidement, souvent dans les six mois »). Un ami dont le compagnon était mort du sida après huit ans de vie commune m'a dit : « Il n'y a qu'un avantage : on peut faire ce qu'on veut. » Le problème est que, lorsqu'on est dans l'affliction, la plupart des notions quant à « ce qu'on veut » contiennent la présence de l'amour perdu et l'impossible exigence que les lois de l'univers soient abrogées. Alors quoi : un repliement sur soi, une retraite dans la fidélité posthume du souvenir ? Raymond Smith n'aimait pas beaucoup Samuel Johnson, le trouvant trop didactique, et préférant le Dr Johnson de la biographie de Boswell à celui de ses propres écrits. Mais, sur le chagrin, Johnson n'est pas tant didactique que sage, clair et concluant :

> Tenter de préserver la vie dans un état de neutralité et d'indifférence est déraisonnable et vain. Si, en excluant la joie, nous pouvions exclure aussi la peine, un tel projet mériterait très sérieusement notre attention. Mais puisque, si résolument que nous nous privions de bonheur, le malheur trouvera son chemin par de nombreuses voies, et les assauts du chagrin forceront notre attention, bien que nous puissions la détourner des invitations du plaisir, nous pouvons sûrement essayer d'élever la vie au-dessus du point médian d'apathie à un moment, puisqu'il sera nécessaire de sombrer au-dessous à un autre.

Alors en quoi consiste un « succès » en matière de deuil ? L'aptitude à revenir à un état où la concentration et le travail sont possibles ; l'aptitude à redécouvrir un intérêt pour la vie, et à y prendre plaisir, tout en reconnaissant que le plaisir présent est loin de la joie passée ; l'aptitude à garder l'amour perdu tel qu'il fut à l'esprit, à se souvenir sans déformer ; l'aptitude à continuer à vivre comme il ou elle aurait voulu qu'on le fasse (bien que ce soit là un terrain épineux, où l'affligé peut aisément se donner carte blanche). Et puis quoi ? Quelque forme d'autosuffisance qui évite la neutralité et l'indifférence ? Ou bien une nouvelle relation qui supplantera la relation perdue ou, peut-être, en tirera sa force ?

Il y a une autre étrange analogie entre *The Year of Magical Thinking* et *A Widow's Story*. Lorsque chaque livre fut publié, de nombreux lecteurs connaissaient un fait crucial dont il n'était pas question dans le texte : dans le cas de Joan Didion, la mort de sa fille Quintana (qu'elle évoque dans une édition ultérieure) ; dans celui de J. C. Oates, son remariage avec un neurologue, à l'existence duquel il est assez timidement fait allusion à la dernière page. On pourrait soutenir que ceux qui écrivent sur le chagrin le font, plus que la plupart des autres, selon leurs propres critères littéraires ; malgré tout, dans le cas de J. C. Oates, il y a quelque chose d'un peu fâcheux dans l'omission. Elle écrit sur les douze mois qui ont commencé le 18 février 2008 ; nous avons appris de sa bouche (dans une interview avec le *The Times*) qu'elle a rencontré son second mari en août 2008 ; ils ont commencé à aller en randonnée ensemble en septembre, et se sont mariés en mars 2009. Si Didion posait « la question de l'apitoiement sur soi » dans les premières lignes de son livre, Oates, dans un chapitre intitulé « Tabou », aborde semblablement le difficile cœur du problème :

> C'est un sujet tabou. Comment *les morts* sont trahis par les vivants. Nous qui vivons — nous qui avons survécu — comprenons que notre culpabilité est ce qui nous lie aux morts. À tout moment nous les entendons qui nous interpellent, avec une incrédulité croissante. *Tu ne m'oublieras pas — n'est-ce pas ? Comment peux-tu m'oublier ? Je n'ai que toi.*

Mais le thème n'est pas plus tôt annoncé qu'écarté ; et de fait, lorsque Oates revient à l'idée de « trahison » de son mari, c'est dans le contexte bien plus étroit d'une révélation au lecteur de secrets sur la famille et l'éducation de Ray Smith. Or elle fait cela, explique-t-elle, parce que « un récit autobiographique ne rime à rien, s'il n'est pas honnête ; tout comme une déclaration d'amour ne rime à rien, si elle n'est pas honnête ». Son livre se termine par un chapitre intitulé « Le manuel de la veuve », qui dit en tout et pour tout :

> Parmi les innombrables derniers devoirs de la veuve, il n'en est qu'un qui importe vraiment : le jour du premier anniversaire de la mort de son mari, la veuve doit se dire *J'ai réussi à rester en vie.*

Mais si elle pense aussi « Il se pourrait bien que je me remarie dans quelques semaines », cela ne change-t-il pas la nature de cette assertion ? Ce n'est pas un commentaire moral : Oates cite les mots de Marianne Moore « le remède au sentiment de solitude est la solitude », mais beaucoup de gens ont besoin d'être mariés, et donc, parfois, remariés. Cependant, certains lecteurs s'estimeront en droit de penser à une violation de promesse narrative. Ray n'était-il pas « le premier homme dans [sa] vie, le dernier homme, le seul homme » ? Et *quid* de toutes ces plantes vivaces qu'elle plantait ?

Quand Samuel Johnson écrivit *The Proper Means of Regulating Sorrow*, il n'était pas encore veuf. Il allait le devenir deux ans plus tard, à l'âge de quarante-trois ans. Vingt-huit ans plus tard, dans une lettre de consolation au Dr Thomas Lawrence, dont la femme venait de mourir, Johnson écrivit :

> Celui qui survit à une épouse qu'il a longtemps aimée se voit disjoint du seul esprit qui avait les mêmes espoirs, et craintes, et intérêts ; de la seule âme avec laquelle il a partagé beaucoup de bon comme de mauvais, et avec laquelle il pouvait laisser son esprit en

liberté, pour revenir sur le passé, ou anticiper l'avenir. La continuité de l'être est brisée ; le cours habituel des sentiments et des actes est stoppé ; et la vie est en suspens et immobile, jusqu'à ce qu'elle soit entraînée par des causes extérieures dans une nouvelle voie. Mais le temps de suspension est affreux.

LISTE DES PUBLICATIONS

Ces chroniques (et cette nouvelle) ont paru dans les publications suivantes :

Une vie avec les livres : *Guardian*, 29 juin 2012.
La France de Kipling : *Guardian*, 11 novembre 2003.
Le Kipling de la France : *Guardian*, 5 novembre 2005.
Mérimée : *Guardian*, 7 juillet 2007.
Orwell : *New York Review of Books*, 12 mars 2009.
Wharton : Everyman's Library, 1996.
Chamfort : *Guardian*, 4 octobre 2003.
Ford et *Le Bon Soldat* : *New York Review of Books*, 9 janvier 1997.
Ford en Provence : *Guardian*, 21 août 2010.
Parade's End : Penguin Books, 2012.
Fénéon : *London Review of Books*, 4 octobre 2007.
Clough : Persephone Books, 2009.
Houellebecq : *New Yorker*, 7 juillet 2003.
Fitzgerald : *Guardian*, 26 juillet 2008.
Hommage à Hemingway : *New Yorker*, 4 juillet 2011.
Lorrie Moore : *New York Review of Books*, 22 octobre 1998.
Updike : *New York Review of Books*, 11 juin 2009 ; *Guardian*, 17 octobre 2009.
Traduire *Madame Bovary* : *London Review of Books*, 18 novembre 2010.
J. C. Oates : *New York Review of Books*, 7 avril 2011.

INDEX

DANS LA MÊME COLLECTION

FRED D'AGUIAR, *Les cris de l'océan*
SAMINA ALI, *Jours de pluie à Madras*
HOMERO ARIDJIS, *La zone du silence*
CHLOE ARIDJIS, *Le livre des nuages*
CHLOE ARIDJIS, *Déchirures*
ELIZABETH VON ARNIM, *Mr. Skeffington*
JULIAN BARNES, *Un homme dans sa cuisine*
JULIAN BARNES, *La table citron*
JULIAN BARNES, *England, England*
JULIAN BARNES, *Dix ans après*
JULIAN BARNES, *Quelque chose à déclarer*
JULIAN BARNES, *Arthur & George*
JULIAN BARNES, *Rien à craindre*
JULIAN BARNES, *Pulsations*
JULIAN BARNES, *Une histoire du monde en 10 chapitres 1/2*
JULIAN BARNES, *Une fille, qui danse*
JULIAN BARNES, *Quand tout est déjà arrivé*
LOUIS DE BERNIÈRES, *Des oiseaux sans ailes*
LOUIS DE BERNIÈRES, *La fille du partisan*
LOUIS DE BERNIÈRES, *Un immense asile de fous*
MARLENA DE BLASI, *Mille jours à Venise*
MARLENA DE BLASI, *Mille jours en Toscane*
MARLENA DE BLASI, *Un palais à Orvieto*
DENNIS BOCK, *Le docteur rouge*
ALAIN DE BOTTON, *L'art du voyage*
ALAIN DE BOTTON, *Du statut social*
ALAIN DE BOTTON, *Les consolations de la philosophie*
ALAIN DE BOTTON, *L'architecture du bonheur*
ALAIN DE BOTTON, *Splendeurs et misères du travail*
IVAN BOUNINE, *L'amour de Mitia*
SYLVIA BROWNRIGG, *Quelques pages pour toi*
SYLVIA BROWNRIGG, *Un amour de plus*
THOMAS BUERGENTHAL, *L'enfant de la chance*
JEROME CHARYN, *Mort d'un roi du tango*
JEROME CHARYN, *Rue du Petit-Ange*
JEROME CHARYN, *La lanterne verte*
JEROME CHARYN, *Dans la tête du frelon*
JEROME CHARYN, *Sténo sauvage, la vie et la mort d'Isaac Babel*
JEROME CHARYN, *El Bronx*
JEROME CHARYN, *Citizen Sidel*
JEROME CHARYN, *Sous l'œil de Dieu*
JEROME CHARYN, *Bronx amer*
TERRENCE CHENG, *L'étudiant chinois*
ANNE CHERIAN, *Une bonne épouse indienne*
JUSTIN CRONIN, *Huit saisons*
JUSTIN CRONIN, *Quand revient l'été*
JOSE DALISAY, *La sœur de Soledad*
ACHMAT DANGOR, *La malédiction de Kafka*
ACHMAT DANGOR, *Fruit amer*
ANITA DESAI, *Le jeûne et le festin*
ANITA DESAI, *Poussière de diamant*
ANITA DESAI, *Un parcours en zigzag*
ANITA DESAI, *L'art de l'effacement*
ROBERT DESSAIX, *L'amour de toute une vie*
ROBERT DESSAIX, *Arabesques*
ELLEN DOUGLAS, *Le brasier d'une vie*
MIRCEA ELIADE, *Minuit à Serampore*
STANLEY ELKIN, *Mrs. Ted Bliss*
ANA GARCÍA BERGUA, *L'île aux fous*
MAXIME GORKI, *Veilleur de nuit*
SHILPI SOMAYA GOWDA, *La fille secrète*
HAN SUYIN, *Multiple splendeur*
ANDREA HIRATA, *Les Guerriers de l'arc-en-ciel*
GAIL JONES, *Pardon*
GAIL JONES, *Cinq carillons*
MIREILLE JUCHAU, *Le révélateur*
MARGARET KENNEDY, *Tessa*
JHUMPA LAHIRI, *L'interprète des maladies*
PENELOPE LIVELY, *Paquet de cartes*
PENELOPE LIVELY, *Le tissu du temps*
PENELOPE LIVELY, *La photographie*
PENELOPE LIVELY, *Des vies multiples*
AMANDA LOHREY, *Un certain vertige*
PING LU, *Le dernier amour de Sun Yat-sen*
HEMA MACHERLA, *La brise qui monte du fleuve*
MIRA MAGUEN, *Des papillons sous la pluie*
MIRA MAGUEN, *L'avenir nous le dira, Anna*

MARGARET MASCARENHAS, *La couleur de la peau*
ELLEN MATTSON, *Le Rivage de la joie*
LUANA MONTEIRO, *L'extase de São Mercúrio*
TIMERI N. MURARI, *Les arrangements de l'amour*
TIMERI N. MURARI, *Le Cricket Club des talibans*
CHRIS OFFUTT, *Les hommes ne sont pas des héros*
KÁROLY PAP, *Azarel*
JILL PATON WALSH, *La grotte Serpentine*
I. L. PERETZ, *Contes hassidiques*
MEHER PESTONJI, *Dans les rues de Bombay*
CARYL PHILLIPS, *La nature humaine*
SOLEDAD PUERTOLAS, *Une vie inattendue*
SOLEDAD PUERTOLAS, *Ils étaient tous à mon mariage*
SOLEDAD PUERTOLAS, *Adieu aux petites fiancées*
MICHAEL PYE, *L'antiquaire de Zurich*
SARAH QUIGLEY, *La symphonie de Leningrad*
REBECCA RASMUSSEN, *Evergreen*
TORE RENBERG, *Charlotte Isabel Hansen*
TORE RENBERG, *Pixley Mapogo*
JOSÉ MIGUEL ROIG, *Souviens-toi, Schopenhauer*
JOSÉ MIGUEL ROIG, *Le rendez-vous de Berlin*
JOSÉ MIGUEL ROIG, *Le voyage qui ne finit jamais*
JOSÉ MIGUEL ROIG, *Soleil coupable*
ADINA ROSETTI, *Deadline*
ELIZABETH ROSNER, *Des démons sur les épaules*
CAROLA SAAVEDRA, *Paysages avec dromadaires*
DAVID SANDES, *La méthode miraculeuse de Félix Bubka*
LAVANYA SANKARAN, *Le tapis rouge*
CATHLEEN SCHINE, *Rencontres à Manhattan*
MIHAIL SEBASTIAN, *L'accident*
ISAAC BASHEVIS SINGER, *Ombres sur l'Hudson*
ISAAC BASHEVIS SINGER, *Au tribunal de mon père*
ISAAC BASHEVIS SINGER, *De nouveau au tribunal de mon père*
JOSEPH SKIBELL, *Bénédiction sur la lune*
VIDOSAV STEVANOVIC, *La même chose*
MADELEINE ST JOHN, *Rupture et conséquences*
JAN STRUTHER, *Mrs. Miniver*
LARS SUND, *Une petite île heureuse*
MADELEINE THIEN, *Une recette toute simple*
MADELEINE THIEN, *Lâcher les chiens*
HITONARI TSUJI, *Le bouddha blanc*
HITONARI TSUJI, *La lumière du détroit*
HITONARI TSUJI, *L'arbre du voyageur*
SAMRAT UPADHYAY, *Dieu en prison à Katmandou*
SAMRAT UPADHYAY, *Le maître de l'amour*
ANNELIES VERBEKE, *Dors!*
DAVID VOGEL, *Le sanatorium*
VIRGINIA WOOLF, *Les années*
VIRGINIA WOOLF, *La maison de Carlyle*
VIRGINIA WOOLF, *Journal de Hyde Park Gate*
KENICHI YAMAMOTO, *Le secret du maître de thé*
JIANG YUN, *Délit de fuite*
LAJOS ZILAHY, *L'ange de la colère*
LAJOS ZILAHY, *Le siècle écarlate*

À paraître

PALOMA VIDAL, *Mar Azul*

Composition I.G.S. Charentes Photogravure
Achevé d'imprimer
par Normandie Roto Impression s.a.s.
61250 Lonrai, le 24 novembre 2014.
Dépôt légal : novembre 2014.
Numéro d'imprimeur : 1404662
ISBN 978-2-7152-3456-7 / Imprimé en France

254627